绿色经济
助力经济高质量发展研究丛书

区域制造业产业绿色转型发展与对策研究

李　倩
秦雨桐　著

西南财经大学出版社
Southwestern University of Finance & Economics Press

中国·成都

图书在版编目(CIP)数据

区域制造业产业绿色转型发展与对策研究/李倩,秦雨桐著.—成都:
西南财经大学出版社,2022.12
ISBN 978-7-5504-5170-4

Ⅰ.①区… Ⅱ.①李…②秦… Ⅲ.①制造工业—绿色经济—产业
结构升级—研究—中国 Ⅳ.①F426.4

中国版本图书馆 CIP 数据核字(2022)第 243655 号

区域制造业产业绿色转型发展与对策研究

QUYU ZHIZAOYE CHANYE LÜSE ZHUANXING FAZHAN YU DUICE YANJIU

李倩 秦雨桐 著

策划编辑:王青杰
责任编辑:王青杰
责任校对:金欣蕾
封面设计:星柏传媒
责任印制:朱曼丽

出版发行	西南财经大学出版社(四川省成都市光华村街 55 号)
网　址	http://cbs.swufe.edu.cn
电子邮件	bookcj@swufe.edu.cn
邮政编码	610074
电　话	028-87353785
照　排	四川胜翔数码印务设计有限公司
印　刷	四川煤田地质制图印务有限责任公司
成品尺寸	170mm×240mm
印　张	18.75
字　数	349 千字
版　次	2022 年 12 月第 1 版
印　次	2022 年 12 月第 1 次印刷
书　号	ISBN 978-7-5504-5170-4
定　价	88.00 元

前　言

为更好地推动中国经济高质量发展，党的十八届五中全会提出了"创新、协调、绿色、开放、共享"的发展理念，为实现"十三五"期间各项目标，破解经济发展中各项难题提供了更强动力。进入"十四五"发展时期，党的二十大报告指出：贯彻新发展理念是新时代我国发展壮大的必由之路。中国坚持绿色发展理念，在实践中贯彻绿色发展理念，使其逐渐成为新时代中国经济发展的指导理念之一。同时，中国式现代化是人与自然和谐共生的现代化。中国要实现新时代新征程的奋斗目标，就需要推动中国经济绿色发展，促进"双碳"目标实现。为此，区域经济发展、产业结构、能源结构的绿色转型就显得尤为重要。

中国目前已是全球第二大经济体，无论是经济总量还是国家地位在国际上都占有举足轻重的地位。中国需要进一步发展经济，就不能再像改革开放之初那样搞粗放型高污染的发展，而是需要考虑到子孙后代生活的空间与环境，这就要求经济发展方式转型。正如习近平总书记指出的那样，我们要建设的现代化是人与自然和谐共生的现代化，既要创造更多物质财富和精神财富以满足人民日益增长的美好生活需要，也要提供更多优质生态产品以满足人民日益增长的优美生态环境需要。另外，在经济全球化的今天，以欧美为首的发达国家考虑到经济发展对地球环境的影响，认为全球各国尤其是经济体量大的国家需要对地球环境负责，这也需要中国积极参与其中，起到带头作用。由此可见，中国经济发展的绿色转型既符合中国未来发展的需要，也回应了世界对中国的期望。

制造业是经济发展的主要动力，它能够体现国家的生产力水平与科技能力，还是区分发展中国家和发达国家的关键因素。中国制造业经历几十年的发展，早已成为国家经济的主要支撑。但是中国制造业的早期发展模式粗放，能源消耗量大，污染排放问题严重，对生态环境造成了严重的破坏。因而，实现制造业的绿色转型发展、构建绿色生产体系对中国经济实现绿色转型、制造业达成"双碳"目标都尤为关键。

国内学者对中国经济绿色转型发展方面的研究多集中在宏观理论探究、工业绿色转型等方面，少有学者探讨中国区域间绿色转型的难点、驱动因素等问题。国外学者早期也主要研究绿色转型相关理论，较少在实践方面提出对策，近年来才开始较多地关注产业方面、能源结构方面的经济绿色转型。本书在当前中国经济发展的现实背景下，对中国区域制造业产业绿色转型进行了深入研究，探讨中国各区域制造业绿色转型的差异，为今后中国制造业的绿色转型提供有益的建议；同时，结合国内国际最新观点，剖析中国区域制造业产业绿色转型的进展及现有制度体系的弊端，对制造业绿色技术进步与产业结构升级影响因素进行分析，探索影响区域制造业绿色转型的关键驱动因素与作用路径，再结合推动制造业绿色转型的长效机制，探索区域制造业进一步的绿色转型发展模式与途径。

本研究工作得到了重庆市教委人文社科研究项目"中小企业融资约束视角下重庆数字普惠金融的效应测度及优化发展研究"（项目编号：22SKGH511）和重庆社科规划项目"成渝地区双城经济圈普惠金融空间相关性及协同发展研究"（项目编号：2021NDYB043）的资助，也得到了重庆财经学院和四川大学等单位领导、专家和老师的指导和帮助，在此表示衷心的感谢！

李倩

2022 年 12 月

目　录

1　绿色发展的全球性革命

　　自 20 世纪 80 年代起，全球气温开始出现显著的上升，绿色发展问题逐渐引发了政治、经济、生态等多方学者的关注。政府间气候变化专门委员会（IPCC）观测发现，相较于工业革命之前，地表温度升高了约 1 摄氏度，如果不加以控制，人类将踏入气候系统不可逆转的风险中。目前，国内外专家学者经过多方论证，大都认为二氧化碳等温室气体的排放是导致气温变化的主要原因，当二氧化碳等温室气体的排放量超过生态环境的自我净化能力和修复范围，环境稳态将被打破，最终导致污染和环境破坏。无论是早期进行工业化发展的发达国家和地区，还是后进行工业化的发展中国家和地区，其工业化进程普遍都是先追求数量再追求质量，从粗放发展到集约发展的过程。最初，发达国家和地区面对制造业等高污染、高能耗、低技术含量问题时，以国际产业转移的方式，在保障自身持续增加产业利润的同时，将环境问题转嫁了出去，而发展中国家和地区为了获得资金和技术会参与产业转移，尤其是在经济发展水平较低时，企业环境污染内部化代价也较低，而随着收入的增长，对环境的要求也逐渐增加。然而，当前的环境问题已经成为全球性顽疾，无法再通过转嫁的方式回避它，必须从根本上解决生产的污染性、高能耗等问题，保证人类的可持续发展。

1.1　绿色发展的内涵和基本特征

1.1.1　绿色发展的内涵

　　绿色发展的提出源于人们对传统发展中出现的问题的反思，是对不可持续发展方式的修正。绿色发展强调人与自然和谐相处、全面发展，是在遵循自然规律的前提下科学、理性的发展，不以片面的经济利益为目标，要求自觉自律发展，注重绿色资产、绿色福利、人与自然和谐共生的过程，是人们对生活的绿色追求。具体而言，对绿色发展内涵的理解包括三个方面：首先，绿色发展的核心在于经济社会发展与自然生态环境协调共赢，实现自然资源可持续利用，保障自然生态系统稳定，最终达成人与自然和谐共生，经济、社会、自然共同发展。其次，绿色发展涉及的内容广泛，涵盖经济、政治、文化、社会等多个领域，绿色经济是物质基础，以提高人类福利为目标；绿色政治是根本保障，致力于良好的政治生态；绿色文化是思想指引，从个体意识出发尊重自然、保护自然；绿色社会是模式基础，注重绿色生产、生活和消费方式的构建。最后，绿色发展需要转变传统的发展模式，受影响的企业和个体范围极广，因此，需要寻求经济社会绿色化发展的路径和动力支撑，通过产业政策、环境规制、司法约束等手段进行外部监督和推动，以激励举措促进循环经济、清洁生产等资源改善型行业和技术的发展，以人们对美好生活的期盼激发社会群体对绿色创新和绿色发展的主观能动性。

1.1.2 绿色发展的基本特征

从绿色发展的内涵可知，绿色发展必定是资源节约的发展，是对环境友好的低碳、清洁的发展，是人与自然和谐共赢的发展，是循环再生的可持续的发展，因此，总结起来，绿色发展具有协调性、系统性、生态性、惠民性、创新性、全球性六个特征。第一，绿色发展是统筹经济、生态和社会的新发展模式，不仅以经济增长作为目标，而且要兼顾资源环境承载力，实现社会福利和环境协调发展。第二，实现绿色发展的过程中，涉及的内容包括政治、经济、文化、社会等多个领域，是一个系统的多层级多方位的工作，以资源节约与循环高效利用、生态治理与修复、新能源生产和空间治理等为目标。第三，绿色发展强调生态的重要性，任何发展都必须置于尊重自然、环境友好的前提下，是以可持续的生态环境和资源利用为发展背景，追求经济发展与生产生活低能耗、低排放，形成可持续、安全、高效的经济社会发展方式。第四，绿色发展保护的青山绿水、林田湖草，是每个民众都能平等享有的公共产品。一方面，当经济水平和人民的生活水平发展到一定程度后，会对环境和生活方式提出新的要求；另一方面，建立在良好的经济基础上的社会环境也更有利于推动人们绿色惠民的意识，为广大群众带去由更好的生态环境衍生的诸多益处。第五，绿色发展是一种新的发展模式，要求发现新的经济社会生产技术和资源利用方式，因此往往需要开发新产品、新设计，形成新的产业链和供应链，甚至催生新的行业和产业，具有显著的创新性。第六，绿色发展不是某一个国家或地区面临的新课题，世界各国多次召开绿色发展相关的低碳减排相关会议，拟定了多项国际协定和准则，积极应对全球的环境问题已经成为全球共识，与各个国家的利益和未来的国际竞争力息息相关，绿色发展是人类的共同目标和安全保障。

1.2 制造业绿色转型发展的时代背景

1.2.1 制造业的绿色转型发展趋势和世界潮流

制造业的发展体现了一个国家的生产力水平，发达国家在进入"后工业化时代"后，普遍更加重视发展高端金融业、旅游业、高端设计、科技服务等附加值高的产业，倾向于在本国保留少部分高、尖端制造业，将制造业大量转移到发展中国家。然而，随着全球经济的下滑，失业率和商品进口数量的变化，产业链短板越来越明显，加上新冠肺炎疫情暴发引起的物资生产需求，各国都意识到制造业对经济发展的韧性和抵抗力的重要作用，制造业回归成为发达国家近期重要的政策导向，美国、日本、德国和法国等纷纷提出了针对制造业的促进计划。与此同时，全球气温的不断升高，气候和环境约束的可持续发展问题引起了各国的重视。人们普遍认为，最直接的应对气温升高的方式就是要减少全球的二氧化碳排放量，为此，国际组织多次召开相关会议，商定碳减排的目标与细则。早在 1997 年，《京都议定书》就明确指出气候问题的重要性，但随着经济和社会的快速发展，根据该议定书的限制和要求，已无法保障气候稳定在恰当水平。因此，2015 年联合国气候变化大会通过了《巴黎协定》，全球主要国家均在该协定中明确了为环境和气候要做出的贡献和详细计划，多国均拟定了 2050 年的温室气体净排放为零的书面承诺。习近平主席在随后的国际会议上提出了我国 2030 年实现碳达峰、2060 年实现碳中和的承诺目标。显然，以往依赖于资源的高投入、高污染导向的生产模式已经不能满足现实环境，也不可持续，世界各国纷纷致力于推进制造业绿色发展。例如美国提出的"再工业化"战略，将"可持续制造"和"先进制造"作为美国经济发展的核心干预方向；德国的工业 4.0 强调了智能制造，并且从 2010 年开始德国的制造业回归趋势非常显著。随着新冠肺炎疫情的出现及其对经济社会产生的影响，曾经以制造业为代表的国际产业转移发生了新的变化，发达国家意识到高、中、低端制造业对应对突发状况、缓冲社会波动、带动经济发展的重要性，制造业的国际格局势必发生更为剧烈的变化，单纯以代工为收益来源的发展中国家将受到剧烈冲击，因此，无论是低碳环保的生态要求，还是现实经济社会竞争的客观限制，都传达着同一个信息——制造业向绿色、高新技术发展。

1.2.2 生态文明与经济转型要求制造业绿色发展

在重视环境、控制温室气体排放的国际背景下，全球必将掀起产业和能源的新变化，掌握低碳、零碳和负碳的高新技术，发展各种新型清洁能源的能力，都意味着更具优势的国际形象，意味着掌握了未来国际社会的话语权和影响力。制造业作为能耗最大的行业之一，不仅是低碳减排的重点领域，也是清洁能源和高新技术应用和创造的主要场景。对于我国这样的发展中国家而言，绿色低碳减排的国际环境不仅是挑战，更是机遇，生态文明建设已经成为我国特色社会主义布局的重要一环，从制度层面将其进行了详细认定，提出了生态文明制度体系和生态环境保护法律制度，《中共中央 国务院关于加快推进生态文明建设的意见》将绿色制造作为生态文明建设举措和认定标准。一定程度上，没有制造业的绿色转型，就无法改变社会生产和生活方式，制造业绿色发展的实现直接影响着生态文明建设的效果。

根据资源的寿命和可再生速度，资源通常可以分为可再生资源和不可再生资源。不同的资源禀赋下，生态环境维稳的要求和能力具有差异，从全球范围来看，目前人类经济发展造成的环境污染已经破坏了环境的稳定状态，如果不加以干预和修复，可能导致人类发展不可持续。改革开放以来，我国经济发展经历了从低水平到高水平的过程，取得了举世瞩目的成就，但也不得已地走了一条先污染后治理的道路，这也造成我国制造业虽然大但不够强的现实，高投入、高消耗的生产也带来了环境恶化、资源枯竭等问题，如何突破资源环境约束，推动制造业可持续、高质量发展，已经成为制造业产业和经济社会发展共同的要求。

1.3 国外绿色发展演进脉络及主要模式

1.3.1 国外绿色发展演进脉络

工业化之前，人与自然和谐共生，几乎没有资源和环境的问题，伴随着工业化进程的推进，环境污染、温度上升、资源枯竭等问题开始出现，绿色发展的理念逐渐形成并引起各方关注。换言之，工业化在为人类创造便利生活的同时，对资源和环境产生了负面影响，当这种影响越发严重又反过来威胁人类自身的生存和发展时，各国不得不从以往只考虑经济增长的路径中脱离开来，在生产生活中根植绿色环保理念。总体来看，国外绿色发展可以分为三个阶段：

第一阶段（20 世纪 50 年代至 90 年代），美国、英国等西方国家的学者和专家发表了不少关于反思工业对环境的破坏、资源消耗与可持续发展、环境承载能力与人类生存等问题的著作，联合国通过了著名的《人类环境宣言》，世界环境与发展委员会 1987 年提出了可持续发展的理念，英国经济学家 1989 年首次提出了绿色经济的概念。此时，绿色发展的意识和理念处于初步萌芽阶段，国外发达国家通过组建环保相关部门、构建环境相关法律法规，将绿色环保理念纳入国家层面的考虑范围。第二阶段（20 世纪末至 2008 年），全球工业化空前发展，产生的废水、废气和固体废弃物等已经超出了环境自我净化范围，环境问题成为重要的区域问题，召开了国际会议商定环境与发展问题，将发达国家和发展中国家在环保中的地位和责任进行了确认，明确要求经济发展必须以绿色环保为前提。联合国在 2002 年的报告中提出了绿色发展的概念，发达国家环境保护的相关法律法规逐步完善，环境保护的非政府组织也逐渐发展壮大，此阶段的绿色发展理念已经深入各个层面，上升为全球共识。第三阶段（2009 年至今），环境问题已经非常突出，全球资源告急，气温攀升，导致各种疾病、物种生态发生变化，甚至影响到人类的生命安全。特别在金融危机过后，国际社会致力于寻求一条应对金融危机和气候变化的新方案，联合国环境署将过去的发展模式定义为褐色经济，对应提出绿色经济的发展模式，拟定将环境污染进行量化并将其作为污染者的成本。2015 年气候变化大会达成的《巴黎协定》，明确全球主要国家责任的硬指标，指出了全球低碳转型的方向（见图 1-1）。

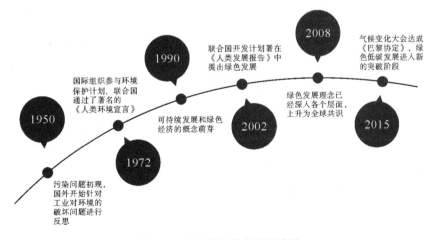

图 1-1　国外绿色发展演进脉络

纵观发达国家的制造业发展的过程，基本上都是从重数量到重质量、从低端向高端突破，多年极致追求利润和经济增长等目标，不仅出现了产能过剩等经济问题，也导致了气候变化、环境污染、资源枯竭等后果，国外的绿色发展也就是在这些问题和后果出现后逐步演化而成的。

1.3.2　日本：政府干预

日本通过对制造业的转型，彻底改变并完成了重污染城市向绿色、科技城市的蜕变，最著名的当属北九州市的制造业转型治理。

谈到日本，一般会让人联想到高新科技企业和良好的生产生活环境。不过在二战结束之初，为了解决温饱问题和寻求经济追赶，日本也曾不惜一切代价发展高污染的制造业。1968 年，日本爱知县北九州市爆发了米糠油事件，最初表现为大批鸡场的鸡饲料中毒死亡，随后陆续出现皮肤病感染患者，并且感染者数量呈现扩张趋势，同时出现了死亡病例，经医学解剖分析认定为多氯联苯中毒，而这些多氯联苯来源于所有患者使用的食用米糠油。某食品加工企业一味追求利润，不合规地使用多氯联苯液体做载热体，并混入了产成品中，其副产品又制成了家禽饲料，最终对动物和人体造成了致命损伤。自此，北九州市被联合国认定为环境危机城市，"米糠油事件"也被认定为世界环境公害事件，随之而来的是城市的人员流失，导致北九州市的经济发展受到限制，与此同时，日本的钢铁、化工等行业受到其他发达国家崛起的冲击，出现高污染与低经济增长双重困境。

为了摆脱困境，日本以政府引导的模式，开启了产业结构调整和环境治理之路。1971 年，北九州市成立了环保局，并且结合日本已有的产业相关法律法规，确定了 14 个萧条产业及其退出机制，以保障平稳和有计划地实现产业转型发展。其中，主要以传统制造业为改造对象，同时政府根据地区的禀赋优势，通过构建教育、科研、产出平台，展开全面合作的模式，扶持新型低污染高技术的产业格局。简言之，从 20 世纪六七十年代开始，北九州市就以 IT 制造业、半导体、汽车加工组装等为主要发展方向，形成以政府引导、组织、促进的产学研成果生成及转化的完整链条，曾经的污染之城逐渐转型成为生态工业园，不仅对环境更友好，而且抓住了时代发展的先机。

此外，由于自然资源匮乏，日本从人到设备不断引导和激励企业节能增效，特别是对于节能的管理，政府起到的作用更显强势。能源管理师、节能报告以及《节能法》的制定都在强化企业的节能实力，并且随着全球环境问题恶化及对绿色环保认知的提升，从重点管理传统制造业向民生、运输等领域延伸。进入 21 世纪，日本已经成为节能和循环经济的典范，绿色低碳的监管和理念渗透到各个领域，甚至在家庭中推广了能源诊断员制度，将环保节能的对象从企业细化到了家庭和个人。以制造业为代表的传统工业是碳排放的主体，政府制定并实施了相关法律法规，要求相关的企业量化其碳排放量、报告碳排放情况、减排计划和目标，针对中小企业的弱势还提供免费能源审计和技术指导。

1.3.3　美国：市场主导

作为全球最发达的超级大国，美国在 2007 年就已经实现了碳达峰，为后续应对气候问题，达成节能减排目标奠定了良好的基础。在经济领域和环境治理领域，美国采取的都是典型的市场主导型模式，以间接的价格和标准等手段，强调市场在干预企业和个人应对环境时的选择，通过激励和约束达到影响企业和个体的利益，最终达成绿色环保、节能高效的结果。在制造业产业中，美国最具代表性的绿色转型举措是大力推广新能源汽车。汽车的石油消耗和碳排放在运输业中占有非常高的比例，而新能源汽车却能够实现零排放，因此，美国重点扶持新能源汽车行业，技术、能源、环境等相关法律法规，税收优惠，抵用消费券，财政补贴等方式多管齐下，不仅从生产端督促企业进行产品转型，还从消费端影响消费者的需求和偏好，将强制和柔性的措施融合，将各种类型的组织与市场的作用共存。具体而言，美国的市场主导模式主要有三个方面的推动机制。第一，管理组织架构的权责分明，市场作用效果显著。联邦政府、州政府、地方政府、社会组织、公共机构等众多的管理组织在市场化的运行中都具有明确的监管范畴，政府主要以提供良好的社会经济大环境为主要任务，平衡市场各方关系，制定政策法规等激励和奖惩机制，而社会组织和中间机构等主要以提供专业领域相关知识、辅助制定相关行业规范、进行培训宣传等服务用户。第二，强化市场手段的作用，倡导以更多维的市场手段助推企业和个体的绿色选择。美国强调标准认证、价格政策在绿色转型中的重要作用，每年投入大量财政资金支持技术创新和成果转化，对于企业的绿色转型和终端产品给以能耗标识和相关认证，不仅成功地使得市场流通的产品符合最低的能效要求，而且通过口碑和政府认可度等影响了消费市场中企业的竞争力。第三，得益于完善的市场机制、金融体系和咨询服务机构，美国的价格机制在企业绿色转型中发挥了充分的作用。首先，价格机制能够立刻反映到企业的利润和成本上，进行节能有利可图。其次，当制造企业需要对庞大的生产体系进行更新换代及节能减排的相关研发等，金融服务能够满足资金需求。最后，技术和其他咨询机构能够提供市场和专业领域的相关解决方案，避免企业的信息不对称，找到最合适最恰当的转型路径和方式。

纽约作为美国第一大城市，也是公认的世界一线城市，集经济、金融、媒体、政治、教育、娱乐与时尚多种元素和中心地位于一身。然而，细数纽约这座城市的发展历史可以发现，纽约曾经也是工业化的重地，是全美乃至全球的制造业核心，其在经济领域和绿色环保领域堪称城市和产业转型的典范。在获得了工业带来的巨大红利之后，20世纪五六十年代，国外竞争环境和生产要素成本不断变化，传统制造业开始衰退，纽约开始寻求经济社会发展的新方向。从20世纪70年代开始，政府充分利用发达的市场化经济背景和政策引导作用，促使制造业的结构调整和技术创新，为第三产业的发展提供税收和研发便利，增加市场对其的投资信心和便利条件。纽约的第三产业迅速发展，金融业、教育业、文化产业等服务业大力发展，不仅吸收了制造业衰退流出的大批劳动力，还改变了纽约经济社会状态，将纽约从"传统制造业""环境污染""经济衰减"等词汇中脱离出来。特别地，在纽约进行产业结构调整、经济高速发展的过程中，也没有忽略环境问题，对城市的绿色覆盖率持续关注，绿化建设在优化城市低碳和人们生活环境方面具有重要作用。

1.3.4 英国：政府、社会组织、企业联动

在应对全球变暖、减少温室气体排放方面，英国对包括制造业在内的多个领域进行了改革，以提高效率和质量、优化结构和收益等为主要抓手，通过建立相应的法律、税收和相关政策规章，形成了满足市场化运行的低碳经济体系，构建了政府、社会组织、企业间联动的支撑机制。政府方面，低碳减排在多党派取得了高度的共识，被认为是获得新的竞争优势的必争之地，为了及时且有效地达到低碳经济的目标，政府愿意且必须做出相关反应，在市场经济的大环境下，主要以税收和价格等间接方式为主。例如，2001年4月开始征收的气候变化税，针对居家和交通以外的工商业部门使用能源产品征收，与此同时，利用气候变化税收资金设立了碳基金，用以节能减排信息服务、技术研发和建设等的资助；2002年成立了全球首个温室气体经济交易体系并形成了气候变化协议，协议内容包括适用的具体企业、节能减排目标、碳排放设施等，该协议为达到减排要求的制造业等高能耗高污染企业最高给予80%的气候变化税减免；2002年4月英国政府形成的碳排放交易制度从时间和经验上都具有显著优势，碳排放配额成为影响企业成本和收益的直接影响因素；2008年1月建立了碳减排目标制度，其主要作用在于要求电力和燃气供应商对于家庭用

户提高能效实现减排；2008 年 11 月英国通过了《气候变化法》，提出了碳预算制度，将碳排放总量作为预算，每五年为一个周期；2010 年 3 月根据颁布的《"碳减排承诺"能效机制法令》，英国提出了碳减排承诺，其主要作用在于强制限制碳排放总量和交易机制，适用对象为非高能耗的企业和其他组织，管理部门根据实际情况给予排放配额，并要求其进行能源消费和碳排放量报备；英国政府 2011 年发布的《白皮书》揭开了新一轮英国低碳电力市场改革的序幕，其中提出的碳排放价格底线机制又称最低碳价制度，通过提供一个透明、可预测的碳排放价格来反映碳排放成本底线，以降低低碳电力投资者所面临的不确定性及其投资风险，促进公平合理的碳排放价格的形成，从而给低碳电力投资者一个强有力的经济激励。英国碳减排制度演进如图 1-2 所示，随后对相关的制度根据实际情况进行适度的调整修正，比如 2019 年英国议会通过修正案，将 2008 年的减排目标调整为 100%，颁布了新的《气候变化法》。

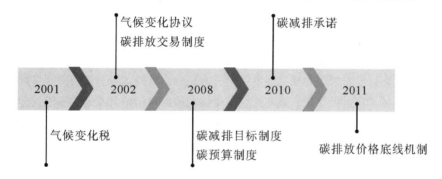

图 1-2　英国碳减排制度演进

英国是全球首个在法律条款中制定减少碳排放细则的国家，短期内对于必需的碳排放，通过技术创新手段，进行碳捕捉和封存，减少大气中的碳排放量；长期中从消费端和生产端改变人们的产品需求和生产目标，实现汽车、取暖等领域的电气化，通过鼓励能源创新，逐渐用绿色能源替代传统能源；同时，在金融领域加强对绿色产业创新和转型的支持力度，不断扩大绿色金融产品的目录和规模。以英国的石油公司 BP Amoco 为例，为了满足全球节能减排的要求，该公司计划在 2050 年实现零排放，这意味着企业的生产流程和环节几乎需要推倒重建，因此，提出在 2030 年在低碳领域投资增加至 50 亿美元，将氢能业务提高至核心地位，并致力于与全球多个国家和地区建立能源合作关系。英国同样经历了重污染的传统工业阶段，甚至一度因工业烟雾造成数千公民死亡。为此，英国政府首先将传统制造业企业搬离城区，以天然气替代煤炭作为燃料供暖，其次进行产业转型调整，大力发展服务业，以金融业、旅游业和贸易服务业等为主，最后依托经济实力和社会文化背景，进一步以文化创意产业为产业升级的重点，电影、电视、时装等成为英国的新名片和经济增长点。可以说经过多年的转型发展，英国已经成功转变为集文化创意和金融贸易服务于一体的发达国家，对于其他还处于重工业建设阶段的发展中国家而言具有重要的借鉴意义。

具体而言，英国政府以税收和价格作为节能减排的干预手段，构建市场环境下的激励约束机制，如前文提到的气候变化税、最低碳价制度、碳减排承诺等，直接影响了高能耗企业的成本，保障了低碳能源的价格，形成了碳排放所包含的绝大部分规制网络，让企业为了利润和发展自发展开减碳行动，以减免气候变化税，甚至利用剩余排放配额获益。除了政府之外，第三方机构也是推动节能低碳的重要组织，承担起政策执行者的角色，而政府的职责则主要在政策制定和对这些政策执行者进行监管考察。这些社会组织包括公司、行业协会等，以碳信托公司为例，作为金融性质的机构，其本质是既为企业提供节能减碳的资金支持，也提供低碳技术解决方法和方案，还参与制定碳排放标准和推广新技术等，虽然碳信托公司成立之初依赖于气候变化税的资金，受控于英国政府，但它已经发展成为独立运营的第三方机构。此外，行业协会对于英国节能减排同样具有重要作用，是实现企业个体与政府机构信息互通、需求共建的关键桥梁，常常需要在企业和政府之间进行多次协商谈判，最终将国家节能减碳任务进行细分，落实到每一个企业，提高了政府的政策效率，也增加了企业的对话途径。

1.3.5 德国：政策对接与协调合作

德国早在 1990 年就完成了碳达峰，其拥有高度发达的制造业，是欧洲最大的经济体。在低碳环保方面，德国具有较为完善的法律法规，其中著名的有《排放控制法》《循环经济与废弃物法》《可再生能源法案》《联邦控制大气排放条例》《能源节约条例》《气候行动计划 2030》《德国联邦气候保护法》等。德国政府明确承诺到 2030 年其温室气体排放较 1990 年减少 55%，2045 年实现碳中和。国际社会受新冠肺炎疫情、战争等影响，各国的经济出现了下滑和瓶颈，包括德国在内的不少国家能源供给出现短缺，因此德国也在反思其在低碳减排过程中进度的适宜性。2022 年 7 月 7 日，德国联邦议会对《可再生能源法案》进行了修正，加速提升可再生能源的发展，具体表现为将电力碳中和的达成日期由 2050 年提前到 2035 年，扩展了可再生能源发电投资、发展和其他碳中和相关产业发展的边界。

德国鲁尔区自然资源丰富，是世界级的工业区，依托地区内拥有的大量煤炭，形成了发达的钢铁业和采掘业，不仅为国内外提供了特别多的煤炭相关工业品，还曾为德国贡献了近一半的 GDP，其新型工业化模式对于粗放型、资源依赖型的国家和地区具有重要的参考和借鉴意义。20 世纪 50 年代起，石油和天然气逐渐取代了煤炭在能源市场上的主导地位，德国鲁尔区以煤炭为基础的传统工业受到重创，经济陷入停滞，失业率不断攀升，加之过去多年的煤炭开发引致的环境污染问题，整个社会陷入巨大困境，不得不进行产业结构调整。历经近半个世纪的转型，目前鲁尔区已经完全脱离了污染和粗放的生产模式，对遗留的污染痕迹制订整改方案，增加绿化面积，对旧物再利用，建成博物馆和居民居住休闲的区域，新兴产业发展迅猛，成为绿色环保、就业水平优异、对外资极具吸引力的高幸福指数地区。总体看来，鲁尔区的产业调整之路可以分为三个阶段。第一个阶段为传统老企业的改造（20 世纪 60 年代至 70 年代）。针对生产效率低、污染高、能耗高的传统产业，政府采取税收、补贴和政府收购等形式，最终以关闭、合并或者改造等方式实现产品结构和技术含量的提升。第一个阶段的转型虽然能够对传统产业的改造产生一定的效果，但是仍然以煤炭相关生产链为基础，并未彻底改变该地区的产业模式，还是一种防御型的调整方式。第二阶段为新兴产业的构建（20 世纪 70 年代至 90 年代）。鲁尔区将新型工业化作为发展的重点，将产业结构调整的目标锁定为高新技术产业，政府从资金和技术等多方面扶持节能环保、医药、新材料等高新产业，衍生出可再生资源与循环利用的研究，创造了治理环境污染的技术和经验，引导地区的产业结构朝着信息技术等高新领域发展。第三阶段（20 世纪 90 年代至今），在新兴产业发展具有了一定基础之后，加快发展优势产业，信息技术产业和生物技术产业蓬勃发展，推进新兴产业多元化，并且将信息技术和生物技术等高新技术产业发展获取的高额利润和高新技术应用于传统工业领域，带动其他产业发展，不仅有利于创造就业，还促进了地区经济的稳定和增长。与此同时，对原址上的工厂进行改造，打造相关旅游地和博物馆，大力发展文化产业，使得鲁尔区成为产业结构多元，制造业等工业为辅、服务业为主的繁荣休闲区。

1.4 中国制造业绿色发展的进程

1.4.1 中国绿色发展理念的演变

我国绿色发展的理念可以追溯到传统文化中的对人与自然关系的阐述，例如天人合一、天人一体等在历史中早有记载，讲求人与自然相互依存，繁荣共生。而将绿色发展从一种观念转变为经济社会发展指导思想，主要发生在改革开放后，特别是追赶式发展进程中资源依赖型粗放生产模式产生了严重污染的背景下。因此，总体上我国的绿色发展的理念演变可以划分为以下几个阶段：新中国成立之初的污染治理和环保立法阶段；改革开放后工业迅猛发展与资源和环境矛盾治理阶段；以科学发展观为指导的绿色发展起步阶段；产业结构调整、生态文明建设的绿色发展快速推进阶段。

在新中国成立之初，社会主义的性质和追赶发展的决心，让我们在较短的时间内创造了工业体系，与此同时，民众节约粮食和资源的传统美德，以及人与自然应和谐共生的理念都促使人们开始对绿色理念产生初步认识，1973 年我国召开了第一届环境保护的会议，会议形成了《关于保护和改善环境的若干规定》，此外，在宪法中也加入了环保和污染治理的条款。随后于 1979 年正式出台了我国首部环境保护的法律，即《中华人民共和国环境保护法》，将绿色发展的问题提高到了立法监管层面，也意味着我国的经济社会发展必须要注意环境保护。

改革开放的政策加快了我国经济发展的速度，但不可否认在这个阶段主要以经济建设为中心，对环境问题的重视不足，在制造业等工业领域重复了发达国家发展初期环境污染的老路。随着经济朝着理想的方向高速推进，环境问题日益突出，因此在 1983 年的全国第二次环境保护大会上，将环境保护作为基本国策明确传达，在 1994 年的《中国 21 世纪议程》中提出了可持续发展观，不仅引导公众认识到环境保护的重要性，增强大家节约、环保的价值观，还为经济社会发展的绿色化发展观提供了支持。政府逐渐拟定绿色发展相关的操作细则，比如 1995 年党的十四届五中全会要求从计划经济向市场经济转变，从粗放式发展向集约式发展转变；1996 年将可持续发展提升到战略地位，成为区域经济发展的基本指导。至此，绿色发展的意识和理念深入人心，为后续真正改变经济发展模式，推进绿色发展方式做好了铺垫。

自 1994 年提出可持续发展观后，2003 年党的十六届三中全会又提出了科学发展观，是在原有可持续发展的基础上，加入了更为丰富的人与社会和谐共赢的元素，考虑了更多的层面的统筹关系，党的十六届五中全会上更具体地提出了建设资源节约型和环境友好型社会。2007年，党的十七大重提并深化了科学发展观，指出我国要加快转变经济发展方式，不仅要关注经济发展的量，还要关注经济发展的质，将建设生态文明作为实现小康社会的新要求。所谓生态文明，是相对于工业文明而言的一种新的强调和谐共生、持续繁荣的社会文明，要求人、自然和社会遵循客观规律共生。在我国的"十二五"规划中，更是直接给出绿色、低碳的表述，为我国高效、节能、减排，建立激励和约束机制，可以说此时我国绿色发展的模式正式形成。

从党的十八大开始，生态文明的重要性被进一步引入党的执政目标，意味着我们的社会主义道路明确为生态文明建设新时期。2015年发布的《关于加快推进生态文明建设的意见》以通俗易懂的阐述方式，直接说明了绿色发展对经济和社会的重要价值，确立了人与自然的发展必须符合客观规律的要求，绿色环境就是未来的富饶表现。随后党的十八届五中全会和党的十九大都将绿色发展理念和要求细化，包括五大发展理念、生态文明体制改革，并且将国外的绿色发展内涵进一步扩大，形成了具有中国特色的绿色发展理念。

1.4.2 中国制造业绿色发展的阶段性变化

从整体上看，以制造业为代表的我国工业历经了从无到有、从恢复到繁荣的两大阶段。首先，新中国成立初期，我国几乎没有系统的工业化，可以说需要突破零的现状，只能借鉴社会主义国家的成功经验，同时基于维护国家的安全和独立的现实需要，优先选择发展重工业，在这一阶段主要以恢复工业化为主，并未对环境保护做过多要求。其次，当工业化发展到一定程度后，我国关注的重心逐渐外移，党的十一届三中全会提出改革经济体制的要求，自此开启了以改革开放为代表的新时代。对于前期优先发展重工业的政策，随着社会生产生活的推进，产业结构出现了失调，供过于求与供不应求的情况均非常显著。为了改变不同产业之间以及工业产业内部的不合理情况，政府以市场需求为主导，形成了以轻纺等制造业为优先发展的方向，一方面解决了大量的社会就业，另一方面缓解了紧张的消费品需求，但与此同时，环境污染的问题却并未得到有效治理。再次，随着制造业和其他工业的发展，20世纪90年代后我国已经基本从物资短缺的困境中摆脱出来，社会主要问题转变为有效需求不足和生产过剩并存，前期的高投入、高消耗生产模式不仅使得资源供给出现短缺，还对环境造成了粉尘、污水、温室气体等多种伤害。最后，在我国加入世界贸易组织并持续进行产业结构调整升级，以及科学发展观和可持续发展政策的引导下，我国的制造业得到空前发展，也让我国得到了制造业大国的称号。然而，全球经济形势和新兴产业的变化以及金融危机的冲击等，导致制造业行业也出现了产能过剩的问题，此时国内外环境问题表现得更为突出，对美好环境的追求以及参与国际竞争都要求必须进行供给侧结构的改革，引导消费端加强节能环保理念。

制造业在落实绿色发展的道路上，总共可以划分为三个层次：

第一，制造业结构调整化解产能过剩。2013年，国务院印发了《国务院关于化解严重产能过剩矛盾的指导意见》，将解决产能过剩问题提高到了政策关注的重点位置，通过提高准入制度、能源消费价格调整、环保监察、资源管控等手段，限制了一批制造业行业的发展。其中，2011年至2017年的钢铁产能减少了两亿吨以上，水泥、煤炭、玻璃等产业，关闭数千家效率较低的小型企业，产能减少均突破亿吨大关。

第二，能源利用效率提升，绿色制造初见成效。如图1-3所示，虽然制造业能源消费总量和各种不同能源消费的总量均呈现逐年递增的趋势，但从不同类型的能源增长率看，天然气和电力等清洁能源的消费量增长更显著，几乎每年都为正增长，而煤油、煤炭、汽油等传统的污染较高的能源消费量增长率呈现递减状态。除此之外，如图1-4所示，制造业能源消费量占全国能源消费总量的比例从2009年起也呈现显著降低的趋势。可见，制造业的能源利用效率在近20年具有一定的提升，绿色制造初见成效。

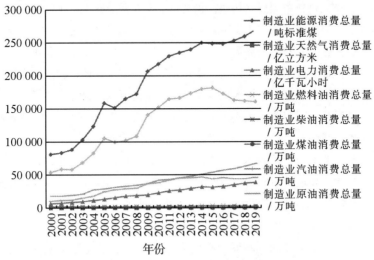

图1-3 2000—2019年制造业能源消费量

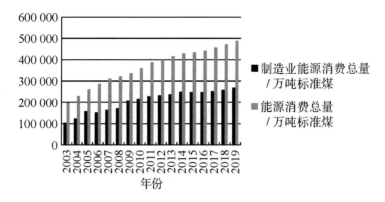

图 1-4　制造业能源消费与全国能源消费总量

第三，扩大对外投资合作，助力绿色制造业。从对外开放开始，几十年的发展历程告诉我们，走出去引进来的经济模式能够带来显著的经济效益。我国政府也出台了各种政策支持国内企业参与国际分工，一方面化解了国内制造业过多产能，另一方面也发挥了制造业优势对我国经济的重要作用。如图 1-5 所示，2008—2020 年，我国制造业对外直接投资的流量和存量呈现显著的增长趋势，特别是从 2015 年开始，对外投资的增速有了飞跃式的提升，对外投资流量的环比增长率高达 108.55%，存量的环比增速也达到了 50%，2020 年的对外投资流量和存量分别是 2008 年的 14 倍和 28 倍多。国家也充分发挥引导制造业高新技术发展的作用，智能制造、锂电池制造等制造业升级节奏加快，助推了制造业的绿色化发展。

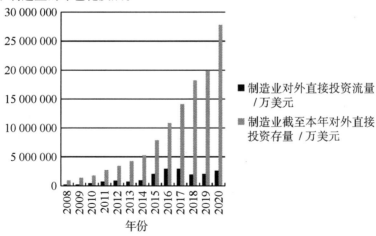

图 1-5　2008—2020 年我国制造业对外直接投资量

1.4.3 中国绿色发展的相关政策梳理

制造业绿色发展不仅是为了适应全球低碳环保的新要求，更是我国参与国际竞争，创造新的经济增长点的重要路径，因此，中央和地方政府针对制造业的绿色转型升级出台了许多规划政策，为绿色制造理念、绿色制造体系、绿色技术创新等的形成提供了大力支持。《中国制造 2025》部署全面推进实施制造强国战略，国家"十四五"规划再次强调推动制造业高质量发展，显然，改变传统制造模式，实现制造业绿色转型发展是从实际出发，兼顾当前长远的重要举措。除了战略上的宏观指导之外，我国还为绿色产业园的践行出台了众多政策，从 2016 年开始，国务院提出绿色园区的指导意见，为制造业等工业生态园区的建设开辟了通路，同年工业和信息化部和国家发展改革委发布了《关于绿色制造体系建设通知》和《绿色制造工程实施指南》，2019 年和 2020 年我国根据最新的发展形势提出了《绿色产业指导目录》和有关绿色技术创新体系的相关指导政策。《中华人民共和国国民经济和社会发展第十四个五年规划和 2035 年远景目标纲要》首先强调了制造业的重要性，并且直接指出绿色发展的要求，对绿色创新、绿色标准、绿色行为和绿色产品等进行激励。此外，在国家绿色发展战略的背景下，中央和地方财政通过采购、担保等方式支持绿色制造业企业，金融部门持续推进绿色金融相关业务，向资源节约高效利用的经济活动提供金融服务，进而通过资金配置功能影响市场走向。《2018 中国智能制造报告》显示，我国已成为工业机器人第一消费大国，智能制造对企业利润的贡献率明显提升，一方面，绿色制造、智能制造的技术与装备不断进步，推动着制造业产业结构的调整与转型；另一方面，制造业绿色转型发展对数字化、智能化、生态化的要求更高。

国家的宏观战略和规划提供了制造业绿色转型的大方向，也释放了未来的支持信号和经济走向，而落脚到具体的实施则离不开地方政府的政策和行动计划。比如，我国煤矿大省山西，2017 年制定了《山西省绿色制造体系建设实施方案》并分年度制定行动计划，明确了绿色制造的路线图，绿色制造体系建设开始全面实施。随后，发布了《山西省绿色制造 2021 年行动计划》，明确提出全面统筹推进绿色制造体系建设，其中以环保提标的方式倒逼企业提升企业绿色生产水平，对老旧低效设备和工艺进行淘汰；以绿色系统集成项目的推进作为典型，引导地区制造业企业进行高新绿色技术的应用和创新；选择部分具有代表性的企业开展绿色产业链创建。作为最年轻的直辖市，重庆于 2018 年出台了《重庆市绿色制造体系建设三年行动计划（2018—2020 年）》，主要为建立高效、低碳的绿色制造体系提供了未来三年的重点改造方向，包括绿色工厂和园区的建设、绿色产品和供应链的构建以及支持绿色制造的服务平台。上海也提出了《绿色制造体系建设实施方案（2018—2020 年）》，将财政奖励和资金支持政策作为完成绿色制造目标的重要举措，以绿色工厂、绿色园区、绿色产品、绿色供应链和绿色制造示范单位等的数量作为考察目标，通过扶持并培育一批先进的绿色制造企业，引导全市绿色制造产业发展壮大，最终建立绿色制造体系。而北京于 2016 年颁布的《北京绿色制造实施方案》更是具体将能耗、用水量和重点污染物的数据纳入方案的最终目标，并且对要建设的绿色园区、绿色工厂、能源管理中心和绿色制造创新中心数量做出了要求。此外，我国多个省份均提出了相关的绿色制造的政策方案，《河北省绿色制造体系建设实施方案》《吉林省绿色制造体系建设实施方案》《江苏省绿色制造体系建设实施方案》《福建省绿色制造体系创建实施方案》等，都是在我国中央政府的战略和政策背景下，各省份基于对地区经济和制造业的了解因地制宜地落实举措和目标要求。

1.5 中国制造业绿色转型发展的意义

工业化除了给全球的人们带来生活的便利和富足之外，还造成了环境恶化，二氧化碳排放量已经远远超过自然界的自我净化能力，全球气温升高引发了一系列的环境危机，而污水、雾霾等环境问题给当地的损害会更大，灾害肆虐、粮食困境、病菌传染等问题层出不穷。作为全球第二大经济体，我国具有维护环境可持续的责任，也必须适应环境治理下的新型竞争格局，为更好地实现高质量发展努力。因此，在联合国大会上，习近平主席承诺了碳排放的目标，作为发展中国家与发达国家一起为绿色发展做出贡献，充分展现大国风范。并且，我国近年来的产业结构转型升级，绿色制造发展迅速，为全球的绿色事业提供了中国智慧和能量，奠定了有担当有影响力的国际形象，也有助于提升我国的国际话语权。

1.5.1 提升国际竞争力

从新中国成立开始，我国的制造业主要依靠劳动力红利和自然资源进行发展，科技含量低、能耗高、污染大、产出低等问题显著。实践表明当前的产业结构和技术水平等限制了我国制造业的进一步发展，芯片等"卡脖子"的事件不断提醒着我们高新技术牵一发而动全身，制造拼的不仅是手艺更是科技，并且随着时间的推移传统制造的危害逐渐显现。当雾霾席卷国内多个城市的时候，大家意识到环境承载能力临近极限，无论是为了满足人民日益增长的美好生活需要，还是为了建设生态文明，形成可持续发展的绿色制造业都要求改变原来的生产生活方式。

在全球对环境问题达成共识并致力于解决该问题的背景下，碳中和、碳达峰等绿色战略地位越发重要，新一轮的产业革命和能源革命悄然进行。疫情的突发，让本就发展不利的国际经济面临严峻的挑战，对医疗产品的突发需求，对失业情况的缓解需求，对未来经济发展的竞争需求等，让发达国家纷纷制定制造业回归的决策。与此同时，贸易保护主义事件不时发生，国际政治摩擦不断，国际竞争进入白热化阶段。作为制造业大国，制造业的绿色转型发展是我国绿色改革的重要部分，虽然转型过程面临着重重困难，但转型也能够优化固化的经济结构，以新型高科技重塑制造业的产业竞争力。大而不强多年来一直是我国制造业不可避免的议题，将我国转型成绿色高效的制造业强国也成为近年来的发展重点，显然，抓住这一场新型的产业革命和能源革命，是我国改善自然环境、提高资源效率、打造绿色制造业品牌、实现产业链攀升的机遇，有利于我国制造业国际竞争力的提升。

1.5.2 推进生态文明建设

生态文明建设的理念最初由 2012 年党的十八大提出，被认为是影响人民福祉和民族未来的关键之一，随后在党的十八届三中全会中进一步要求形成生态文明建设制度体系，以更好地实现生态文明的目标。习近平总书记也在党的十九大上重申了生态文明建设的议题，指出人与自然之间生命共同体的关系，是对工业文明的超越。改革开放以来，我国的物质和经济水平空前发展，但资源的消耗和环境污染问题也不断累积，随着人们对于生态环保意识的觉醒，生态文明成为大众心中新型价值观的体现和行动指南。而进行生态文明建设并不仅仅只是对于污染物的控制和自然环境的恢复，从制造业的发展角度看，还需要修正粗放式制造业的缺陷，推进高新制造技术的创新和发展，构建清洁的、高效的、低耗的、绿色的制造方式和体系。换言之，以制造业为代表的工业与生态文明之间并不是矛盾关系，如何让人与自然、生产与环境和谐共处、融合共进是生态文明建设未来探究的重点。

1.5.3 实现制造强国战略

与发达国家相比，我国制造业高新技术水平和绿色供给能力差距较大，为了追赶国外几百年的工业发展进程，赢得物质和经济水平的提升，先发展后治理的模式不可避免地出现了严重的环境问题。目前，我国已经成为全球第二大经济体和公认的制造大国，单纯的增长率和规模已经不是我国追求的目标，转而更重视补短板的过程和结果，其中，制造业的短板主要在于核心技术、资源能耗、绿色体系和品牌等方面。制造业绿色转型正是转变经济发展方式，补齐短板实现制造业强国战略的重点领域，对稳定经济增长、供给侧结构改革和民生都具有促进作用。《中国制造2025》这一国家行动纲领从战略地位将制造强化进行了详细的阐述，打造具有竞争力的制造业，有利于提升综合国力，和平时期能够提供物质生活所需的更丰富的产品，更能够在政治摩擦和全球动荡时期保障国家安全，有利于建设世界强国。而不同的阶段和全球背景，对于具有竞争力的制造业评价标准并不相同，当前节能环保技术水平、绿色制造的制度和体系完整性成为全球竞争的新方向。没有绿色转型，我国制造业就不可能在未来跻身全球领先的行列，制造强国就无从谈起，因此，如《中国制造2025》、"十四五"规划、《习近平新时代中国特色社会主义思想学习纲要》等多个国家层面的政策文件共同表明，低碳、循环经济模式，生态化、高效化的能源和生产方式，清洁化、可再生的资源利用能力，都是绿色制造需要关注的方面，加快建设制造业高质量发展，构建绿色产品、绿色企业、绿色工厂、绿色园区和绿色供应链为一体的绿色制造体系，是实现制造强国的战略目标。

2 中国区域制造业产业绿色转型建设的成效

2.1 绿色制造快速推进

2.1.1 绿色产品

绿色产品（green products）是一种可持续再生的产品，旨在最大限度地减少其整个生命周期内的环境影响。由此，狭义的绿色产品，仅指不包括任何化学添加剂的纯天然食品或是天然植物制成的产品；广义的绿色产品，其范围就囊括了在生产、使用以及处理过程中符合环保要求，或使用再生资源生产的，对环境无害或是伤害程度低，甚至能够回收再利用的产品。绿色产品是以绿色制造实现供给侧结构性改革的最终体现，侧重于产品全生命周期的绿色化。正是由于绿色产品的特性，绿色产品成为经济发展转型中不可或缺的部分，各国都在加大对其的投入和使用；而作为生产主体的制造业企业，对绿色产品的投资更是企业转型的重要环节。

中国对绿色产品的重视程度也逐渐增加。2016 年，国家发展改革委等多部门就印发了《关于促进绿色消费的指导意见》（以下简称"指导意见"），提出要积极鼓励居民进行绿色产品消费、大力推动企业增加绿色产品和服务供给等①。2016 年 12 月，国务院办公厅发布的《关于建立统一的绿色产品标准、认证、标识体系的意见》提出，到 2020 年，初步建立系统科学、开放融合、指标先进、权威统一的绿色产品标准、认证、标识体系，实现一类产品、一个

---

① 十部门印发关于促进绿色消费的指导意见的通知[EB/OL]. (2016-03-02)[2022-04-06]. http://www.gov.cn/xinwen/2016-03/02/content_5048002.htm.

标准、一个清单、一次认证、一个标识的体系整合目标①。到 2021 年年末，中国已经出台了 18 项产品评价国家标准，印发了 3 批绿色产品评价标准清单及认证产品目录，将 19 类近 90 种产品纳入认证范围，覆盖有机绿色食品、纺织品、汽车摩托车轮胎、塑料制品、洗涤用品、建材、快递包装、电器电子等产品。颁发统一的绿色产品认证证书 3.4 万余张，获证企业 1.6 万余家②。2022 年 1 月，国家发展改革委、工业和信息化部、商务部等部门共同发布《促进绿色消费实施方案》（简称《方案》），进一步提出到 2025 年绿色低碳产品市场占有率大幅提升，到 2030 年绿色低碳产品成为市场主流③。这显示了中国对绿色产品、绿色产品市场的重视，也显示了中国走向"碳中和"的信心。

从国内绿色产品发展来看，绿色产品认证试点取得了较为突出的成果。目前，浙江湖州是中国唯一的绿色产品认证试点城市。自 2018 年 4 月起至 2021 年，该地区已初步建立绿色产品认证与标识体系，该市在全国范围内通过绿色产品认证证书达到 5 487 张，其中湖州市通过绿色产品认证企业 120 家，证书 152 张，居全国地级市第一。另外，绿色产品覆盖衣食住行各个方面，并且借助科技力量，中国市场上的绿色产品智能化发展态势良好。自 2011 年至 2022 年 3 月，仅有重庆、上海、潍坊（山东）、哈尔滨、苏州和聊城（山东）这 6 个城市获得 2 000 个以上的绿色食品认证，北京、天津、大连、成都等 20 个城市获得 1 000 个以上的绿色食品认证，可见过去 11 年间中国绿色食品数量增长较快，绿色食品市场规模在逐年扩大。2021 年国内新能源汽车销量达 352.1 万辆，同比增长 158%，全年渗透率达 13.4%。其中上海地区销售量位居国内城市第一位，达 32 423 辆，一、二线城市销量占总体销量的 66%④。绿色建筑项目如南京河西金茂府（绿色建筑三星级标准）、金地华樾北京（绿色建筑三星级标准）、旭辉上海世纪古美（绿色建筑二星级标准）等都利用节能、环保等各项技术在保障建筑实用性、安全性的同时，达到国家绿色建筑标准，不过目前绿色建筑项目主要集中分布在经济较为发达的沿海城市。

---

① 增加绿色产品有效供给 提升社会公众获得感[EB/OL].（2016-12-07）[2022-04-06].http://www.gov.cn/xinwen/2016-12/07/content_5144810.htm.

② 市场监管总局谈绿色产品认证：19 类近 90 种产品纳入认证范围[EB/OL].（2022-01-21）[2022-04-06].https://www.sohu.com/a/518139103_120702? g=0.

③ 国家发展改革委.国家发展改革委等部门关于印发《促进绿色消费实施方案》的通知[EB/OL].（2022-01-18）[2022-04-06].http://www.gov.cn/zhengce/zhengceku/2022-01/21/content_5669785.htm.

④ 2021 年新能源汽车全产业链数据分析研究报告[EB/OL].（2022-02-10）[2022-04-06].https://mp.weixin.qq.com/s/pfz1qL0T-feSNssHthz0_g.

从国际市场来看，近年来各国对环境问题越发关注，制造业已将努力的方向转向绿色产品创新，以减少制造业的能耗、污染，实现制造业产品的轻松回收和再制造材料的利用（Dangelico et al.，2017）①。2021 年 12 月，美国总统拜登签署行政命令，该项行政命令旨在使联邦政府利用其规模和采购权来促使美国经济实现可持续低碳发展②。2021 年《绿色意大利报告》（Green Italy 2021）显示：2016—2020 年，31.9%的意大利企业选择投资于绿色产品，且每 4 家企业中就有 1 家企业的价值与 2015—2019 年前同期相比有所增长。同时，2016—2020 年，意大利制造业每 3 家企业中就有 1 家进行了绿色投资。面对2020 年新冠肺炎疫情大流行带来的挑战，意大利企业对绿色产品和技术的投资并未减少：近 30 万家企业（占总数的 21.4%）投资于可持续性发展与绿色相关的产品。

2.1.2 绿色工厂

绿色工厂（green factory）是制造业的生产单元，绿色制造的实施主体，属于绿色制造体系的核心支撑单元，侧重于生产过程的绿色化，其特点在于用地集约化、原料无害化、生产洁净化、废物资源化、能源低碳化③。创建绿色工厂是推动制造业绿色转型升级、实现国家经济高质量发展的重要手段。

在国家的统筹领导下，各地区根据自身情况出台了相应政策鼓励建设绿色工厂。工业和信息化部为鼓励绿色工厂建设，联合第三方机构结合绿色工厂评价通则，对各地申报绿色工厂进行认证。2017 年度全国共有 201 家绿色工厂，随着国家"双碳"目标的提出，各地区都加大力度发展自身的绿色工厂。到2020 年绿色工厂增长数量达到最高，新认证绿色工厂 719 家，截至 2021 年年底，绿色工厂总数突破了 2 000 家，达到 2 783 家。

从区域分布来看（见图 2-1），绿色工厂主要集中分布在东部，2017—2019 年占总量的 60%左右。这主要是因为东部地区经济发展较快，工业基础

---

① DANGELICO R M，PUJARI D，PONTRANDOLFO P. Green product innovation in manufacturing firms：A sustainability - oriented dynamic capability perspective［J］. Business strategy and the Environment，2017，26（4）：490-506.

② THE WHITE HOUSE. FACT SHEET：President Biden Signs Executive Order Catalyzing America's Clean Energy Economy Through Federal Sustainability［EB/OL］.（2021-12-08）［2022-04-06］. https：//www.whitehouse.gov/briefing-room/statements-releases/2021/12/08/fact-sheet-president-biden-signs-executive-order-catalyzing-americas-clean-energy-economy-through-federal-sustainability/.

③ 工业和信息化部. 绿色工厂评价通则（GBT36132-2018）［EB/OL］.（2018-05-18）［2022-04-07］. https：//www.miit.gov.cn/cms_files/filemanager/oldfile/miit/n1146290/n1146402/n1146440/c6178229/part/6178233. pdf.

较好，工业企业绿色转型比其他地区更容易。自 2018 年起，各地区对绿色制造的重视程度加深，提升了对绿色工厂建设的重视，尤其是中西部地区，绿色工厂数量迅速增长。西部地区自然资源丰富，加上国家的战略扶持，使得西部地区中尤其是四川、新疆等省份的绿色工厂增加速度快，且偏向食品、能源供应、水泥等行业的工业企业。东北部地区绿色工厂数量偏少，一方面是受到经济发展水平的限制；另一方面东北地区传统工业底蕴较厚，一直以来东北地区制造业以汽车、机械等工业为主，这使得东北地区制造业工厂绿色转型需要依赖绿色技术进步，以技术带动工厂转型，这一过程不仅需要花费更多的人力、物力和财力，还需要经历时间的验证。中部地区绿色工厂增长数量呈现波动态势，这可能是由于中部地区各省份制造业绿色转型的难度不同，没有形成区域工业特色，难以出现大型绿色龙头工业企业，从而带动其他工业企业绿色转型。

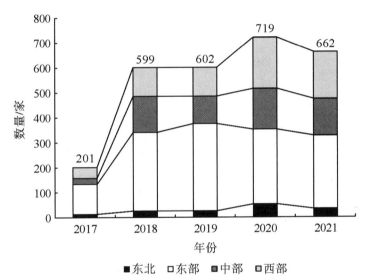

图 2-1　绿色工厂区域分布^①

从各地区 5 年来绿色工厂数量及其占当地 2021 年规模以上工业企业的比例来看（见图 2-2），绿色工厂比例排名前十中，有七个省（区）来自西部地区，包括青海、西藏、宁夏、甘肃、内蒙古、新疆、云南；有两个位于东部的直辖市：北京和天津；最后一个是来自东北地区的黑龙江。可见西部地区绿色工厂在过去五年发展迅速，制造业绿色转型发展较好，这与政府因地制宜地开

---

① 数据来源：根据工业和信息化部办公厅绿色制造名单整理所得。

展绿色工厂建设紧密相关。相比同样作为直辖市的上海和重庆,北京和天津的绿色工厂数量更多,绿色工厂占比也更大,当地制造业绿色转型发展更快。东部地区虽然绿色工厂数量最多,尤其是山东、浙江、广东与江苏四省的绿色工厂总量占全国约31.48%,超过其他省份,但是以上四省绿色工厂在本地区占比过小,浙江、广东与江苏的绿色工厂占当地规模以上工业企业的比例低于0.5%,还有很大提升空间。

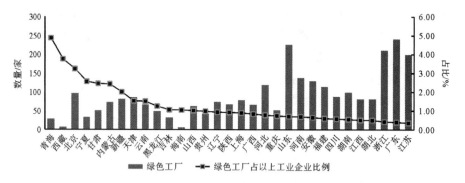

图2-2 各地区绿色工厂占规模以上工业企业比例①

2.1.3 绿色供应链

绿色供应链是将环境保护和资源节约的理念贯穿于企业从产品设计到原材料采购、生产、运输、储存、销售、使用和报废处理的全过程,使企业的经济活动与环境保护相协调的上下游供应关系②。绿色供应链与普通供应链的最主要区别就在于,绿色供应链在绿色制造与供应链管理技术的基础上,融入了环境保护、可持续发展理念等,实现从生产端到消费端全流程的节能减排。绿色供应链兼具可持续发展、互联互通、协同创新三个特点。截至2020年12月底,40个国家实施了可持续政府采购政策或行动计划,鼓励采购对环境无害的节能产品,是更具社会责任感的采购做法,促进了可持续供应链的发展③。

供应链作为串起制造业上下游的主线,在国民经济发展中起着重要作用。在可持续发展方面,绿色供应链是落实绿色发展理念的重要举措,打造绿色供应链的关键节点就在于企业的可持续发展与产业链各个环节的相互配合,共同

---

① 数据来源:由工业和信息化部办公厅绿色制造名单及国家统计局数据整理所得。

② 工业和信息化部办公厅.绿色供应链管理评价要求[EB/OL].(2016-09-03)[2022-04-12]. https://www.miit.gov.cn/cms_files/filemanager/oldfile/miit/n1146285/n1146352/n3054355/n3057542/n3057544/c5258400/part/5258440.pdf.

③ GreenItaly[R]. Fondazione Symbola-Unioncamere, 2021.

奔向绿色发展。由此，国家先后制定了相应国家标准来规范绿色供应链的定义、范围及评价标准等；并且各地方也根据自身情况发布了有关打造、建设绿色供应链的相关政策措施，积极推进各地区自身的绿色供应链建设进程。在此背景下，各地区积极推动绿色供应链管理示范企业建设。

目前，全国共有296家绿色供应链管理示范企业，这些企业主要集中在东部及中部，而西部与东北部绿色供应链管理示范企业数量较少（见图2-3）。从绿色供应链管理示范企业的发展趋势来看，自2017年工业与信息化部部提出制造业企业绿色供应链管理之后，绿色供应链管理示范企业从15家增长至2021年的107家，且逐年递增，说明各地区对打造绿色制造企业及其供应链的重视有一定的成果。具体来讲，浙江与广东的绿色供应链示范企业数量领先其他省份，北京、天津、江苏、安徽、福建、山东、河南都有大于10家的绿色供应链示范企业，西部地区多数省份目前一家绿色供应链示范企业都还没有（见图2-4）。究其原因，一方面是上述拥有较多绿色供应链示范企业的省份拥有的企业基数较大，且大多数企业自身有可持续发展规划，如TCL集团股份有限公司（广东）是在2017年第一批成为绿色供应链示范企业的大型公司，其公司在2011年联合北京赛西科技发展有限责任公司等共同申报的"绿色电子信息产品公共服务平台"项目获得国家工信部立项；并建立了《信息披露管理制度》，早在2013年就已经开始要求主要供应商提供产品节能减排信息。另一方面，也取决于当地企业绿色化建设与政府政策支持的适配度。如天津在绿色供应链制度建设方面有显著效果，早在2013年，天津市就出台了《天津市绿色供应链管理试点实施方案》，在2016年又出台了《绿色供应链管理体系要求》《绿色供应链管理体系实施指南》《绿色供应链标准化工作指南》以及《绿色供应链技术要求编制导则》等地方标准，但天津的绿色供应链示范企业建设不如预想中快，直到2019年才有企业得到工信部认证，说明早期天津市相关政策与绿色供应链建设之间可能存在衔接错位等问题，适配度不够好，没有取得立竿见影的效果。

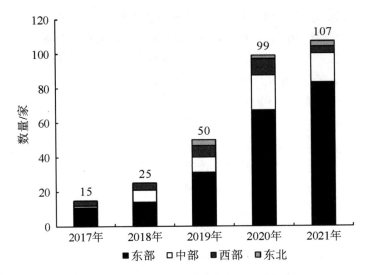

图 2-3　绿色供应链管理示范企业区域分布①

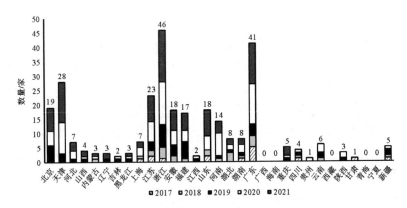

图 2-4　绿色供应链管理示范企业地区分布②

2.1.4　绿色园区

一般的工业园区会根据国家或当地政府的需要，布局各类生产要素，在划定的空间范围内进行科学调整，实行集约化生产，突出产业特色，获得规模效益。绿色园区（绿色工业园区）则是在一般工业园区的基础上，更看重园区的可持续发展，从园区的规划、空间布局，园区内产业链设计、能源使用、生

---

① 数据来源：由工业和信息化部办公厅绿色供应链管理企业名单整理所得。

② 数据来源：同上。

产管理等方面贯彻绿色节能与低碳环保理念，进而实现具有良好产业聚集、绿色工厂、绿色产业链等一体的工业园区。

绿色园区的发展能够为地区绿色经济乃至国家绿色经济发展起到重要的推动作用，也为产业结构绿色转型、制造业企业的绿色转型起到良好的助力。在绿色园区建设过程中，园区坚持绿色发展原则，在实际运营过程中，则是以园区内的生产企业、工厂为主体，鼓励企业通过技术升级和工厂技术创新，逐步形成以绿色生产、绿色传递为主的绿色产业链。通过园区内部企业绿色转型、建设、完善绿色产业链，从而优化园区产业结构，实现绿色园区的建设。

目前，国内获得工信部认证的绿色园区有 224 家，东部地区的绿色园区最多，共有 82 家；西部次之，共有 78 家；中部地区共有 57 家，而东北地区最少，仅有 6 家。相比绿色工厂、绿色供应链示范企业的分布，绿色园区的区域分布相对来讲较为均衡（见图 2-5）。从各省份的情况看，江苏 5 年来绿色园区建设尤为突出，共有 18 家国家级绿色园区；浙江、山东、安徽、江西、河南都有超过 10 家的国家级绿色园区。这些省份一方面得益于国家的政策扶持和发展规划；另一方面自身绿色园区建设的基础较好，力度较强，使之快速得到认可。而北京、上海、天津和重庆作为直辖市，本应该在绿色制造体系建设方面追求领先，但实际却不如人意，尤其是北京在绿色工厂与绿色供应链示范企业数量都不少的前提下，绿色园区建设在全国居末尾。这也说明，绿色园区建设需要综合考虑当地现有资源，而不是依靠绿色工厂数量与绿色供应链企业来构造，需要从园区布局开始考虑，在园区内部实现绿色可持续发展。

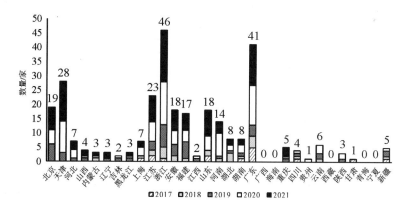

图 2-5　绿色园区地区分布①

---

① 数据来源：由工业和信息化部办公厅绿色园区名单整理所得。

2.2 绿色制造标准体系

绿色发展理念是承袭我国可持续发展战略的重要组成部分，绿色发展是经济绿色转型的具体表现。作为经济发展的主要支撑的工业，其绿色转型不仅关乎产业结构、能源结构的绿色转型，还能直接作用于整体经济的绿色化发展。制造业又是工业体系健康发展的关键，因此，工业体系绿色转型的关键就在于制造业的绿色转型。由此，绿色制造体系是制造业绿色转型的关键举措，也是顺应世界发展潮流，提高我国国际竞争力的重要手段。《中国制造业 2025》明确提出构建"绿色制造体系"，这既是生态文明建设的重要内容，能为工业的绿色转型与经济绿色转型提供核心动力，也能为绿色发展提供长效驱动力。

绿色制造体系的建设需要有一个综合性衡量标准，从国家标准来看，2016年工信部下发了《绿色制造工程实施指南（2016—2020 年）》（以下简称《实施指南》）、《关于开展绿色制造体系建设的通知》（以下简称《通知》）。《实施指南》系统阐述了绿色制造体系是围绕四个方面主要内容开展的，包括"传统制造业绿色化改造示范推广""资源循环利用绿色发展示范应用""绿色制造技术创新及产业化示范应用""绿色制造体系构建试点"等。《通知》基于《实施指南》的主要内容，为绿色制造体系建设做出了具体方向的指示。《通知》提出绿色制造体系的建设内容应包括四个主要方面，即绿色产品、绿色工厂、绿色供应链与绿色园区，同时根据绿色产品、绿色工厂、绿色供应链示范企业与绿色园区的建设的特点，先行制定了相应的评价标准，如《绿色工厂评价通则》（GB/T 36132-2018），细分行业绿色工厂评价标准——《电子信息制造业绿色工厂评价导则》（SJ/T 11744-2019）、《绿色制造——制造企业绿色供应链管理导则》（GB/T33635-2017）、《绿色制造——制造企业绿色供应链管理评价规范》（GB/T 39257-2020）等，并随各自的发展对各类评价标准进行实时补充、完善。

在国家大力推动绿色发展的背景下，各省（自治区、直辖市）结合自身发展特点，也提出自身绿色发展的目标，出台了相应的绿色制造体系的行动方案或实施计划，具体见附件2。综合各地区推动建设绿色制造体系的主要政策内容来看，几乎都是围绕绿色产品的生产、设计与开发，绿色工厂、绿色园区及绿色供应链的建设，绿色制造服务体系的建设与完善绿色制造服务评价体系等方面内容来构建地区绿色制造体系的。同时，大部分地区也是根据国家标准对绿色工厂、绿色园区和绿色供应链示范企业进行评价；部分地区为进一步促进其地方绿色制造发展，根据自身情况对绿色产品、绿色工厂等具体细则进行了更为细致的划分。

综合上述分析可见，绿色产品、绿色工厂、绿色园区及绿色供应链是绿色制造体系的主要载体。评价绿色制造体系的发展需要以绿色制造体系的主要载体的发展状况为参照。绿色制造体系的建设是以当地制造业实际情况为基础，在此基础上以制造业企业的绿色转型为主体，打造绿色制造体系的主要载体；以制造业工厂为生产源、最小实施单位，生产绿色产品、构建绿色园区和绿色供应链；以外界的评价与上下游企业的配合服务为辅助，持续完善绿色制造标准体系。绿色制造标准体系的基本框架如图 2-6 所示。

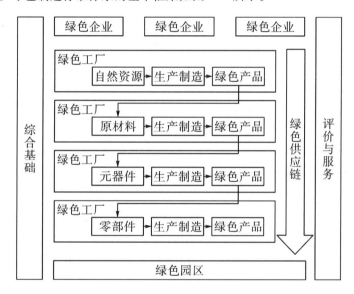

图 2-6　绿色制造标准体系的基本框架①

―――――――――

① 工业和信息化部国家标准化管理委员会. 两部门关于印发《绿色制造标准体系建设指南》的通知 [EB/OL]. (2016 – 09 – 30) [2022 – 04 – 15]. https://huanbao.bjx.com.cn/news/20160930/777525.shtml.

2.3 绿色发展评价体系

"绿色发展"一词最早出现在联合国开发计划署（United Nations Development Programme，UNDP）出版的《2002 年中国人类发展报告：让绿色发展成为一种选择（China Human Development Report 2002：making green development a choice）》中。绿色发展在我国的发展是不断深入的过程。首先是在党的十六大报告中提到了"人与自然的和谐"的社会，之后在党的十七大报告中首次提出"生态文明建设"。其次，随着中国经济建设的发展，生态文明建设也取得一定成果。在 2011 年，我国在制定"十二五"规划时，首次将"绿色发展"单列成独立的一篇，强调了今后中国发展必须要"增强危机意识，树立绿色、低碳发展理念"。之后，2012 年党的十八大报告将生态文明建设纳入中国特色社会主义事业"五位一体"总体布局，提出要"着力推进绿色发展、循环发展、低碳发展"。2015 年党的十八届五中全会把"绿色发展理念"上升为"五大发展理念"之一，提出要"坚持绿色发展，必须坚持节约资源和保护环境的基本国策，……"。2016 年"十三五"规划首次将绿色发展理念纳入国家的五年规划，正在进行中的"十四五"规划继续强调"推动绿色发展 促进人与自然和谐共生"，并重点提出要"加快发展方式绿色转型""大力发展绿色经济"。可见绿色发展已经成为中国经济高质量发展的重要指导理念之一。因此，弄清绿色发展内涵对进一步理解中国经济低碳转型、绿色制造战略等有重要意义。

绿色发展是一个更具包容性的发展理念，它不仅需要经济发展可持续，还需要在此过程中关注环境保护、能源的节约与清洁、社会发展的和谐与安稳。王玲玲和张艳国（2012）认为"绿色发展"是一个复杂系统，这一系统中主要包括四个方面的绿色发展，即绿色环境发展、绿色经济发展、绿色政治发展、绿色文化发展[①]。胡鞍钢和周绍杰（2014）认为绿色发展应包括经济系统、自然系统和社会系统三个系统及其之间的交互区域[②]。在绿色发展理念中

---

① 王玲玲，张艳国. "绿色发展"内涵探微 [J]. 社会主义研究，2012（5）：143-146.

② 胡鞍钢，周绍杰. 绿色发展：功能界定、机制分析与发展战略 [J]. 中国人口·资源与环境，2014，24（1）：14-20.

对绿色发展的概括主要包括绿色富国、绿色惠民、绿色生产这三个方面①。本书认为绿色发展是由经济发展、工业生产、人民生活这三个主要方面构成的，以低碳、节能、可持续为基础，并对社会文化、科技创新有积极影响，使得国家向"低碳"甚至"零碳"且"可持续"的方向综合发展。

基于上述分析可见，绿色发展是包含多方面、多维度的综合性发展，因此，对绿色发展的评价也需要根据其不同方面的发展进行指标的设置与评价。中国区域差异明显，绿色发展评价体系还需要考虑到区域特性。为此，参考有关学者研究，本书认为绿色发展评价体系需要具备以下三个要素：

一是经济发展的绿色化程度。经济发展包含国民经济各部门在一定时期内的规模变化，经济绿色发展不仅需要经济规模增加，还要求经济高质量发展，同时关注经济发展过程中存在的能源消耗、污染物排放等环境问题。

二是区域资源禀赋与环境承载力。在经济发展过程中，各区域由于自然资源禀赋的差异使得其后天的发展存在总量规模、优势产业以及人力资源等各方面显著的不同，而正因如此，区域资源禀赋较高的地区往往拥有较高的环境承载力，对工业生产、居民生活产生的环境外部性消化得更好，这类区域绿色发展的基础就会优于其他区域。

三是社会对绿色发展理念的认可度。绿色发展要落实到个人生活中的节能、减排，就需要居民自觉地减少日常生活中的"非绿色"行为。同时，政府需要对社会提供相应的基础设施、公共产品，如公交车、公园等，并且利用互联网宣传绿色发展理念，为全社会认可绿色发展、积极参与绿色发展提供帮助和指引。

由此，本书提供绿色发展评价体系指标以供大家参考（见表2-1）。

---

① 任理轩. 坚持绿色发展："五大发展理念"解读之三［EB/OL］.（2015-12-22）［2022-03-12］.http://theory.people.com.cn/n1/2015/1222/c40531-27958738.html.

表 2-1 绿色发展评价体系指标

一级指标	二级指标	三级指标
经济增长绿色化程度	第一产业发展	第一产业增加值
		农业环境污染指数
	第二产业发展	第二产业增加值
		单位增加值工业能源消耗
	第三产业发展	单位增加值清洁能源使用量
		工业废水排放量
		工业废气排放量
		工业固体废弃物产生量
		单位增加值工业用电消耗量
		单位增加值二氧化碳排放量
		第三产业增加值
		单位增加二氧化碳排放量
		第三产业就业比例
区域资源禀赋与环境承载力	区域资源禀赋	区域一次能源生产量
		区域采矿业就业占比
	环境承载力	单位土地绿化度
		单位土地二氧化碳排放量
		森林覆盖面积
		空气污染物（PM2.5）浓度
社会绿色发展理念认可度	绿色生活	居民生活二氧化碳排放量
		居民生活能耗
		人均绿地面积
		每万人公交车拥有量
		互联网普及度
	基础设施建设	污水处理厂设备投入
		垃圾无害化处理厂投入

2.4 本章小结

本章展示了中国各区域制造业产业绿色转型建设取得的进展，主要围绕区域绿色制造战略的成果，包含绿色产品、绿色工厂、绿色供应链及绿色园区建设，并对绿色制造业标准体系与绿色发展评价体系进行了系统梳理。

综合来看，东部区域制造业产业绿色转型取得的成果最多，发展最快。该区域打造绿色制造业产业效果明显，绿色产品产量、种类丰富，国家级认证的绿色工厂、绿色园区占全国大多数；绿色供应链体系建设也初见成效，国家级绿色供应链管理示范企业逐年递增。东北部区域制造业产业绿色转型建设进展较为缓慢，国家级绿色工厂、绿色供应链管理示范企业及绿色园区分布远低于东部区域。中部区域制造业产业绿色转型建设有较快进步，该区域国家级绿色工厂、绿色供应链管理示范企业及绿色园区在 2018 年后得到了快速发展。西部区域制造业产业绿色转型建设有所成效，但区域内差距较大。虽然西部区域内国家级绿色工厂与绿色园区建设都在近年来取得好成效，进步较快，但区域内部西藏、青海、宁夏等地区几乎没有国家级绿色工厂、绿色供应链管理示范企业及绿色园区，与其他地区差距较大。

绿色制造体系主要由绿色产品、绿色工厂、绿色园区及绿色供应链构成。因而绿色制造标准体系的构成就是以制造业工厂为生产源、最小实施单位，生产绿色产品、构建绿色园区和绿色供应链；并以外界的评价与上下游企业的配合服务为辅助。

绿色发展是中国重要的发展方式之一，绿色发展理念也是指导中国经济未来长久发展的重要理论基础。绿色发展关系全国乃至区域的方方面面，尤其是在经济发展的绿色化程度、区域资源禀赋与环境承载力与社会对绿色发展理念的认可度这三个方面。在此基础上本书构建了绿色发展评价体系供读者参考。

3 中国区域制造业绿色技术进步的影响因素分析

进入 21 世纪以来，世界各国日益重视气候变化对未来发展的影响，中国要参与世界经济发展，不仅需要持续提升自身在全球市场中的竞争力，获得更多国际话语权，还需要适应甚至引领世界转向新的经济发展模式——绿色发展。中国正在如火如荼地打造自身的绿色制造体系，这为经济的绿色发展打下了良好基础。制造业的绿色转型的关键在于提升制造业的绿色技术水平，因此，讨论我国区域制造业绿色技术进步的影响因素能够为我国各区域制造业绿色转型提供有利参考，助力中国经济的绿色发展。

3.1 区域制造业绿色技术进步现状及其影响因素

技术进步不仅是经济增长的主要推动力，更有利于驱动制造业的转型。在可持续发展理念的影响下，制造业也需要契合经济发展而转型，向着绿色、低碳、可持续的方向转型。由此，打造、建设绿色制造体系就成为制造业绿色转型的关键。同时，开发制造业从工艺和工具到整个企业的绿色技术，既是确保未来制造系统可持续发展的一种方式，也是企业进行绿色技术升级的重要驱动力（Dornfeld，2014），更是构建、完善绿色制造体系的必要条件。

本书围绕制造业绿色技术进步的研究，首先，从绿色技术进步的内涵开始；其次，理解其含义后再提出其构成内容与测量方法；再次，对中国各区域制造业绿色技术进步概况进行分析；最后，得到能够影响绿色技术进步的因素。

3.1.1 绿色技术进步的内涵

Brawn 和 Wield（1994）认为绿色技术是包含产品设计、绿色材料、绿色技术、绿色设备、绿色回收和绿色包装等范畴的，能够减少环境污染与原材料消耗的生产技术与制造过程。从绿色技术创新的含义来看，Kemp 和 Arundel（1998）认为环境技术创新包括有助于减少环境破坏的新工艺、技术、系统和产品。Cooke（2010）则认为绿色创新的目的，一是减轻浪费和资源过度开发对环境的破坏；二是缓和人类对气候变化的影响；三是管理从化石燃料向可再生能源的过渡。有学者认为绿色技术创新不仅仅是产品的创新，还涉及企业组织构成、商业模式、服务等多方面（Adams et al.，2016）。也有学者认为绿色技术创新可以根据创新对象的不同分为绿色产品创新和绿色工艺创新（Wu et al.，2022）。

　　绿色技术进步不仅是产品、工艺等方面的提升和新产出，还应该包含由于技术创新带来的效率提升。因此，绿色技术进步是在绿色技术创新的基础上，加入了技术提升效率后得到的综合技术进步反应。这一综合技术反应可以用绿色全要素生产率（green total factor productivity，GTFP）来表示。同理，制造业绿色技术进步可以用制造业绿色全要素生产率来综合衡量。目前，学界经常将经济发展与绿色全要素生产率相联系，用于研究经济增长与绿色全要素生产率之间的关系，研究经济的绿色转型，如 Rusiawan et al.（2015）、王兵和刘光天（2015）、余泳泽等（2019）、Xia 和 Xu（2020）等。不过，学界在探究工业绿色技术进步或制造业绿色技术进步时，也会利用绿色全要素生产率这一指标，以充分反映工业、制造业绿色低碳发展水平，如陈诗一（2008）、李玲和陶锋（2012）、陈超凡（2016）、Shi 和 Li（2019）等。基于此，本书将对制造业绿色全要素生产率进行测算。

3.1.2　制造业绿色技术进步的测算

3.1.2.1　绿色技术进步的测算方法

　　全要素生产率（TFP）的测算有多种方式，最早用索洛（Solow）残差来测量。索洛（1957）认为在生产函数中放缓、加速、劳动力教育的改善以及各种事情都将表现为"技术变革"。我国学者早期也是据此来研究分析 TFP 效率的（郭庆旺 等，2005）。不过，随着对效率测算研究的深入，学者们对 TFP 的测算有了更多的方式，比如数据包络分析（data envelopment analysis，DEA）及其扩展，如在固定规模报酬情形下，用来衡量总效率的 CCR 模型（charnes-cooper-rhodes model）与在不定规模报酬下的，用于衡量纯技术和规模效率的 BBC 模型等。之后，又有学者提出了生产效率测算的 SBM 模型（slacks-based measure model）。SBM 模型与一般 DEA 模型以及 DEA-CCR、DEA-BBC 模型相比，最大的不同在于 SBM 直接处理的是投入过剩和产出不足，进一步优化了 TFP 的效率测算（Tone，2001）。

另外，要测算绿色技术进步（GTP）需要将污染控制的产出效应包括在内，但是传统的生产率指数（如恩奎斯特指数和费雪指数）要求所有投入和产出的价格，以形成全要素生产率指数（TFP），环境污染却没有一个定量的具体数值（Chung et al.，1997）。虽然 Färe 和 Grosskopf（1996）利用 Malmquist 指数计算了生产力指数（TFP），其中未包含污水价格信息，但这样的测算显然是静态的。进而有学者结合生态学对于环境绩效（eco-efficiency）的分析研究，并在 DEA 测量生产的生态效率与 Malmquist 指数的测算方法的基础上，提出了动态环境绩效分析的一般框架，用来测量环境绩效指数（EPI）（Kortelainen，2008）；也有学者在 Chung et al.（1997）的研究基础上，使用方向距离函数，定义了包含效率和技术变化的 TFP 测算指数、Malmquist-Luenberger 指数（ML 指数），ML 指数还能够在衡量技术效率的同时为环境绩效的测度提供新的方法（Kumar，2006）。

随着世界对环境保护的重视进一步提升，学界对绿色全要素生产率（GTFP）的研究也得以更大范围的扩展。随着研究的深入，学者们不仅考虑整体经济发展过程中的环境绩效，更多地对产生环境污染较多的工业的环境绩效进行了研究，从而对工业绿色全要素生产率的测算和分析进入了一个新的阶段。国内学者陈诗一（2010）就利用方向性距离函数测算并研究了中国 1980—2008 年的工业 GTFP。殷宝庆（2012）利用 ML 指数对制造业细分行业的 GTFP 进行了测算。景维民和张璐（2014）在 GTFP 的基础上，提出了"绿色技术进步率"的概念，并利用 SBM 模型结合 Luenberger 指数对工业绿色技术进步进行了测算。此后，诸多学者采用类似指数对工业绿色技术进步效率进行了测算。

3.1.2.2　制造业绿色技术进步的测算概述

在对现有研究中测量绿色技术进步的方式进行梳理后，我们认为要将制造业的绿色进步水平较为完整地测量出来，不仅需要考虑污染控制的产出效应，而且需要将制造业的绿色转型与动态体现出来。由此，我们选择利用非期望产出的 SBM 模型结合 ML 指数进行制造业绿色技术进步（GTFP）的测算。

首先，考虑到数据的完整性，本书选取了中国 30 个省份的数据①。其次，将各省份定为生产决策单位（DMU），且每个 DMU 都包含三个向量：A．假设

① 注：西藏自治区及港、澳、台地区除外。

有 P 个投入，则 $X = [x_1, x_2, \cdots, x_n] \in R^{pn}$；B．有 Q$_1$ 个期望产出，则 $Y = [y_1, y_2, \cdots, y_n] \in R^{qn}$；C．有 Q$_2$ 个非期望产出，则 $B = [b_1, b_2, \cdots, b_n] \in R^{qn}$。由此，SBM-ML 模型公式具体如下：

$$\rho = \min \frac{1 - \dfrac{1}{p}\sum_{i=1}^{p} s_i^- / x_{ik}}{1 + \dfrac{1}{q_1 + q_2}\left(\sum_{j=1}^{q_1} s_j^+ / y_{jk} + \sum_{r=1}^{q_2} s_r^b / b_{rk}\right)} \tag{3-1}$$

$$s.t \begin{cases} x_k = X\lambda + s^- \\ y_k = Y\lambda - s^+ \\ b_k = B\lambda + s^b \\ \lambda \geq 0,\ s^- \geq 0,\ s^+ \geq 0,\ s^b \geq 0 \end{cases}$$

公式（3-1）中的 s^-、s^+、s^b 分别表示投入要素、期望产出和非期望产出的松弛量，用上述公式计算出来的数据仅表示效率值，还需结合其他计算方法得出全要素生产率的数值，在此，我们选用 Chung et al.（1997）提出的 ML 指数，以下是 t 期与 $t+1$ 期之间的指数的计算公式：

$$ML^{t+1} =$$

$$\left\{\frac{[1 + \overrightarrow{D_t}(x_{t+1},\ y_{t+1},\ b_{t+1},\ g_{t+1})]}{[1 + \overrightarrow{D_t}(x_t,\ y_t,\ b_t,\ g_t)]} \times \frac{[1 + \overrightarrow{D_{t+1}}(x_{t+1},\ y_{t+1},\ b_{t+1},\ g_{t+1})]}{[1 + \overrightarrow{D_{t+1}}(x_t,\ y_t,\ b_t,\ g_t)]}\right\}^{\frac{1}{2}} \tag{3-2}$$

依据模型需求，参考前人研究，本书 GTFP 测算分析选用的投入与产出指标包含劳动投入、资本投入、期望产出、非期望产出，而制造业生产活动还离不开能源的投入，其中有涉及反映经济水平的指标，本书按照 GDP 价格指数以 2000 年为基期进行折算。根据指标数据可获得性，本书的 GTFP 测算从 2005 年开始，具体的指标选取如下：

（1）劳动投入。衡量各地区制造业劳动要素投入，考虑到数据完整性，本书选用各地区制造业就业人数作为衡量指标（单位：万人）。

（2）资本投入。为了更为准确地表示对制造业的资本投入，本书选取制造业固定资产投资（单位：亿元）。

（3）能源投入。能源是制造业进行生产的重要投入要素，也是产生非期望产出的重要原因，选取各省的工业能源消费总量作为衡量指标（单位：万吨标准煤）。

（4）期望产出。本书选取工业增加值来反映地区制造业增长（单位：亿元）。

（5）非期望产出。考虑到生产对环境污染的影响，结合制造业生产排放情况，本书选取各地区二氧化硫（SO_2）排放量、工业废水排放量和工业废弃物排放量三个非期望产出作为衡量指标，单位均为万吨。

GTFP 指标构成见表 3-1。

表 3-1　GTFP 指标构成

投入/产出指标	指标名称	单位
劳动投入	制造业就业人数	万人
资本投入	制造业固定资产投资	亿元
能源投入	工业终端能源消耗	万吨标准煤
期望产出	工业增加值	亿元
非期望产出	二氧化硫（SO_2）排放量	万吨
	工业废水排放量	万吨
	工业废弃物排放量	万吨

3.1.3　区域制造业绿色技术进步现状

本书根据 SBM-ML 模型、利用 MAXDEA8.0 软件，对各地区制造业绿色技术进步效率进行测算，由于数据可得性，本书在此仅计算了 2005—2019 年的制造业绿色技术进步效率相关指标。

3.1.3.1　制造业绿色技术进步变化趋势

表 3-2 所示为全国制造业绿色技术进步效率平均变化趋势及其分解情况。可以看出，自 2005 年以来，制造业绿色技术进步效率是波动起伏的。2005—2008 年、2009—2011 年、2012—2014 年及 2015 年以后制造业绿色技术进步水平都大于 1，制造业绿色全要素生产率有明显提升，对应来看，这主要是技术进步带来的推动力，也就是制造业生产技术的创新带来的制造业绿色技术进步效率的提升。而 2008—2009 年、2011—2012 年及 2014—2015 年绿色技术进步效率的下降有可能是受国际经济环境影响，尤其是全球的金融危机，导致国家全要素生产率显著下降，进而导致制造业绿色进步效率提升受阻。

表 3-2　全国制造业绿色技术进步效率（ML 指数）平均变化趋势及其分解

年份	技术效率变化 （EC）	技术进步变化 （TC）	绿色技术进步效率 （MI）
2005—2006	0.985 228	1.150 764	1.140 704
2006—2007	0.861 558	1.343 648	1.129 369
2007—2008	0.939 699	1.158 556	1.087 753
2008—2009	0.926 995	1.067 794	0.988 6
2009—2010	1.087 144	1.059 199	1.147 782
2010—2011	0.954 206	1.074 127	1.024 071
2011—2012	0.964 804	1.029 857	0.992 838
2012—2013	1.118 096	0.937 354	1.046 176
2013—2014	1.027 661	0.993 74	1.018 467
2014—2015	0.964 45	1.021 798	0.972 865
2015—2016	1.086 303	1.187 147	1.287 176
2016—2017	1.099 844	1.120 216	1.244 551
2017—2018	1.060 445	1.119 137	1.180 912
2018—2019	0.963 128	1.049 048	1.010 834

3.1.3.2　省域制造业平均绿色技术进步效率

中国幅员辽阔，对于中国各区域的划分根据不同学者的研究有不同的划分方式，本书在此处按照国家统计局划分的四大经济区域（东部、东北部、中部、西部）① 对中国各区域制造业平均绿色技术进步效率进行分析。

从各地区制造业平均绿色技术进步效率来看，四川、广西及黑龙江的平均制造业绿色进步效率低于1，陕西、浙江、重庆、海南及山西的制造业平均绿色进步效率大于 1.2。从区域分布看，东部区域省份制造业平均绿色进步效率为 1.113，略大于其他区域，最低为西部区域，制造业平均绿色进步效率为1.070。从制造业平均绿色进步效率分解来看，东部区域技术效率略低于其他地区，技术进步变化则略高于其他地区，可见东部区域的制造业绿色进步效率

---

① 东部地区包括北京、天津、河北、上海、江苏、浙江、福建、山东、广东、海南 10 个省（直辖市）；中部地区包括山西、安徽、江西、河南、湖北、湖南 6 个省；西部地区包括内蒙古、广西、重庆、四川、贵州、云南、陕西、甘肃、青海、宁夏、新疆 12 个省（自治区、直辖市）；东北地区包括辽宁、吉林、黑龙江 3 个省。不含西藏、港澳台。

提升主要依靠制造业的技术创新。虽然中部区域的陕西、山西两省制造业绿色进步效率有较好的提升，但另外几个中部省份制造业绿色进步效率并不高，使得整体制造业绿色进步效率不如东部区域。西部区域平均制造业绿色进步效率与其技术变化效率、技术进步都高于1，说明过去的十多年，西部地区制造业在技术创新方面有较好的进步，从而使得该区域制造业绿色技术进步效率有好的提升。东北部区域在技术进步方面不比其他地区弱，不过东北三省综合来看，其制造业绿色技术进步效率却是四大区域中最低的。由此可见，各省制造业绿色技术进步效率存在差异，而制造业绿色技术进步效率与技术进步息息相关，东部区域由于其内部各省制造业绿色进步水平效率都较高，因此该区域为全国制造业绿色技术进步效率最高的区域（见表3-3）。

表3-3　省域制造业绿色技术进步效率（ML指数）平均变化趋势及其分解

省 （自治区、直辖市）	技术效率变化 （EC）	技术进步变化 （TC）	绿色技术进步效率 （MI）
陕西	1.174 198	1.120 806	1.265 509
浙江	0.999 593	1.259 479	1.250 844
重庆市	1.180 347	1.062 094	1.247 006
海南	0.985 155	1.221 576	1.240 237
山西	1.069 718	1.082 701	1.202 524
天津	0.978 299	1.185 128	1.174 306
江苏	0.980 222	1.167 747	1.134 751
湖北	1.002 37	1.127 12	1.133 524
辽宁	0.998 741	1.138 691	1.118 238
江西	1.043 075	1.057 466	1.104 772
北京	1.003 627	1.089 12	1.093 211
湖南	1.012 448	1.070 923	1.081 988
上海	0.994 586	1.087 824	1.081 941
宁夏	1.055 889	1.024 83	1.078 726
安徽	1.021 607	1.055 873	1.077 61
吉林	1.029 482	1.047 417	1.076 317
福建	0.967 729	1.109 361	1.070 967

表3-3(续)

省 （自治区、直辖市）	技术效率变化 （EC）	技术进步变化 （TC）	绿色技术进步效率 （MI）
内蒙古	1.017 287	1.054 54	1.068 501
河南	0.997 407	1.071 377	1.068 097
新疆	0.950 607	1.149 25	1.045 781
山东	0.909 21	1.200 483	1.044 487
广东	1.004 257	1.035 318	1.039 445
青海	1.003 954	1.033 034	1.030 408
甘肃	0.981 464	1.052 671	1.030 158
贵州	0.989 649	1.046 319	1.025 005
云南	1.006 865	1.023 852	1.021 289
河北	0.949 219	1.067 688	1.003 946
四川	0.954 747	1.033 487	0.984 218
广西	0.923 134	1.059 225	0.975 592
黑龙江	0.899 891	1.076 86	0.956 524

3.1.4 区域制造业绿色技术进步的影响因素

制造业作为国民经济发展的重要支撑，其绿色转型需要推动绿色技术进步的效率，除了技术创新以外，绿色技术进步还有其他影响因素。区域制造业绿色技术进步的效果直接影响到各区域制造业的绿色转型与绿色制造体系的建设，因此，探讨区域制造业绿色技术进步的影响因素就是探寻提升制造业技术进步的有效途径。对于制造业绿色技术进步的影响因素，学者们有不同的看法。不过，本书认为区域绿色制造的发展，一是需要依靠区域自身的努力，这与当地的自然资源禀赋直接相关；二是在本区域原有资本的基础上接受来自国际资本的投入，共同发展地区绿色制造，因此，本书认为区域制造业绿色技术进步的影响因素主要在于：区域资源禀赋和国际资本流入。

3.1.4.1 区域资源禀赋的影响

区域经济发展需要依据区域本身所有的资源，因地制宜地发展合适的产业，从而推动当地经济的增长。区域资源禀赋，尤其是自然资源禀赋对地区制造业的建设与发展十分重要，关系到企业生产、销售成本与不同类型制造业企业的区域布局。中国是一个发展中国家，虽然自然资源总量在世界上排名较为靠前，但是由于中国地形地貌呈三级阶梯状，导致中国各区域自然资源禀赋存在天然的差异，这也导致早期中国工业发展布局多集中在自然资源丰沛地区，新经济地理学也强调了制造业城市集聚在知识创造和传播中的重要性（Greasley et al., 2010），使得中国制造业技术的传播与发展存在显著的区域差异。在可持续发展战略的要求下，中国面临协调好经济增长与合理利用自然资源推动地区平衡发展的重大课题的考验，这也就需要推动经济绿色转型与建设绿色制造体系。区域绿色制造的主要推力就是制造业的绿色技术进步效率，从而区域需要探索如何利用自然资源来推动制造业绿色技术进步。

首先，自然资源禀赋会"挤出"技术创新，从而限制制造业绿色技术进步效率的提升。有学者认为，通过经济发展产生的创新或独创性的供应本身可能受到资源稀缺的限制，尤其是在低收入国家这一现象更为明显（Homer-Dixon, 1995）。有学者认为资源稀缺通常会导致缓解市场和内生技术反应，也就是说自然资源较为贫乏的国家和地区更难以产生、传播新技术（Barbier, 1999）。同时，Sachs 和 Warner（2001）认为自然资源丰富的国家会存在"资源诅咒（The curse of natural resources）"，自然资源部门的工资上涨到足以鼓励潜在的创新者和企业家在资源部门工作，自然资源丰富就可能会排挤创业活动或创新。Papyrakis 和 Gerlagh（2007）研究发现自然资源禀赋丰富会减少投资、教育、开放和研发支出并增加腐败，存在"资源诅咒"对经济的负面影响。邵帅和齐中英（2008）研究认为西部大开发战略使得我国西部地区的"资源诅咒"效应增强，对科技创新产生了"挤出"效应。邢新朋等（2014）也认为区域资源禀赋通过减少创新部门的技术存量阻碍了区域技术创新，影响了区域低碳发展。海琴和高启杰（2020）认为自然资源禀赋对区域创新能力存在"挤出"效应，会排斥技术进步，使得区域经济难以实现高质量可持续发展。综合来看，自然资源禀赋对国家发展存在负面影响，致使技术创新被拖累，甚至出现"排挤"技术创新的现象。并且从区域经济发展来看，自然资源的开采对于环境保护而言无疑是负面的，而自然资源禀赋对技术的"挤出"也阻碍了当地的绿色低碳技术发展，不能为当地制造业绿色技术进步提供良好条件，反而会对制造业绿色技术进步产生负向影响。

其次，自然资源禀赋能够为资源型制造业企业提供充足的发展基础，推动当地企业的技术进步从而提升制造业绿色技术进步效率。自然资源在世界各国之间分布不均，因此被广泛交易，这足以强烈影响一个国家的工业化，并且自然资源管理对资源生产领域的工业发展以及全球走向可持续发展的范围有着巨大的影响，进而资源型工业企业能否有效地实现技术升级，实现低碳转型，关乎整体制造业的绿色低碳转型。有研究认为以自然资源为基础的工业企业（natural resource-based industries，NRBIs）可以成为重要创新和技术机会的来源，以提高资源生产的生产力，同时也可以刺激经济其他领域的创新。David和Wright（1997）通过对美国资源型产业的研究观察，认为加工技术革命直接导致了国家矿产财富的创造，随着知识溢出效应的增强，美国更多的企业能够获得更快、更新的矿产开采技术，并通过进口矿产等方式继续支持国内工业的发展，从而跳脱"资源诅咒"。同样，澳大利亚和挪威也是通过技术创新实现了新资源产品和行业的反复多元化，提升了资源型工业的生产效率，跳出了"资源诅咒"的怪圈（Ville et al.，2012）。Marin 等（2015）也以阿根廷为例探究了发展中国家 NRBIs 的创新与机遇，他们认为全球变暖的威胁以及其他环境和社会问题也为基于更可持续的自然资源开发模式的各种产品和服务的新需求提供了机会，并且这些需求变化为创造新的有利于基础资源发展的市场，以及为溢价市场的创新开辟了新的可能性。技术创新能提升企业生产效率与企业竞争力，自主创新是 NRBIs 走可持续发展道路的关键（王锋正，2007）。技术进步能够推动以自然资源禀赋为基础发展工业的地区的转型发展（刘丹 等，2011），使之走向可持续绿色发展道路，进而提升地区的绿色技术进步水平。

综上所述，自然资源禀赋对制造业绿色技术进步的影响存在不确定性，一方面，"资源诅咒"会使得资源型区域排挤技术创新，对所在区域的绿色技术进步产生负面影响；另一方面，资源型企业又可以借助技术创新提升自身竞争力和生产率，走可持续发展道路，从而提升该区域制造业的绿色技术进步效率。可见，自然资源禀赋对制造业绿色技术进步的影响是存在的，不过还需要实证进一步检验其对中国区域制造业绿色技术进步的影响。

3.1.4.2 国际资本流入的影响

中国对外开放战略一直在支持区域吸引外部资金，以充实地区经济发展。国际资本流入（foreign direct investment，FDI）不仅能为中国经济发展提供资金支持，还能以提供技术投资、人力投资等方式加入各地区各行业的继续建设与转型。与此同时，FDI 对我国各地产生的环境影响也不容忽视。早有学者在研究 FDI 对东道国环境影响时发现其主要存在两种假说，即"污染光环（pollution halo hypothesis）"与"污染天堂（pollution haven hypothesis）"，并且经过各国学者长期研究发现，FDI 通过影响东道国环境，对东道国技术进步、经济转型等方面也产生了较为显著的影响。本书结合前人研究，认为 FDI 流入能够对区域制造业绿色技术进步产生较其他因素更显著的影响。

首先，从 FDI 的环境效应看，20 世纪末 Grossman 和 Krueger（1991）提出了"环境库兹尼茨曲线（environment kuznets curve，EKC）"，认为经济增长与环境污染之间存在"倒 U 形"的关系，之后随着他们研究的深入，他们又提出 FDI 主要通过规模效应、结构效应与技术效应来影响东道国的环境（Grossman et al.，1995）。此后，世界各国学者也围绕 FDI 环境效应进行了研究。有学者认为在拥有较为严格的环境政策的国家进行投资，更易出现"污染光环"效应（Zarsky，1999；Wagner et al.，2009）。Zhu 等（2016）通过对东南亚国家联盟（ASEAN-5）五个选定成员国 FDI 与碳排放之间的关系进行研究，发现在东盟五国中 FDI 存在"污染光环"效应，对外开放有助于这些发展中国家减少碳排放。然而 Singhania 和 Saini（2021）、Arif 等（2022）则认为在发展中国家 FDI 更容易对东道国产生负面的环境影响，存在明显的"污染天堂"效应。针对中国 FDI 环境效应的研究看，有学者通过实证发现 FDI 在我国不存在"污染光环"效应，即 FDI 不仅不会导致我国环境污染，还有可能起到维护环境保护成果的作用（盛斌 等，2012；李金凯 等，2017）。有学者认为 FDI 会给中国带来环境污染，存在"污染天堂"效应（He，2006），也有学者通过对工业细分行业污染物排放的环境效应进行研究后，认为 FDI 在中国没有明显的"污染天堂"效应（包群 等，2010），FDI 的流入还能给中国带来绿色生产技术和治理经验，在一定程度上缓解国内环境污染治理投资压力，促进国内环境污染治理效率的提高（Ayamba et al.，2019）。

其次，从 FDI 的技术创新效应看，有学者从内生增长的角度阐述了跨国公司 FDI 能够帮助东道国技术升级、创新，从而提升东道国的生产力（Blomström et al.，1998）。Alguacil 等（2011）认为 FDI 能够通过帮助东道国获取最发达经济体创造的技术来促进东道国的经济融合。国内学者更多地将 FDI 带来的技术溢出效应与生产率提升相联系，认为 FDI 可以带来技术进步，提升技术效率从而影响地区或国家的全要素生产率（TFP）（谢建国，2006；何兴强 等，2014）。早期 Liu 和 Wang（2003）认为 FDI 能够提高中国工业的全要素生产率（TFP）。近年来，Hu 等（2018）通过实证发现中国资本类型的 FDI 对绿色全要素生产率有显著的正向效应，劳动型 FDI 的投入在严格监管的地区才能抑制住其产生的负面效应。Xu 等（2021）也认为 FDI 对中国绿色全要素生产率的影响存在非线性的特征，在严格的环境法规条件下 FDI 才能更好地促进绿色全要素生产率的提升。有学者进一步研究认为对外开放能够吸引国际资本流入，国际资本流入又能够以创新能力、绿色消费需求、产业集聚和经济制度变化为媒介影响到各地区的绿色全要素生产率，促进地区的绿色技术进步（汪朝阳，2021）。不过，也有学者持不同观点，认为 FDI 会对地区绿色全要素生产率产生负面影响，从而阻碍地区绿色技术的进步（朱金鹤 等，2019）。

最后，从 FDI 对制造业绿色技术进步的影响看，FDI 不仅包括直接的资金流入，还包括物质技术流入。Lema 和 Lema（2012）认为中国的风能、太阳能等能源企业通过承接发达国家的高端技术得到发展，国际技术转移能够推动中国工业的绿色技术进步。Bi 等（2014）认为中国制造业通过利用 FDI 流入的物质资源，能够获取与绿色创新能力提升相关的绿色创新资源。有学者进一步研究发现 FDI 能够通过金融发展、人力资本等方面对高技术制造业的技术进步产生积极影响（李斌 等，2016）。Fang 等（2021）通过实证发现国际资本流入能够有效地促进中国采矿业的绿色技术进步。Li 等（2021）的研究结果表明国际资本流入、出口贸易、人力资本和环境规制对中国装备制造业的绿色技术进步具有显著的正向影响。

综上所述，FDI 的环境效应有正面亦有负面，在各国和地区的实践中，FDI 在某些时期是不会对环境造成伤害的，反而有机会利用其技术溢出效应有效地促进东道国或被投资地区生产力的提高。根据中国实际情况，学者们虽然对 FDI 在中国产生的环境效应没有一致的答案，FDI 在中国各区域的环境效应还存在异质性，但多数学者支持 FDI 有可能推动地区绿色全要素生产率的提升，从而推动地区绿色技术进步的观点，进而也有学者证明了 FDI 能够有效地推动制造业的绿色技术进步。基于上述分析，本书认为要讨论区域制造业绿色技术进步的影响因素，必不可少的因素就是国际资本流入（FDI），而在各区域 FDI 对制造业绿色技术进步的影响有何差异还需要进一步研究分析。

3.2　区域资源禀赋现状及其对制造业绿色技术进步的影响

由于区域资源禀赋能够作用于制造业绿色技术进步，因此深入分析研究区域资源禀赋的现状及其对制造业绿色技术进步的影响对发展区域绿色制造、提升制造业绿色技术进步效率具有重要意义。

3.2.1　区域资源禀赋现状

自然资源禀赋是一个综合性指标，一方面可以单指水、土地、煤炭等自然界本来存在的可以用于生产、生活的物资；另一方面也可以指地区经济发展依靠的资源，而这些资源能够直接影响到地区的生产能力、产业结构。前者可以称为地区自然资源丰沛度（natural resource abundance），后者则可以概括为地区资源依赖度（natural resource dependence）。其含义的区别有可能会导致在进一步研究中，由于没有区分二者，导致研究结论出现偏差。本章节主要探究区域资源禀赋对制造业绿色技术进步的影响，考虑到制造业发展所需的自然资源主要为矿产、土地等，煤炭、石油等矿产资源储量是稳定在一定区间的，土地资源总量也是近乎稳定的，而将埋在地下的资源挖掘、运输及再加工之后形成的为工业、居民生活所使用的能源是会根据技术进步、经济发展方式等产生变化的，因此，为更好地理解自然资源禀赋对制造业绿色技术进步的影响，本章节将区域自然资源丰沛度用地区一次能源生产量（万吨标准煤）表示。另外，地区资源型产业依赖度是指区域制造业发展对依靠自然资源发展的产业的依赖程度，考虑到制造业发展对生产材料的需求以及地区资源禀赋的差异，结合相关研究，本章节用采矿业就业人数占总就业的占比来表示区域资源型产业依赖度，另外，用各区域采矿业固定资产投资占固定资产投资总额的比例来辅助说明资源型产业依赖度。

3.2.1.1 自然资源充裕度概况

（1）全国自然资源充裕度

能源一次生产量能够间接反映国家或地区的自然资源禀赋，尤其是与制造业生产、发展息息相关的煤炭、石油等矿产以及水力、太阳能、风能等产生的一次电力。

从全国一次能源生产情况看，能源生产总量自 2000 年以来呈现逐年增长态势，在 2015 年稍有下降之后又快速恢复，截至 2020 年年底全国一次能源生产总量达 40.8 亿吨标准煤，位居世界第一，说明我国能源生产能力强劲，能够为我国的经济发展提供有力的能源安全保障，为制造业的持续发展提供良好的能源基础（见图 3-1）。一次能源生产总量中原煤的占比自 2000 年以来逐渐走低，电力及其他能源占比在逐渐走高，说明随着中国对可持续发展的重视以及清洁能源开发能力的提升，煤炭虽然在国内能源中依旧是基础的能源供应，但随着可持续战略、绿色制造、绿色低碳转型等战略、政策的推行和实施，我国能源供应结构得以改善，并提升了可再生清洁能源的供应规模。根据国务院 2020 年发布的《新时代的中国能源发展》白皮书，中国可再生能源开发利用规模快速扩大，水电、风电、光伏发电累计装机容量均居世界首位。截至 2019 年年底，在运在建核电装机容量 6 593 万千瓦，居世界第二，在建核电装机容量世界第一。

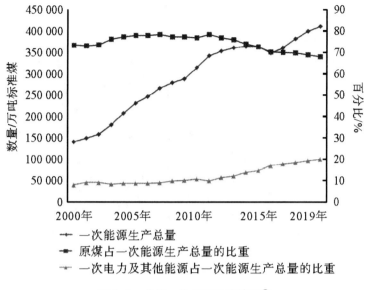

图 3-1 全国一次能源生产情况①

从全国人均一次能源生产情况看，人均一次能源的增长趋势与人均原煤产量的趋势几乎一致；不过人均一次能源生产量虽然在 2015 年有过下降，但之后又迅速回升并持续增长，而人均原煤产量则是自 2013 年开始下降，到 2015 年降至最低，后来虽有回升，却也未超过顶峰时期的人均产量（见图 3-2）②。人均原煤生产出现下跌的主要原因在于 2012 年受欧债危机等国际经济波动影响，国际煤炭市场开始处于震荡期，煤炭价格开始暴跌，之后市场上煤炭供需失衡，中国为尽快稳定国内市场，开始减少煤炭供应，致使人均原煤产量也呈现下降趋势。

① 数据来源：国家统计局、《中国能源统计年鉴》、各地区统计年鉴。
② 数据来源：国家统计局、《中国能源统计年鉴》、各地区统计年鉴。

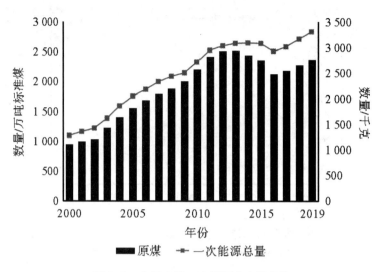

图 3-2　全国人均一次能源生产情况①

综合来看，中国自然资源较为丰富，能源生产能力强，能源供应充分，人均煤炭产量较高，能有效地支持制造业生产，并且随着近年来可再生能源供应能力的提升，能从能源供应的源头支持制造业绿色转型发展，帮助经济绿色低碳转型。

（2）区域自然资源富裕度

中国各区域自然资源分布不均，中、西部一次能源生产量占全国一次能源生产量的近七成，其中西部一次能源占比在逐渐增加，东北部一次能源生产量在全国范围来看呈现下降趋势，东部一次能源生产量在全国四大区域中占比较低，不过近年来稳定在12%~13%，可见自然资源富裕度各区域差距较大，中西部自然资源更为丰富（见图3-3）。从地区自然资源富裕度看，北京、上海与海南三地的一次能源生产量低于1 000万吨标准煤，山东则是东部地区唯一一个产出量超过1亿吨标准煤的地区，其余产出量超过1亿吨标准煤的地区均位于中、西部地区，可见地区自然资源富裕度差异显著，尤其是东西部地区差异（见图3-4）。

---

① 数据来源：国家统计局、《中国能源统计年鉴》、各地区统计年鉴。

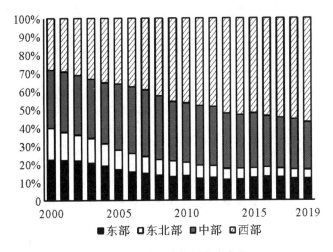

图 3-3   区域一次能源生产占比

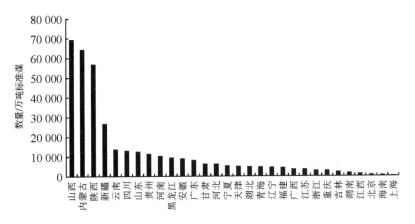

图 3-4   2019 年各地区一次能源生产情况

具体来看，原煤作为我国主要的能源供应原料之一，在国家能源结构中占重要地位，同时在地区制造业发展的过程中，区域资源富裕的地区能够为当地提供有效的能源支持。如图 3-5 所示，2005 年以前，中部地区原煤生产量占比较大，随着西部地区工业技术的发展，能源的勘探、开采技术的提升，西部地区的原煤产量后来居上，2010 年就赶上甚至超过了中部地区，成为中国主要的原煤产出地。根据国家自然资源部发布的《2020 年全国矿产资源储量统计表》，截至 2020 年年底，全国共有煤炭储量 1 622.88 亿吨，天津、上海和海南三地煤炭储量为 0，储量前五的地区为山西（507.25 亿吨）、陕西（293.9 亿吨）、内蒙古（194.47 亿吨）、新疆（190.14 亿吨）与贵州（91.35 亿吨）。可见，煤炭资源大量集中在西部，中部次之，东部与东北部地区煤炭资源较少。

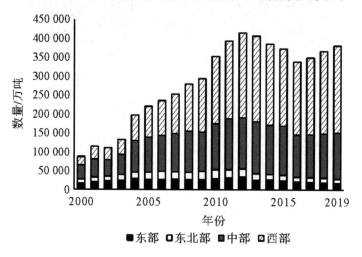

图 3-5　各区域原煤生产量

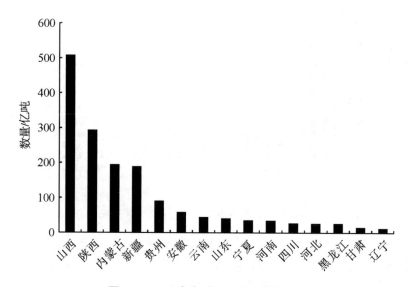

图 3-6　2020 年各地区煤炭储备情况

　　综上可见，区域自然资源分布差距显著，由此区域自然资源富裕度与区域经济发展程度出现错配，东部经济较其他地区经济发展更快，对能源的需求也远高于其他区域，但东部自然资源的丰裕度远不如中西部地区。为此，国家实施了"西电东送""西气东输""南水北调"等跨区域资源调配重大战略举措来平衡区域能源供需。

3.2.1.1　资源型产业依赖概况

（1）全国资源型产业依赖度

中国为提升国民经济的竞争力，不遗余力地建设各行各业的基础设施，为此中国固定资产投资总额逐年攀升，截至 2020 年年底，中国全社会固定资产投资总额达到了 736 497.81 亿元。采矿业的发展与自然资源开发息息相关，早期中国在开发自然资源的过程中，对采矿业投资呈现上升趋势，2008 年后中国对采矿业的固定资产投资占比总体上逐渐减少（见图 3-7）[①]。这一方面是由于中国对其他领域，尤其是制造业固定资产的投资增加；另一方面是由于中国制定、实施了更为有序的开发计划，对采矿业的固定资产投资进行了有序把控。不过受国家经济低碳转型要求的影响，2019 年采矿业部分行业进行了技术升级，增加了环保投入，加之民间资本进入的增加拉动了采矿业整体固定资产投资水平，使得采矿业固定资产投资在整体投资中的占比有所回升[②]。

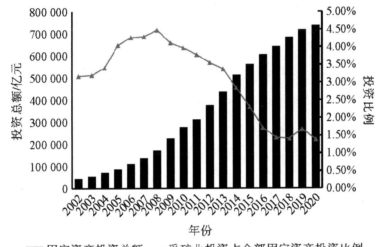

图 3-7　中国固定投资总额及采矿业固定投资占比

中国采矿业的从业人员数量自 2013 年开始逐年下降，2015 年采矿业总体就业人数就已经少于 2000 年时中国采矿业从业人员的数量（见图 3-8）。随着中国经济的发展，中国对资源型产业的依赖度也是逐年走低，尤其是 2012 年以后，中国整体对自然资源型产业依赖度下降速度加快，截至 2020 年年底，

---

①　数据来源：国家统计局、《中国固定资产投资统计年鉴》、《中国投资领域统计年鉴》。

②　环球印象. 2019 年中国矿业市场形势分析与 2020 年展望 [EB/OL]. (2020-03-22) [2022-05-10]. http://www.zcqtz.com/news/216457.html.

中国整体对资源型产业依赖度已降至2%。这一方面是由于矿产开发技术提升，不再需要过多的人手，另一方面，中国一次能源供给并没有因为采矿业从业者占比减少而同步下降，说明中国除矿产以外的自然资源开发得到了长足发展。

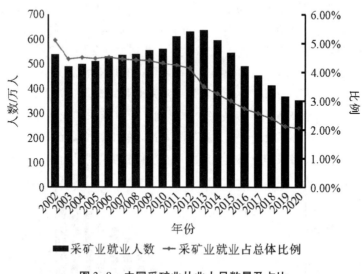

图3-8 中国采矿业从业人员数量及占比

（2）区域资源型产业依赖度

从各区域采矿业固定资产投资占比情况看（见图3-9），东部区域采矿业投资占比与其他区域相比最低，2006年以前东北区域采矿业固定资产投资占比相比其他区域最高，2006年以后（除2016年、2017年外），西部采矿业固定资产投资占比最高。这说明东北部和西部区域对自然资源开发的投入相比其他区域，尤其是东部来讲要高得多，这两个区域资源型产业依赖度更强。从各区域采矿业固定资产投资占比趋势看，东北部区域采矿业固定资产投资占该区域整体固定资产投资的比例几乎是持续下降的，东部区域也呈现较明显的持续走低态势，中部与西部区域则是先增长后下降，且西部区域的投资增长时期较长。这进一步说明中、西部区域自然资源更为丰富，早期地区发展对自然资源开发的依赖性更强，近几年则是东北部与西部区域对开发自然资源的投资更多，对资源型产业依赖性更强。

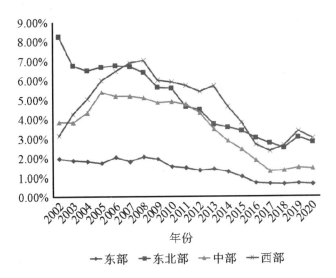

图 3-9　各区域采矿业固定投资占比情况

从各区域采矿业从业人员数量占就业总数的比例看（见图 3-10），东北部区域与中部区域采矿业从业人员占比大致相当，且都呈波动下降趋势；西部区域采矿业从业人员占比趋势较为稳定，东部区域采矿业从业人员占比比其他区域低。可见东部区域对自然资源依赖性相比其他区域更低，西部区域采矿业从业人员占比并不比中部、东北部高，可见中部、东北部区域采矿业相对其他区域能够为当地提供更多的就业机会，也能反映出中部、东北部对自然资源开采行业的依赖度更高。而从各区域采矿业从业人员占比的变化趋势看，整体上各区域采矿业从业人员占比是波动下降的，整体上各区域对自然资源的依赖度都比 21 世纪初期要低。

综合来看，中部区域和西部区域自然资源储量较大，一次能源生产量比其他区域多，可以认为这两个区域自然资源丰裕度较高；西部区域与东北区域采矿业固定资产投资占比和采矿业从业人员占比数值较大，可以认为这两个区域对资源型产业依赖度较高。同时东部区域不仅自然资源储量小、一次能源生产占比小，而且该区域采矿业固定资产投资占比与采矿业从业人员占比也是四个区域中最小的，可见东部区域的自然资源丰裕度与对资源型产业的依赖度都是最低的。由此，中国各区域的自然资源丰裕度与区域资源型产业依赖度差异较大，各区域自然资源禀赋对自身区域制造业绿色技术进步的影响需要结合各自的特点来分析。

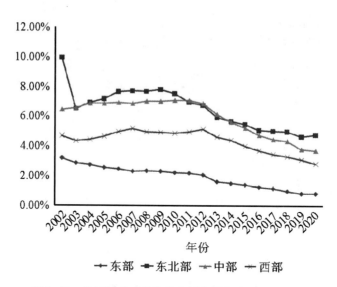

图 3-10　各区域采矿业从业人员数量占就业总数比例

3.2.2　区域资源禀赋不均衡对制造业绿色技术进步的影响

通过区域自然资源禀赋对制造业绿色技术进步的影响的分析，本书认为在区域资源禀赋存在差异的情况下，且考虑到区域资源丰裕度（NRA）与各区域资源型产业依赖度（NRD）是自然资源禀赋的两个不同方面的情况下，它们对制造业绿色技术进步的影响也会存在不同。加之在区域经济发展的过程中，自然资源禀赋对区域制造业绿色技术进步的影响还有可能存在非线性的影响，由此，本书在此构建相关模型对区域自然资源禀赋对制造业绿色技术进步的影响进行实证研究。

3.2.2.1　模型构建

区域自然资源禀赋与制造业绿色技术进步的影响关系涉及多个地区，因此，先设置普通面板模型对二者之间的关系进行研究，具体面板模型如下：

$$\mathrm{GTFP}_{it} = \beta_0 + \beta_1 \mathrm{NRA}_{it} + \beta_2 \mathrm{tech}_{it} +$$
$$\beta_3 \mathrm{human}_{it} + \beta_4 \mathrm{mark}_{it} + \beta_5 \mathrm{ex}_{it} + \beta_6 \mathrm{str}_{it} + \varepsilon_{it} \tag{3-3}$$

$$\mathrm{GTFP}_{it} = \beta_0 + \beta_1 \mathrm{NRD}_{it} + \beta_2 \mathrm{tech}_{it} +$$
$$\beta_3 \mathrm{human}_{it} + \beta_4 \mathrm{mark}_{it} + \beta_5 \mathrm{ex}_{it} + \beta_6 \mathrm{str}_{it} + \varepsilon_{it} \tag{3-4}$$

式（3-3）、式（3-4）中 β_0 为常数项，GTFP_{it} 为制造业绿色技术进步，NRA_{it} 为区域资源丰裕度，NRD_{it} 为区域资源型产业依赖度，tech_{it} 为各地区制造业技术进步水平，human_{it} 为各地区人才储备，mark_{it} 为技术市场活跃度，ex_{it} 为各地

区对外出口，str_{it} 为制造业结构高级化，ε_{it} 为误差项。

区域经济发展的过程并非一帆风顺的，各区域的制造业绿色技术进步也不是一蹴而就的，区域自然资源禀赋的变化在其中影响制造业技术进步，使得自然资源禀赋对制造业绿色技术进步产生非线性的影响。基于此，本书借鉴Hansen（1999）提出的静态面板门槛模型，分别以区域资源丰裕度（NRA）与各区域资源型产业依赖度（NRD）门槛变量，对自然资源禀赋与制造业绿色技术进步之间的关系做进一步分析，具体模型构建如下：

$$GTFP_{it} = \mu_i + \beta_1 NRA_{it} \times I(NRA_{it} \leq \gamma) +$$

$$\beta_2 NRA_{it} \times I(NRA_{it} > \gamma) + \beta_n \sum_{k=1}^{5} Controls_{i, k, t} + \varepsilon_{it} \qquad (3-5)$$

$$GTFP_{it} = \mu_i + \beta_1 NRD_{it} \times I(NRD_{it} \leq \gamma) +$$

$$\beta_2 NRD_{it} \times I(NRD_{it} > \gamma) + \beta_n \sum_{k=1}^{5} Controls_{i, k, t} + \varepsilon_{it} \qquad (3-6)$$

式（3-5）、式（3-6）中 μ_i 为常数，β_i 为回归系数，γ 为门槛值，门槛变量为 NRA_{it} 及 NRD_{it}，$Controls_{i, k, t}$ 为控制变量集合。

3.2.2.2　变量选择及数据来源

（1）被解释变量

区域制造业绿色技术进步（$GTFP_{it}$），该变量数据由各地区制造业绿色技术进步效率进行累乘换算后所得（参见：邱斌 等，2008）[1]，制造业绿色技术进步效率具体计算过程见本章 3.1.2 小节，由于 SBM-ML 模型计算会损失第一年数据，由此实证中观察期间为 2006—2019 年。

（2）核心解释变量及门槛变量

区域自然资源丰沛度（NRA_{it}）以各地区一次能源生产量（万吨标准煤）表示，在实证模型中以对数形式呈现。

区域资源型产业依赖度（NRD_{it}）以各地区采矿业就业人数占总就业的占比来表示。

（3）控制变量

在制造业绿色技术进步过程中，技术进步和从事科研工作的高素质人才是基础，技术市场是否活跃又关系到区域间的技术信息交往，制造业产品也需要出口来带动当地制造业企业更新技术，同时当地制造业结构调整对其绿色技术进步也会产生影响。由此，本书选取以下几个控制变量：各地区制造业技术进

---

① 邱斌，杨帅，辛培江. FDI 技术溢出渠道与中国制造业生产率增长研究：基于面板数据的分析 [J]. 世界经济，2008（8）：20-31.

步水平（$tech_{it}$），用高技术专利比例来衡量不同地区的技术水平；各地区人才储备（$human_{it}$），以各地区研究人员占年末人口比例来表示；技术市场活跃度（$mark_{it}$）用各地区技术市场交易额占地区生产总值的比例来衡量；地区对外出口（ex_{it}）以境内货源地出口占地区生产总值的比例来表示，另外，本书以高技术制造业盈利占规模以上工业盈利的比例来反映制造业的结构高级化，表示为 str_{it}（见表3-4）。

表3-4　变量描述性统计

变量	样本量	均值	方差	最小值	最大值
$GTFP_{it}$	420	1.977 992	2.043 737	0.309 622	18.539 78
NRA_{it}	420	8.503 311	1.424 148	3.847 268	11.266 81
NRD_{it}	420	0.042 473	0.040 036	8.33E-05	0.221 994
$tech_{it}$	420	0.163 822	0.025 354	0.098 946	0.222 169
$human_{it}$	420	0.002 342	0.002 431	0.000 145	0.014 337
$mark_{it}$	420	0.011 798	0.024 188	0.000 183	0.163 517
ex_{it}	420	0.146 251	0.173 257	0.005 361	0.937 975
str_{it}	420	0.090 194	0.112 767	-1.785 6	0.334 342

3.2.2.3　数据来源

本书核心解释变量与控制变量选取2006—2019年中国30个省份的面板数据（除西藏自治区及港、澳、台地区），数据来自中国国家统计局、各省份统计年鉴（2000—2020）、《中国能源统计年鉴》、《中国高技术产业统计年鉴》等。所涉变量均以2000年为基期进行了平减，部分变量数据缺失以插值法补齐。

3.2.2.4　实证及结果分析

（1）基本回归结果

表3-5中，模型（1）、（2）观察了区域自然资源丰沛度（NRA）与区域资源型产业依赖度（NRD）在未加入控制变量前对制造业绿色技术进步（GTFP）的影响，模型（3）、（4）是加入控制变量后NRA及NRD对GTFP的影响。可见，在控制了时间与地区效应之后，区域自然资源丰沛度（NRA）对制造业绿色技术进步（GTFP）有显著的促进作用，这一作用在加入制造业技术进步（tech）等其他影响因素后有所提升；同理，区域资源型产业依赖度

（NRD）对制造业绿色技术进步（GTFP）也有显著的促进作用，这一作用在加入制造业技术进步（tech）等其他影响因素后提升较大。也就是说，在综合因素的影响下，区域自然资源丰沛度（NRA）与区域资源型产业依赖度（NRD）分别对制造业绿色技术进步（GTFP）有显著的促进作用。

在模型回归结果中也能看出"资源诅咒"对技术进步存在显著的"挤出"效应，区域资源型产业依赖度高的地区对技术进步的"挤出"作用比资源丰度地区更高，不过这样的"挤出"效应并未妨碍区域资源禀赋对制造业绿色技术进步的正向影响，说明高技术制造业的研发能力虽然会受到当地资源禀赋的制约，不过整体看来地区资源禀赋高对于当地制造业绿色转型有良好的正向影响。

地区研究人员数量（human）对地区制造业绿色技术进步有较大的推动作用，说明人才资源是地区制造业绿色技术进步的一个关键因素。人才能够为技术进步提供良好的发展条件，大量的人才储备能够帮助当地发展科技型企业、技术型经济，从而为制造业绿色技术进步提供原动力，为制造业绿色转型提供有效的支持。

地区出口（ex）对地区制造业绿色技术进步也有显著的促进作用，能够看出地区外向型经济的发展，有助于推动制造业的技术升级，随着进口国"碳关税""低碳产品"等各项要求的进一步提高，主打外向型出口战略的企业就必须更新自己的产品生产、出品等标准，进而提高自己的绿色技术进步水平，推动地区制造业低碳转型。

在观察期内，技术市场活跃程度（mark）在自然资源丰富地区对制造业绿色技术进步（GTFP）的影响正向显著，依赖自然资源发展的地区却是存在正向影响而不显著。制造业结构的高级化（str）对制造业绿色技术进步（GTFP）的影响不显著，说明制造业结构调整对制造业绿色技术进步影响有限，没有预期中的显著。

表 3-5　基本回归

变量	（1）	（2）	（3）	（4）
NRA	0.480** （2.03）		0.647*** （3.10）	
NRD		21.939*** （2.61）		33.118*** （4.42）
tech			−19.663*** （−3.74）	−20.076*** （−3.89）

表3-5(续)

变量	(1)	(2)	(3)	(4)
human			1 424. 859 *** (12. 33)	1 469. 548 *** (12. 79)
mark			12. 466 * (1. 67)	5. 568 (0. 74)
ex			10. 238 *** (7. 73)	10. 657 *** (8. 15)
str			−0. 123 (−0. 23)	0. 082 (0. 15)
常数项	−2. 806 (−1. 44)	0. 081 (0. 18)	−5. 496 *** (−2. 65)	−1. 835 * (−1. 91)
FE/RE	FE	FE	FE	FE
时间固定	是	是	是	是
R^2	0. 258	0. 264	0. 482	0. 496
N	420	420	420	420

注：括号内为 t 值， * $p < 0.10$， ** $p < 0.05$， *** $p < 0.01$。

（2）门槛回归

在区域资源禀赋现状这一节中，我们可以明显看到区域资源禀赋随着时间推移存在急速下降后又回升的现象，各区域制造业绿色技术进步效率也存在地区差异，这可能导致区域自然资源禀赋对制造业绿色技术进步产生非线性的影响。经过实证，由表3-6、表3-7可见区域资源禀赋对制造业绿色技术进步的影响的确存在门槛效应，且均为单门槛。其中，区域资源丰裕度（NRA）在小于等于7.444时，对制造业绿色技术进步的影响为正，但不显著；相反，当NRA大于7.444时，其对制造业绿色技术进步的影响得到增强，且显著为正。区域资源型产业依赖度（NRD）在小于等于0.006时，对制造业绿色技术进步有十分显著的推动作用，而当NRD大于0.006后，对制造业绿色技术进步的影响不显著。这说明资源型产业依赖度越强越不利于制造业绿色技术进步，资源型产业虽然在一定程度上靠引进先进技术等方式获得绿色技术，推动了制造业的绿色技术进步，但是过高的资源型产业占比会阻碍制造业绿色技术的进一步提升。

表 3-6 门槛检验

门槛变量	门槛数	Bootstrap 抽样次数	F 值	P 值	临界值		
					10%	5%	1%
NRA	单门槛	300	53.57	0.070 0	46.376 6	60.859 6	90.803 0
	双重门槛	300	14.42	0.616 7	37.007 4	49.223 3	65.951 4
NRD	单门槛	300	252.60	0.000 0	31.551 3	35.807 4	47.967 5
	双重门槛	300	22.34	0.233 3	30.680 1	36.772 7	59.017 3

表 3-7 门槛值估计

核心解释变量	门槛值	门槛变量区间	系数	t 值	P 值
NRA	7.444 2	[7.349 0, 7.482 8]	0.066 6	0.32	0.752
			0.385 1	1.96	0.051
NRD	0.000 6	[0.000 5, 0.000 6]	16 654.29	15.45	0.000
			1.338 528	0.27	0.788

综合来看，区域资源禀赋能够推动区域制造业绿色技术进步，且该正向影响存在门槛效应。具体讲，区域自然资源丰裕度高于 7.444 及区域资源型产业依赖度低于 0.000 6 时，制造业绿色技术进步能够获得显著的推动力。

（3）区域异质性

整体上各区域自然资源禀赋能够有效地推动区域制造业绿色技术进步，各地区自然资源禀赋天然的差异又会对各自地区制造业绿色技术进步产生不同的影响，由此，我们将划分区域对自然资源禀赋影响区域制造业绿色技术进步的具体效果进行实证检验，结果见表 3-8。

东部区域自然资源禀赋对该区域制造业绿色技术进步有显著的促进作用，东北部区域自然资源禀赋对该区域制造业绿色技术进步有正向影响，但不显著。中部与西部区域对资源型产业依赖度不低，这两个区域 NRD 对制造业绿色技术进步的影响不显著为负，同时，这两个区域的 NRA 对制造业绿色技术进步的影响不显著为正。东北部区域的技术进步能够推动制造业绿色技术进步，这反映了东北部区域"资源诅咒"效应不明显，甚至自然资源的富裕还能够与技术进步共同推动制造业绿色技术进步。技术市场活跃度为中、西部区域制造业绿色技术进步带来了较大的正向影响，区域出口对东部及西部区域对制造业绿色技术进步有显著的正向作用。研发人员在中部区域的作用并没有其他三个区域显著，且还会阻碍当地制造业绿色技术进步。

表 3-8　区域异质性

	(1)　东部	(2)　东北部	(3)　中部	(4)　西部	(5)　东部	(6)　东北部	(7)　中部	(8)　西部
NRA	0.958*	0.212	0.346	0.384				
	(1.76)	(0.27)	(1.58)	(0.74)				
NRD					123.012***	7.237	−1.236	−11.394
					(4.66)	(0.38)	(−0.19)	(−0.96)
tech	−41.155**	17.741*	−0.43	−15.620**	−38.001**	16.97	−2.106	−16.979**
	(−2.50)	(1.81)	(−0.08)	(−2.38)	(−2.57)	(1.66)	(−0.39)	(−2.56)
ex	13.439***	1.814	0.188	16.768***	16.081***	3.182	−0.752	16.127***
	(4.73)	(0.33)	(−0.07)	(5.62)	(6.05)	(0.64)	(−0.22)	(5.67)
mark	−2.847	30.001	48.089***	23.112*	−19.546	27.233	56.318***	32.103**
	(−0.19)	(1.39)	(4.05)	(1.77)	(−1.41)	(1.62)	(4.98)	(2.35)
str	−8.21	−2.253	0.302	−0.007	−9.581**	−2.056	0.272	−0.078
	(−1.55)	(−0.77)	(1.44)	(−0.00)	(−2.01)	(−0.70)	(1.27)	(−0.05)
human	1 656.037***	1 449.500**	−12.501	1 395.532***	1 702.854***	1 364.706**	−112.45	1 221.156***
	(7.20)	(2.75)	(−0.08)	(3.51)	(8.06)	(2.59)	(−0.52)	(3.11)
常数项	−8.58	−5.212	−2.176	−2.264	−5.765*	−3.854**	1.367	1.982
	(−1.48)	(−0.79)	(−0.94)	(−0.47)	(−1.92)	(−2.52)	(1.24)	(1.55)
FE/RE	FE	FE	FE	FE	FE	FE	FE	FE
时间固定	是	是	是	是	是	是	是	是
N	140	42	84	154	140	42	84	154
R^2	0.552	0.758	0.866	0.485	0.615	0.759	0.86	0.487

注：括号内为 t 值，* $p < 0.10$，** $p < 0.05$，*** $p < 0.01$。

各区域自然资源丰裕度和对资源型产业依赖程度不同，由此产生对制造业绿色技术进步的影响也存在差异，而这样的差异体现在东部及东北部区域的门槛效应上。如表 3-9、表 3-10 所示，东部及东北部自然资源丰裕度（NRA）对制造业绿色技术进步的影响存在显著的门槛效应，且东部区域资源型产业依赖度（NRD）对制造业绿色技术进步的影响存在显著的门槛效应。

东部区域自然资源丰裕度（NRA）对制造业绿色技术进步（GTFP）的影响的门槛值为 7.665 5，当东部区域 NRA 未超过 7.665 时，对制造业绿色技术进步能够起到促进作用，且 NRA 每增加 1 单位，GTFP 能够提升 0.473 3 个单位；当东部区域 NRA 超过 7.665 时，对制造业绿色技术进步能够起到更大的推动作用，此时 NRA 每增加 1 单位，GTFP 能够提升 1.691 7 个单位。东部区域资源型产业依赖度（NRD）对制造业绿色技术进步（GTFP）的影响的门槛值为 0.000 6，当东部区域 NRD 未超过 0.000 6 时，对制造业绿色技术进步能够起到促进作用，且 NRD 每增加 1 单位，GTFP 能够提升 17 026.14 个单位；当东部区域 NRD 超过 0.000 6 时，对制造业绿色技术进步能够起到的作用锐减，此时 NRD 每增加 1 单位，GTFP 能够提升 28.995 3 个单位。说明东部区域自然资源禀赋对 GTFP 的作用在存在门槛效应的同时，还存在 NRA 和 NRD 的差异，自有资源拥有量越多越能推动当地制造业绿色技术进步，而对资源型产业的依赖度越高，对当地制造业绿色技术进步的正向影响就会越弱。

东北部区域自然资源丰裕度（NRA）对制造业绿色技术进步（GTFP）的影响的门槛影响不显著，而当地资源型产业依赖度（NRD）对制造业绿色技术进步（GTFP）的门槛影响显著。当东北部区域 NRD 超过 0.045 6 时，对制造业绿色技术进步能够起到的作用锐减，此时 NRD 每增加 1 单位，GTFP 仅能提升 16.815 4 个单位，相比起 NRD 小于 0.045 6 时，作用减少了一半。这说明东北部地区的 NRA 对 GTFP 的影响是线性的，NRD 对 GTFP 的影响虽然存在门槛效应，但同东部区域一样，当地对资源型产业依赖度越高对当地制造业绿色技术进步的正向影响就会越弱。

表 3-9　区域门槛检验

区域	门槛变量	门槛数	Bootstrap 抽样次数	F 值	P 值	临界值		
						10%	5%	1%
东部	NRA	单门槛	300	305.05	0.000 0	22.752 9	27.749 4	43.139 7
	NRD	单门槛	300	168.21	0.000 0	19.610 6	27.608 4	34.027 9
东北部	NRA	单门槛	300	8.50	0.200 0	16.337 8	25.108 6	31.864 3
	NRD	单门槛	300	17.40	0.030 0	11.125 2	11.435 9	18.486 2
中部	NRA	单门槛	300	1.54	0.973 3	22.414 8	29.137 1	41.176
	NRD	单门槛	300	11.87	0.566 7	32.657 4	42.258 5	67.671
西部	NRA	单门槛	300	18.55	0.313 3	34.640 8	44.501 7	71.551
	NRD	单门槛	300	13.63	0.376 7	23.766 4	29.873 3	42.682 5

表 3-10　区域门槛值估计

区域	核心解释变量	门槛值	门槛值变化区间	系数	t 值	P 值
东部	NRA	7.665 5	[7.444 2, 7.673 6]	0.473 3	1.67	0.097
				1.691 7	6.00	0.000
	NRD	0.000 6	[0.000 5, 0.000 6]	17 026.14	12.87	0.000
				28.995 3	1.870	0.064
东北部	NRA	8.741 5	[8.705 8, 8.750 1]	0.171 6	0.34	0.733
				0.093 5	0.19	0.850
	NRD	0.045 6	[0.044 3, 0.046 5]	36.242 3	3.55	0.001
				16.815 4	1.98	0.057
中部	NRA	8.569 6	[8.567 1, 8.581 3]	−0.467 0	−1.6	0.114
				−0.440 5	−1.58	0.12
	NRD	0.009 8	[0.009 0, 0.009 9]	87.708 2	2.94	0.004
				−17.368 7	−2.36	0.021
西部	NRA	9.656 3	[9.618, 9.680 7]	0.174 1	0.53	0.594
				0.397 9	1.22	0.224
	NRD	0.068 7	[0.068 4, 0.068 8]	2.896 5	0.32	0.75
				−11.103 2	−1.32	0.188

综合来看，各区域自然资源禀赋对制造业绿色技术进步的影响存在差异，东部区域虽然自然资源丰裕度与资源型产业依赖度都低，但该区域自然资源禀赋对制造业绿色技术进步的影响有显著的推动作用且存在门槛效应。东北部区域的资源型产业依赖度对制造业绿色技术进步的影响也存在门槛效应，不过东部区域同东北部区域一样，当地对资源型产业依赖度越高对当地制造业绿色技术进步的正向影响就会越弱。中部、西部区域自然资源富裕，对资源型产业依赖度较高，不过区域对制造业绿色技术存在不显著的负面影响，这可能是由于这两个区域产业结构还未能实现升级，导致地区发展对自然资源过于依赖，出现资源型产业发展阻碍制造业绿色技术进步的现象。

3.3 国际资本流入现状及其对绿色技术进步的影响

自中国改革开放以来，从深圳等试点地区开始，形成了由点到面的对外开放格局。随着国际资本的流入，中国在经济发展、工业现代化建设等各方面也得到了来自外部的资金、技术、人才等方面的支持。在 2020 年全球投资萎缩的背景下，中国依旧获得世界上大多数外资的青睐，外资净流入约 1 490 亿美元①。2021 年，中国商务部印发了《关于围绕构建新发展格局做好稳外资工作的通知》，进一步强调了稳定的外资流入对中国经济的重要性。由此，深入分析研究国际资本流入对区域制造业绿色进步的影响，有助于理解国际资本对中国经济的影响作用，更能发现其在新发展格局下对制造业绿色转型的深层影响。

3.3.1 国际资本流入现状

中国实行改革开放后不断完善国际资本流入的相关法律法规及招商引资条款，由最初的 1986 年颁布的《中华人民共和国外资企业法》和《国务院关于鼓励外商投资的规定》到 2021 年的《鼓励外商投资产业目录（2020 年版）》及《"十四五"利用外资发展规划》等，无一不是中国从探索如何利用外资到更好利用外资阶段的证明。中国跨入 21 世纪后，国家经济迎来了快速增长时期，此时国际资本也看中了中国的广阔市场与发展潜力，开始大规模流入中国。中国 2000 年的外商直接投资仅 407. 15 亿美元，20 年后就高达约 1 490 亿美元，增长了约 2. 66 倍，堪称世界发展中耀眼的明星（见图 3-11）。中国国际资本流入在 2008—2009 年及 2011—2012 年有较明显的下滑，这主要是受国际经济危机的冲击，但开始于 2020 年年初的新冠肺炎疫情却没有造成此前类似的影响，反而增长幅度较大，这说明中国市场的吸引力远大于国际资本对疫情影响的忧虑。

---

① 数据来源：联合国贸易和发展会议. 世界投资报告 2021［EB/R］.［2022-06-01］. https:// unctad.org/system/files/official-document/wir2021_overview_ch.pdf.

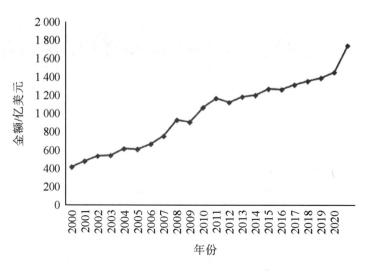

图 3-11　中国国际资本流入情况①

　　从区域国际资本流入的总量情况看（见图 3-12），东部区域国际资本流入呈现波动上升趋势，中部区域国际资本流入基本上是持续上涨趋势，西部地区国际资本流入总量自 2000—2011 年逐年走高，2012 年以后流入量相对平稳，2015 年后开始走低；而东北部区域则是在 2015 年出现骤降，之后国际资本流入总量逐渐走低。从区域国际资本总量占比看（见图 3-13），东部区域的国际资金流入总量远远领先于其他区域，其占比在 2005 年至 2014 年呈现下滑态势，不过同时期其他区域国际资金流入占比在提升，这也说明了该观察期内中部、西部及东北部区域国际资金流入在稳步增长。随着东部区域工业结构调整、绿色经济的兴起，又重新吸引了大部分的国际资本。同时，中部区域受政策支持、承接了东部区域产业转移等因素影响，在 2015 年以后持续吸引外国资金，国际资金流入比例持续走高，虽然之后受到外部影响出现波动，但整体上中部区域成为承接国际资本流入的热门区域之一。可见，各区域国际资本流入存在地域差异，东部区域更受国际资本喜爱，中部区域在逐渐跟上，西部区域较为平稳，东北部区域有待提升。

---

　　① 数据来源：国家统计局。

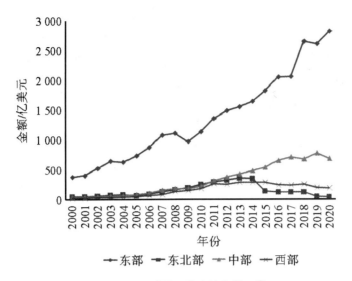

图 3-12　区域国际资本流入情况①

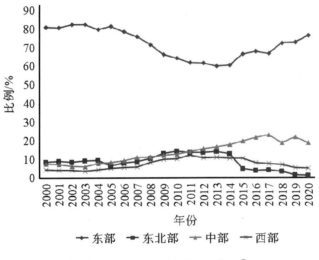

图 3-13　区域国际资本流入占比②

3.3.2　国际资本流入对绿色技术进步的影响

根据国际资本流入对制造业绿色技术进步的影响的分析，本书认为在各区

---

①　数据来源：根据国家统计局、各省市统计年鉴、Wind、各省市公报等数据整理所得。

②　数据来源：同上，比例为计算所得。

域接受流入的国际资本存在差异的情况下，国际资本流入对制造业绿色技术进步的影响也会存在区域差异。加之在区域经济发展的过程中，国际资本流入不是直线增长的，国际大环境变动对区域制造业绿色技术进步产生的影响可能存在非线性的特征，由此，本书在此构建相关模型对区域国际资本流入对制造业绿色技术进步的影响进行实证研究。

3.3.2.1　模型构建

国际资本流入与制造业绿色技术进步的影响关系涉及多个地区，因此，先设置普通面板模型对二者之间的关系进行研究，具体面板模型如下：

$$\text{GTFP}_{it} = \beta_0 + \beta_1 \ln\text{FDI}_{it} + \beta_2 \ln\text{tech}_{it} + \beta_3 \text{ex}_{it} + \beta_4 \ln\text{wage}_{it} + \beta_5 \text{NRA}_{it} +$$
$$\beta_6 \text{HR}_{it} + \beta_7 \text{KL}_{it} + \varepsilon_{it} \tag{3-7}$$

式（3-7）中，β_0 为常数项，GTFP_{it} 为制造业绿色技术进步，$\ln\text{tech}_{it}$ 为各地区技术进步水平，ex_{it} 为各地区对外出口，$\ln\text{wage}_{it}$ 为地区制造业平均工资水平，NRA_{it} 为区域资源丰裕度，HR_{it} 为各地区人口素质水平，KL_{it} 为地区制造业基础设施投入情况，ε_{it} 为误差项。

前面分析中，我们已经了解到制造业绿色技术进步存在区域差异，且考虑到国际资本流入对制造业绿色技术进步存在非线性影响。基于此，本书借鉴Hansen（1999）提出的静态面板门槛模型，将国际资本流入（$\ln\text{FDI}_{it}$）设为门槛变量，对国际资本流入与制造业绿色技术进步之间的关系进行进一步分析，具体模型构建如下：

$$\text{GTFP}_{it} = \mu_i + \beta_1 \ln\text{FDI}_{it} \times \text{I}(\ln\text{FDI}_{it} \leq \gamma) +$$
$$\beta_2 \ln\text{FDI}_{it} \times \text{I}(\ln\text{FDI}_{it} > \gamma) + \beta_n \sum_{k=1}^{6} \text{Controls}_{i,\,k,\,t} + \varepsilon_{it} \tag{3-8}$$

式（3-8）中，μ_i 为常数，β_i 为回归系数，γ 为门槛值，核心解释变量与门槛变量为 $\ln\text{FDI}_{it}$，$\text{Controls}_{i,\,k,\,t}$ 为控制变量集合。

3.3.2.2　变量选择及数据来源

（1）被解释变量

区域制造业绿色技术进步（GTFP_{it}），该变量数据由各地区制造业绿色技术进步效率进行累乘换算后所得（参见：邱斌 等，2008）[①]，制造业绿色技术进步效率具体计算过程见本章 3.1.2 小节，由于 SBM-ML 模型计算会损失第一年数据，由此实证中观察期间为 2006—2019 年。

---

① 邱斌，杨帅，辛培江. FDI 技术溢出渠道与中国制造业生产率增长研究：基于面板数据的分析 [J]. 世界经济，2008（8）：20-31.

（2）核心解释变量及门槛变量

国际资本流入（$lnFDI_{it}$），该变量以各地区实际利用外资（万美元）来衡量，在实证模型中取对数以减少异方差干扰。

（3）控制变量

根据本章 3.1.4.2 小节的分析，结合区域国际资本流入的现状，本书认为在制造业绿色技术进步过程中，国际资本倾向于向拥有良好基础设施、自然资源与人口素质较好的地区投资，这样会减少资本投入产生的成本，地区制造业平均工资水平越高，越能吸引人才加入，从而提升地区人口平均素质，吸引更多外部投资。国际资本流入会产生技术溢出效应，带动地区整体技术进步水平。制造业产品也需要出口来带动当地制造业企业更新技术，同时当地制造业结构调整对其绿色技术进步也会产生影响。

由此，本书选取以下几个控制变量：$lntech_{it}$ 为各地区技术进步水平，以各地区发明专利申请授权量来表示，实证模型中以对数化形式呈现。$lnwage_{it}$ 为地区制造业平均工资水平，实证模型中以对数化形式呈现。NRA_{it} 为区域资源丰裕度。KL_{it} 为地区制造业基础设施投入情况，以各地区制造业固定资产投资占地区生产总值的比例来表示。各地区人口素质水平（HR_{it}），以各地区大专及以上学历人数占就业总人数的比来表示；地区对外出口（ex_{it}）以境内货源地出口占地区生产总值的比例来表示（见表 3-11）。

表 3-11 变量描述性统计

变量	样本量	均值	方差	最小值	最大值
GTFP	420	1.978 0	2.043 7	0.309 6	18.539 8
lnFDI	420	12.441 2	1.603 7	5.499 7	16.150 6
lmtech	420	7.515 8	1.619 0	3.135 5	10.997 8
ex	420	0.146 3	0.173 3	0.005 4	0.938 0
lnwage	420	9.922 3	0.708 2	8.435 0	11.534 9
NRA	420	8.503 3	1.424 1	3.847 3	11.266 8
HR	420	15.430 3	10.030 7	3.005 7	62.200 0
KL	420	0.216 0	0.123 9	0.006 3	0.581 0

3.3.2.3 数据来源

本书核心解释变量与控制变量选取 2006—2019 年中国 30 个省份的面板数据（除西藏自治区及港、澳、台地区），数据来自中国国家统计局、各省市统计年鉴（2000—2020）、《中国能源统计年鉴》、《中国科技统计年鉴》等。所涉变量均以 2000 年为基期进行了平减，部分变量数据缺失以插值法补齐。

3.3.2.4　实证及结果分析

（1）基本回归结果

如表 3-12 所示，模型（1）在未加入控制变量的情况下，国际资本流入（lnFDI）对制造业绿色技术进步（GTFP）的影响显著为正。模型（2）在加入区域技术进步（lntech）、人口素质（HR）等控制变量后，国际资本流入（lnFDI）对制造业绿色技术进步（GTFP）的影响增大，显著为正。这说明 FDI 对中国制造业绿色技术进步有显著的推进作用，FDI 在作用于制造业绿色技术进步时，通过其技术溢出、人力资本等方面的投入能够对制造业绿色技术进步产生更大的正向影响，从而推动制造业的绿色转型。另外，FDI 在该观察期内对环境的影响应当是无害甚至正向的，可以认为在该时期 FDI 对中国环境的影响支持"污染光环"假说。考虑到 FDI 在模型回归中可能存在的内生性，模型（3）将 FDI 的滞后一期作为解释变量，对模型进行内生性检验。结果发现滞后一期后，FDI 对制造业绿色技术进步的正向效应略大于正常时期，说明 FDI 对制造业绿色技术进步存在时滞，其影响不仅仅只在当期，还可以继续作用于制造业之后的长期发展。

从控制变量的结果看，各地区技术进步水平（lntech）对制造业绿色技术进步存在显著的正向影响，这也反映了 FDI 的技术溢出效应，FDI 能够给被投资地区带来技术上的正向影响，不过 FDI 对地区技术进步显著的推动作用不能延续至后期。

地区人口素质水平（HR）能够长期显著地促进制造业绿色技术进步，可见人力资源的素质对于制造业绿色技术进步十分关键。通过 FDI 进入被投资地区的人才资源可以长足影响到当地技术进步，这也是 FDI 技术溢出效应的一方面；流入的人才与当地原有的高素质人才一起，为当地制造业绿色技术进步做出贡献，并且人才的影响是长期的，只要当地可以留住人才，就可以为当地未来绿色制造提供不竭的技术支持。

地区对外出口（ex）也能显著推动当地制造业绿色技术进步，说明在观察期内，地区出口越多越能够带动地区制造业技术升级。一方面，在环保要求下，制造业企业大多积极响应绿色转型号召，大力发展绿色技术；另一方面，欧美多国拟对进口产品收取"碳关税"，进一步提高了对中国各地区制造业绿色产品的要求，从而国内地区的出口倒逼当地制造业绿色技术进步。

地区制造业平均工资水平（lnpjgz）能促进制造业绿色技术进步，主要是因为收入提高对于劳动力的吸引力就会随之提升，地区制造业就能获得更多人力资源，其中也会吸引到高素质人才，从而为制造业绿色技术进步提供正向发展动力。

区域资源丰裕度（NRA）在此处对制造业绿色技术进步的作用依旧为正向，不过加入FDI影响之后，NRA在此处对制造业绿色技术进步的影响比起其单独回归不够显著，说明资本资源对于制造业绿色技术进步的推动作用在此比自然资源更强。

地区制造业基础设施投入（KL）对制造业绿色技术进步的影响显著为负，说明在观察期内各地区对制造业固定资产建设的投入无法为其绿色转型提供助力，反而还会阻碍制造业绿色转型。

表 3-12 面板模型回归结果

	（1）	（2）	（3）
lnFDI	0.271** (2.54)	0.333*** (3.21)	
L. lnFDI			0.354*** (3.15)
lntech		0.583** (2.29)	0.360 (1.26)
ex		3.690*** (2.91)	3.896*** (2.65)
lnpjgz		0.572* (1.69)	0.496 (1.46)
NRA		0.293 (1.29)	0.357 (1.47)
KL		−3.136*** (−2.70)	−2.312* (−1.82)
HR		0.210*** (6.64)	0.205*** (6.28)
常数项	−2.086 (−1.62)	−16.588*** (−3.88)	−15.138*** (−3.39)
FE/RE	FE	FE	FE
时间固定	是	是	是
N	420	420	390
R^2	0.263	0.378	0.364

注：括号内为 t 值，* $p < 0.10$，** $p < 0.05$，*** $p < 0.01$。

（2）门槛回归

经过实证，本书认为国际资本流入（lnFDI）对制造业绿色技术进步（GTFP）的影响的确存在单门槛效应（见表3-13）。其中，国际资本流入（lnFDI）的门槛值变化区间为［14.026 9，14.044 5］，当其在小于等于14.025时，对制造业绿色技术进步的影响为正，但不显著；相反，当其大于14.025时，其对制造业绿色技术进步的影响得到增强，显著为正（见表3-14）。这说明国际资本流入对地区制造业绿色技术进步的影响的确是非线性的，地区国际资本流入只有在高于门槛值时才能更显著地推动地区制造业绿色技术进步。

表3-13　门槛检验

门槛变量	门槛数	Bootstrap抽样次数	F 值	P 值	临界值		
					10%	5%	1%
lnFDI	单门槛	300	453.775 8	1.117 7	47.15	0.016 7	29.498 3
	双重门槛	300	445.097 7	1.096 3	7.92	0.796 7	28.648 1

表3-14　门槛值估计

核心解释变量	门槛值	门槛值变化区间	系数	t 值	P 值
lnFDI	14.042 5	［14.026 9，14.044 5］	0.139 5	1.38	0.169
			0.289 5	2.91	0.004

（3）区域异质性

各区域国际资本流入总量及其占整体比例存在较大差异，这样的差异同样出现在其对各区域制造业绿色技术进步的作用上。表3-15中，东部国际资本流入（lnFDI）对该区域制造业绿色技术进步的影响不显著为负，这与其他区域差异较大，可见在观察期内，这可能是东部区域FDI在该时期出现"污染天堂"效应，从而影响了当地制造业的绿色转型。东北部区域和中部区域的FDI对当地区域制造业绿色技术进步的影响不显著为正，说明在这些区域FDI存在较为良好的环境保护效应与技术溢出效应，能够作用于自身的制造业绿色转型。西部区域FDI能够显著推进当地制造业绿色技术进步，在此处FDI显示出显著的"污染光环"效应。这可能与西部区域开发战略有关，各地区调整了自身制造业发展方向，尤其是西南区域的重庆市、四川省、贵州省、云南省近年来随着经济快速发展，在绿色制造方面有了较为显著的进展（详见第二章）。

表 3-15　区域异质性分析

变量	（1）东部	（2）东北部	（3）中部	（4）西部
lnFDI	−0.131 (−0.27)	0.088 (0.71)	0.263 (0.88)	0.351*** (3.52)
lntech	1.618** (2.32)	−3.413** (−2.28)	−0.016 (−0.07)	−0.313 (−0.87)
ex	4.453* (1.66)	19.620*** (3.84)	−3.079 (−0.92)	18.004*** (6.64)
lnpjgz	1.931** (2.29)	0.044 (0.12)	0.682** (2.65)	−0.053 (−0.12)
NRA	0.605 (1.06)	−2.704** (−2.49)	0.585** (2.41)	0.260 (0.57)
KL	−9.102** (−2.32)	−1.722** (−2.19)	−3.021** (−2.42)	1.641 (0.82)
HR	0.228*** (3.40)	0.234** (2.35)	−0.069* (−1.94)	0.260*** (5.80)
常数项	−34.621** (−2.53)	41.296** (2.75)	−13.004** (−2.63)	−5.872 (−1.02)
FE/RE	FE	FE	FE	FE
时间固定	是	是	是	是
N	140	42	84	154
R^2	0.452	0.747	0.854	0.556

注：括号内为 t 值，$*p<0.10$，$**p<0.05$，$***p<0.01$。

由于不同区域国际资本流入（FDI）存在较明显的差异，因此在各区域国际资本流入（FDI）在作用于当地制造业绿色技术进步时是否具有非线性特征还需进一步讨论。

表 3-16 为各区域门槛检验，可见除西部地区外，其他区域 FDI 对制造业绿色技术进步存在门槛效应，即东部、东北部与中部区域的 FDI 对制造业绿色技术进步的影响存在非线性的特征。表 3-17 展示出来各区域门槛值及其变化区间，可见东部地区的门槛值变化区间与整体样本一致，这也反映了 FDI 流入的最高值在东部。东部回归门槛系数都是负向显著，说明在观察期间内 FDI 流入值（lnFDI）高于 14.042 5 后，对制造业绿色技术进步的负面影响就越大，越不利于制造业绿色技术进步。东北部区域 FDI 虽然存在门槛效应，但其对制

造业绿色技术进步的影响却没有显著的门槛特征，这可能受到该区域样本量的限制，门槛回归不能很好地反映该区域 FDI 对制造业绿色技术进步的非线性特征。中部区域 FDI 对制造业绿色技术进步有显著的门槛效应，且当 FDI 流入值（lnFDI）高于 12.118 2 后，对制造业绿色技术进步的促进作用就更强，这也说明中部区域的 FDI 能够很好地为当地制造业绿色转型服务。西部区域没有显著的门槛效应，说明西部区域 FDI 流入对其制造业绿色发展来讲是线性正向作用的。

表 3-16　区域门槛检验

区域	门槛变量	门槛数	Bootstrap 抽样次数	F 值	P 值	临界值		
						10%	5%	1%
东部	lnFDI	单门槛	300	34.06	0.026 7	22.703 9	29.798 5	36.994 8
东北部	lnFDI	单门槛	300	11.60	0.000 0	9.775 1	10.897 7	10.897 7
中部	lnFDI	单门槛	300	15.71	0.050 0	12.516 1	15.234 8	22.705 8
西部	lnFDI	单门槛	300	19.83	0.200 0	25.307 5	30.182 6	40.857 1

表 3-17　区域门槛值估计

区域	核心解释变量	门槛值	门槛值变化区间	系数	t 值	P 值
东部	lnFDI	14.042 5	[14.026 9, 14.044 5]	−1.227 4	−2.77	0.006
				−1.008 7	−2.34	0.021
东北部	lnFDI	13.236 2	[13.044 7, 13.298 0]	−0.167 8	−1.57	0.126
				−0.103 5	−1.02	0.315
中部	lnFDI	12.118 2	[12.088 4, 12.196 9]	1.147 9	2.48	0.016
				1.044 2	2.34	0.022
西部	lnFDI	12.861 4	[12.754 8, 12.990 5]	0.126 0	1.36	0.176
				0.240 0	2.73	0.007

综合以上对中国各区域 FDI 对制造业绿色技术进步的检验结果表明，东部区域 FDI 流入对当地制造业绿色转型会产生负面影响，东北部、中部及西部区域的 FDI 流入会在一定程度上推动当地绿色技术进步，尤其是西部 FDI 流入能持续显著地促进当地制造业绿色技术进步。从门槛检验结果看，东部、中部及东北部区域 FDI 对制造业绿色技术进步的影响存在非线性的特征，同时，中部区域的 FDI 能在跨越门槛值前后都积极正向地推动当地制造业绿色技术进步，东部区域的 FDI 却与之相反，同时，东北部 FDI 流入跨过门槛值前后对制造业

绿色技术进步的影响不显著，且与线性回归符号相反，究其原因是东北部区域样本量偏少，实证中不易呈现出区域显著特征。

3.4　本章小结

本章通过引入绿色技术进步的内涵，对中国各地区制造业绿色技术进步进行测算和系统性描述，并在此基础上分析其主要的影响因素。通过分析，本书发现中国制造业的绿色技术进步效率变动是波动起伏的。技术进步是制造业绿色全要素生产率提升的主要推动力，不过制造业绿色技术进步效率部分年份受到国际经济环境的影响出现下降情况。各省制造业绿色技术进步效率存在差异，东部区域为全国制造业绿色技术进步效率最高的区域。

制造业绿色转型是中国经济绿色转型的基础之一，因而探究影响制造业绿色技术进步的主要因素对进一步了解、掌握制造业绿色转型发展至关重要。本书在中国及各区域制造业绿色技术进步目前发展状况的基础上，结合学者们已有的研究，认为区域绿色制造的发展，首先与当地自然资源禀赋分不开。本书将区域资源禀赋分为区域资源丰裕度（NRA）及区域资源型产业依赖度（NRD），分别研究其对制造业绿色技术进步（GTFP）的影响。其次，考虑到国际经济环境变化对制造业绿色技术进步会产生辐射，影响到整体制造业绿色转型，本书以国际资本的投入（FDI）为切入点，研究其对地区制造业绿色技术进步（GTFP）的影响。由此，本书以区域资源禀赋和国际资本流入为主要影响因素，探究其对区域制造业绿色技术进步的影响。

经过实证，本书有以下结论。首先，虽然区域资源禀赋对技术进步存在显著的"资源诅咒"现象，但区域资源禀赋能够推动区域制造业绿色技术进步。区域自然资源丰裕度（NRA）及区域资源型产业依赖度（NRD）在一定程度上能显著推动区域制造业绿色技术进步（GTFP），该正向推动影响存在门槛效应。综合来看，本书认为区域拥有的自然资源越多、对资源型产业依赖度越低越有利于制造业绿色技术进步，推动制造业绿色低碳转型。

其次，国际资本流入（FDI）能够为中国制造业绿色技术进步提供正向推动力。观察期内 FDI 对中国环境的影响整体上支持"污染光环"假说。FDI 能够通过技术溢出、人力资本等方面的投入对制造业绿色技术进步产生更大的正向影响，从而推动制造业绿色转型。并且 FDI 对地区制造业绿色技术进步的影响是非线性的，地区国际资本流入只有在跨过门槛值后才能更显著地推动地区制造业绿色技术进步。同时，FDI 对制造业绿色技术进步还能为制造业长期绿色发展提供有力支持。

最后，无论是区域资源禀赋还是国际资本流入，对制造业绿色技术进步的影响都存在显著的地区差异。一是东部区域虽然 NRA 与 NRD 数值都较低，不过该区域自然资源禀赋对制造业绿色技术进步的影响有显著的推动作用且存在门槛效应，结果认为当地 NRD 越高对当地制造业绿色技术进步的正向影响就会越弱。东部区域虽然获得了最多的国际资本投入，但实证认为 FDI 流入对当地产生负面环境效应，对该区域制造业绿色转型会产生负面影响，跨越门槛值之后负面效应依旧存在不过影响程度有所降低。二是东北部区域自然资源禀赋及国际资本流入对制造业绿色技术进步有正向影响，不过该区域仅 NRD 及 FDI 对制造业绿色技术进步的影响为非线性的，存在门槛效应。东北部区域与东部区域一样，NRD 越高对当地制造业绿色技术进步的正向影响反而会被削弱，而 FDI 的门槛效应却不显著，且与线性回归符号相反，究其原因是东北部区域样本量偏少，实证中不易呈现出区域显著特征。三是中部区域 NRA 及 FDI 能够推动当地制造业绿色技术进步，NRD 则不利于当地制造业绿色技术进步。中部区域自然资源禀赋对当地制造业绿色技术进步的影响不存在门槛效应，而 FDI 则有显著的正向门槛效应。四是西部区域与中部区域类似，NRA 及 FDI 能够推动当地制造业绿色技术进步，NRD 则不利于当地制造业绿色技术进步。不过西部区域自然资源禀赋与 FDI 对该区域的影响都是线性的，不存在门槛效应。

这些结果说明目前各区域资源禀赋情况与实证结论相符合。制造业要实现长足发展，除了从其他地区进行资源调剂甚至国外购买所需资源外，还需要继续控制资源型产业的无序扩张，利用先进技术的发展推动当地制造业结构的进一步优化，将区域资源禀赋转化为制造业绿色技术进步的有利条件，为制造业绿色转型奠定基础。同时，各区域资源禀赋差异较大，自然资源充裕的地区应进一步优化区域资源开采、利用结构，减少对资源型产业的依赖，优化区域制造业结构，促进地区制造业绿色转型；自然资源较缺乏的区域应进一步提高资源利用效率，弥补资源不足的缺陷，利用先进技术从能源供应源头开始脱碳，为地区制造业绿色技术进步提供技术与能源方面的支持。

整体上国际资本流入对制造业绿色技术进步的提升有着显著的推动作用，不过 FDI 对地区制造业绿色进步的影响存在显著差异。这说明 FDI 流入带来的环境效应对区域的影响会存在不同，这也是为何不同学者在研究 FDI 环境效应时出现不同结论的原因之一。再则中国各区域之间人口素质、基础建设等方面存在差异，国际资本也会因为其自身的偏好选择不同投资地区和行业，综合影响下，各区域接受的 FDI 对当地制造业绿色技术进步的影响就会存在明显区别，有的区域会产生正面效益，有的区域则相反。另外，FDI 的技术溢出效应会使得各区域获益，因此，各地区应加强对 FDI 流入的规范、引导，加强对流入技术的利用，更好地为地区制造业绿色技术进步服务。

4 中国区域制造业产业结构绿色升级

自新中国成立以来，中国国民经济历经几十年的发展取得了举世瞩目的伟大成绩，中国制造业产业也从战争的废墟中成长起来，不仅成为中国国民经济的支柱，还形成了世界上独一无二的完整工业化体系。在此过程中，制造业产业结构随着中国经济发展的需要不断调整。为更好地适应未来经济的"绿色发展"，制造业产业结构也需要进行绿色升级。制造业产业结构绿色升级需要制造业企业进行绿色转型，技术创新是制造业企业绿色转型的主要动力。因此了解中国区域制造业产业结构升级需要理清中国制造业产业结构变化过程以及技术创新如何推动制造业产业绿色升级。

4.1 中国制造业产业结构的变化

中国制造业产业结构是跟随中国国民经济发展的需求进行变化的，尤其是改革开放后，中国经济实现腾飞，制造业产业得到快速发展，不仅丰富了制造业行业门类，还形成了完善的制造业产业体系，为中国参与下一阶段的世界竞争打下了坚实的基础。因此，了解制造业产业结构的变化，能够更好地理解制造业产业结构绿色升级的理念与意义。

4.1.1 制造业产业结构相关概念

4.1.1.1 制造业

制造是人类区别于其他动物的最基本的能力之一，人类制造工具能力的历史证据可以追溯到两百万至三百万年前。第一次工业革命之后出现了以工厂制度和分工为基础的现代制造组织，这也是工业成为经济发展主要推动力的开始。随着时间的推移，几次工业革命带来全新的技术，不断推动各类制造发展，人们开始对制造业的定义进行归纳。有人认为制造业是一个经济术语，用于制造满足人类需求的商品和服务，其需要通过使用有用的脑力或体力劳动来创造价值（Black et al., 2017）[①]。也有人认为制造业的定义应随时间变化不断扩充，从为人类提供基本生活产品到现在的数字化、智能化高级产品，制造业应有现代制造业与传统制造业的区别（郭庆然，2014）[②]。中国国家统计局则出台了《国民经济行业分类》，其中对制造业的阐述为：经物理变化或化学变化后成为新的产品，不论是动力机械制造或手工制作，也不论产品是批发销售或零售，均视为制造；建筑物中的各种制成品、零部件的生产应视为制造。制造业还包括机电产品的再制造，指将废旧汽车零部件、工程机械、机床等进行专业化修复的批量化生产过程，再制造的产品达到与原有新产品相同的质量和性能。总之，制造业就是通过使用各种工艺和设备等对原材料、中间产品等进行加工制作或对已成型的产品再加工形成新的产品的综合产业。

4.1.1.2　制造业分类

（1）经济行业分类

制造业是由内部各个行业组合而成的总称，包含了参与对原材料或者中间产品的改造、加工等各个环节经济活动的各行业。自第一次工业革命用机器生产替代手工生产开始，世界进入工业化时代，随着工业化的发展，各个细分行业的出现与兴起为人类的生活提供了极大的便利，在中国工业化发展初期，中国还未形成完整的工业体系，制造业还不完全，此时对工业数据进程的归纳统计就还处于初步分级阶段。1953年，我国第一个工业部门分类《工业部门标准分类目录》问世，之后1958年、1965年对工业分类都进行了较大幅度的调整，1972年又再次进行了微调[③]。根据《中国工业经济统计年鉴（1949—1984）》及《中国工业交通能源50年统计资料汇编（1949—1999）》中工业分类，其中共有十五大行业，包括冶金工业、电力工业、煤炭及炼焦工业、石油工业、化学工业、机械工业、建筑材料工业、森林工业、食品工业、纺织工业、缝纫工业、皮革工业、造纸工业、文教艺术用品工业及其他工业，其中除电力工业外的其他行业主要由现今各类制造业行业组成。

改革开放后，人们意识到工业化发展应更加细分化，逐渐将有相同性质的行业进行归纳，从而形成了三次产业。国家统计局向国务院提出的《关于建

---

①　BLACK J T, KOHSER R A. DeGarmo's materials and processes in manufacturing ［M］. John Wiley & Sons, 2017.

②　郭庆然. 中国制造业结构变动研究 ［M］. 北京：人民出版社，2014.

③　涂德服. 关于我国现行工业部门分类问题 ［J］. 财经科学，1981（3）：6-11.

立第三产业统计的报告》（1985 年），由此开启了中国三次产业的划分的历史①。之后，国家统计局根据中国经济实际情况，在 1994 年、2002 年、2012 年及 2017 年对《国民经济行业分类》（原《国民经济行业分类与代码》，2002 年正式更名）进行调整，不断完善我国各类产业划分标准。

在《国民经济行业分类》中，制造业为第二产业中编号为 C 的门类，其中又包含各项细分行业（制造业大类，2 位编码）。随着时间的推移，国民经济行业分类也随之调整，制造业中的细分行业也在发生变化。表 4-1 部分展示了《国民经济行业分类与代码》（GB/T 4754-94）与《国民经济行业分类》（GB/T 4754-2002），在制造业中，1994 年修订后制造业有 29 个细分行业，在《国民经济行业分类》中编码为 13~42；2002 年国家统计局依据当时我国制造业发展情况，按照国际通行的经济活动同质性划分原则，结合《全部经济活动的国际标准产业分类》（ISIC Rev. 3），在制造业中新增行业"废弃资源和废旧材料回收加工业"以反映我国资源再生利用情况②。

表 4-1 制造业分类（1994—2002）

序号	《国民经济行业分类与代码》（GB/T 4754-94）	序号	《国民经济行业分类》（GB/T 4754-2002）
	制造业		制造业
13	食品加工业	13	农副食品加工业
14	食品制造业	14	食品制造业
15	饮料制造业	15	饮料制造业
16	烟草制品业	16	烟草制品业
17	纺织业	17	纺织业
18	服装及其他纤维制造业	18	纺织服装、鞋、帽制造业
19	皮革、毛皮、羽毛（绒）及其制品业	19	皮革、毛皮、羽毛（绒）及其制品业
20	木材加工及木、竹、藤、棕、草制品业	20	木材加工及木、竹、藤、棕、草制品业
21	家具制造业	21	家具制造业

① 国家统计局. 三次产业是怎样划分的 [EB/OL]. [2022-06-15]. http://www.stats.gov.cn/zsk/snapshoot? reference = 8b97f8c223f16ef6eb15c4a92078a77a&index = resource_data&qt =%E5%88%B6%E9%80%A0%E4%B8%9A%E9%97%A8%E7%B1%BB&siteCode = tjzsk.

② 新《国民经济行业分类》国家标准发布实施问答（上）[J]. 北京统计，2002（7）：7-9.

表4-1（续）

序号	《国民经济行业分类与代码》（GB/T 4754-94）	序号	《国民经济行业分类》（GB/T 4754-2002）
22	造纸及纸制品业	22	造纸及纸制品业
23	印刷业和记录媒介的复制	23	印刷业和记录媒介的复制
24	文教体育用品制造业	24	文教体育用品制造业
25	石油加工及炼焦业	25	石油加工、炼焦及核燃料加工业
26	化学原料及化学制品制造业	26	化学原料及化学制品制造业
27	医药制造业	27	医药制造业
28	化学纤维制造业	28	化学纤维制造业
29	橡胶制品业	29	橡胶制品业
30	塑料制品业	30	塑料制品业
31	非金属矿物制品业	31	非金属矿物制品业
32	黑色金属冶炼及压延加工业	32	黑色金属冶炼及压延加工业
33	有色金属冶炼及压延加工业	33	有色金属冶炼及压延加工业
34	金属制品业	34	金属制品业
35	普通机械制造业	35	通用设备制造业
36	专用设备制造业	36	专用设备制造业
37	交通运输设备制造业	37	交通运输设备制造业
39	电气机械及器材制造业	39	电气机械及器材制造业
40	电子及通信设备制造业	40	通信设备、计算机及其他电子设备制造业
41	仪器仪表及文化、办公用机械制造业	41	仪器仪表及文化、办公用机械制造业
42	其他制造业	42	工艺品及其他制造业
		43	废弃资源和废旧材料回收加工业

表 4-2 展示了 2002 年与 2011 年修订后的《国民经济行业分类》（GB/T 4754-2011）中制造业及其细分类。在 2011 年修订后，制造业中部分大类的名称及内部中类和小类进行了再一次的调整，如将"纺织服装、鞋、帽制造业"重新调整后改为"纺织服装、服饰业"；将"橡胶制品业"与"塑料制品业"合并，成为新的"橡胶和塑料制品业"；将"交通运输设备制造业"拆分调整

为"汽车制造业"与"铁路、船舶、航空航天和其他运输设备制造业"等，还将制造业中"金属制品、机械和设备修理业"调整到第三产业。修订后的制造业分类更贴合中国各类行业发展的性质，并且进一步与国际通行的标准接轨。

表 4-2　制造业分类（2002—2011）

序号	《国民经济行业分类》 （GB/T 4754-2002）	序号	《国民经济行业分类》 （GB/T 4754-2011）
	制造业		制造业
13	农副食品加工业	13	农副食品加工业
14	食品制造业	14	食品制造业
15	饮料制造业	15	酒、饮料和精制茶制造业
16	烟草制品业	16	烟草制品业
17	纺织业	17	纺织业
18	纺织服装、鞋、帽制造业	18	纺织服装、服饰业
19	皮革、毛皮、羽毛（绒）及其制品业	19	皮革、毛皮、羽毛及其制品和制鞋业
20	木材加工及木、竹、藤、棕、草制品业	20	木材加工和木、竹、藤、棕、草制品业
21	家具制造业	21	家具制造业
22	造纸及纸制品业	22	造纸和纸制品业
23	印刷业和记录媒介的复制	23	印刷和记录媒介复制业
24	文教体育用品制造业	24	文教、工美、体育和娱乐用品制造业
25	石油加工、炼焦及核燃料加工业	25	石油加工、炼焦和核燃料加工业
26	化学原料及化学制品制造业	26	化学原料和化学制品制造业
27	医药制造业	27	医药制造业
28	化学纤维制造业	28	化学纤维制造业
29	橡胶制品业	29	橡胶和塑料制品业
30	塑料制品业	30	非金属矿物制品业
31	非金属矿物制品业	31	黑色金属冶炼和压延加工业
32	黑色金属冶炼及压延加工业	32	有色金属冶炼和压延加工业

表4-2（续）

序号	《国民经济行业分类》（GB/T 4754-2002）	序号	《国民经济行业分类》（GB/T 4754-2011）
33	有色金属冶炼及压延加工业	33	金属制品业
34	金属制品业	34	通用设备制造业
35	通用设备制造业	35	专用设备制造业
36	专用设备制造业	36	汽车制造业
37	交通运输设备制造业	37	铁路、船舶、航空航天和其他运输设备制造业
39	电气机械及器材制造业	38	电气机械和器材制造业
40	通信设备、计算机及其他电子设备制造业	39	计算机、通信和其他电子设备制造业
41	仪器仪表及文化、办公用机械制造业	40	仪器仪表制造业
42	工艺品及其他制造业	41	其他制造业
43	废弃资源和废旧材料回收加工业	42	废弃资源综合利用业
		43	金属制品、机械和设备修理业

表4-3展示了2011年与2017年修订后的《国民经济行业分类》（GB/T 4754-2017）中的制造业及其细分类。2017年版《国民经济行业分类》是在此前2011版基础上，依据新时期中国经济发展需求，以及"中国制造2025"等战略举措、国家"互联网+"行动计划，并参照联合国《所有经济活动的国际标准产业分类》（ISIC Rev. 4）对国民经济各行业进行了进一步细化和更新。尤其是在制造业中，新增了包括工业机器人制造、特殊作业机器人制造、增材制造装备制造、新能源车整车制造、高铁车组制造、可穿戴智能设备制造、智能车载设备制造、智能无人飞行器制造、服务消费机器人制造等与智能制造、数字制造相关的细分类别，体现了制造业的现代化、智能化[1]。2019年国家统计局对2017版《国民经济分类》进行了部分修改，但就制造业门类而言，仅修改了其中四个小类，对制造业中大类划分来讲影响不大。目前，我国依旧沿用2019年修订后的《国民经济分类》。

---

[1] 国家统计局. 国家统计局副局长鲜祖德就修订《国民经济行业分类》答记者问[EB/OL]. (2017-09-29)[2022-06-15]. http://www.stats.gov.cn/tjsj/sjjd/201709/t20170929_1539276.html.

表 4-3　制造业分类（2011—2017）

序号	《国民经济行业分类》（GB/T 4754—2011）	序号	《国民经济行业分类》（GB/T 4754—2017）
	制造业		制造业
13	农副食品加工业	13	农副食品加工业
14	食品制造业	14	食品制造业
15	酒、饮料和精制茶制造业	15	酒、饮料和精制茶制造业
16	烟草制品业	16	烟草制品业
17	纺织业	17	纺织业
18	纺织服装、服饰业	18	纺织服装、服饰业
19	皮革、毛皮、羽毛及其制品和制鞋业	19	皮革、毛皮、羽毛及其制品和制鞋业
20	木材加工和木、竹、藤、棕、草制品业	20	木材加工和木、竹、藤、棕、草制品业
21	家具制造业	21	家具制造业
22	造纸和纸制品业	22	造纸和纸制品业
23	印刷和记录媒介复制业	23	印刷和记录媒介复制业
24	文教、工美、体育和娱乐用品制造业	24	文教、工美、体育和娱乐用品制造业
25	石油加工、炼焦和核燃料加工业	25	石油、煤炭及其他燃料加工业
26	化学原料和化学制品制造业	26	化学原料和化学制品制造业
27	医药制造业	27	医药制造业
28	化学纤维制造业	28	化学纤维制造业
29	橡胶和塑料制品业	29	橡胶和塑料制品业
30	非金属矿物制品业	30	非金属矿物制品业
31	黑色金属冶炼和压延加工业	31	黑色金属冶炼和压延加工业
32	有色金属冶炼和压延加工业	32	有色金属冶炼和压延加工业
33	金属制品业	33	金属制品业
34	通用设备制造业	34	通用设备制造业
35	专用设备制造业	35	专用设备制造业
36	汽车制造业	36	汽车制造业
37	铁路、船舶、航空航天和其他运输设备制造业	37	铁路、船舶、航空航天和其他运输设备制造业
38	电气机械和器材制造业	38	电气机械和器材制造业

表4-3（续）

序号	《国民经济行业分类》（GB/T 4754-2011）	序号	《国民经济行业分类》（GB/T 4754-2017）
39	计算机、通信其他电子设备制造业	39	计算机、通信和其他电子设备制造业
40	仪器仪表制造业	40	仪器仪表制造业
41	其他制造业	41	其他制造业
42	废弃资源综合利用业	42	废弃资源综合利用业
43	金属制品、机械和设备修理业	43	金属制品、机械和设备修理业

（2）轻重工业分类

我国早期在发展工业建设时，将国内工业各部门按照其生产所需的原材料及产品分为轻工业与重工业两类。根据《中国统计年鉴》中对轻重工业的解释，轻工业一般是指提供生活消费品的工业。按照部门生产原料的差异，轻工业又可以分为两类。一类是以农产品为主要原料的轻工业，包括棉、毛、麻、丝纺织和缝纫，皮革及其制品，纸浆和造纸，食品工业，等等。这类工业主要以农产品为基本原料。另一类是以非农产品为主要原料的轻工业，包括日用金属制品，生活用机械制造，生活用电子和电气机具，日用化工品，化学纤维及其织品，制盐，日用玻璃，日用陶瓷，生活用燃料加工，等等。这些工业行业经重新调整之后，归纳进制造业行业分类。

重工业一般是指生产生产资料的工业，它为国民经济各部门提供物质技术基础。其包括两类。第一类是采掘（伐）工业。该类包括石油开采、煤炭开采、金属矿开采、非金属矿开采和木材采伐工业。第二类是制造工业，是指重工业中的加工工业。该类包括金属冶炼及加工、炼焦及焦炭化学、化工原料、建筑材料等原材料工业，电力、石油和煤炭加工等动力燃料工业，为装备国民经济各部门的机械设备制造工业，以及化肥、农药等农业生产资料工业等。第二类重工业主要由制造业门类中的细分行业组成。

根据《中国统计年鉴》中的定义及相关学者研究[1][2]，本书将2019年修订后的《国民经济分类》中的制造业按照轻重工业分类，具体见表4-4。

① 朱钟棣，李小平. 中国工业行业资本形成、全要素生产率变动及其趋异化：基于分行业面板数据的研究［J］. 世界经济，2005（9）：51-62.

② 郭庆然. 中国制造业结构变动研究［M］. 北京：人民出版社，2014.

表 4-4 制造业轻重工业分类

轻工业	农副食品加工业
	食品制造业
	酒、饮料和精制茶制造业
	烟草制品业
	纺织业
	纺织服装、服饰业
	皮革、毛皮、羽毛及其制品和制鞋业
	木材加工和木、竹、藤、棕、草制品业
	家具制造业
	造纸和纸制品业
	印刷和记录媒介复制业
	文教、工美、体育和娱乐用品制造业
	医药制造业
	化学纤维制造业
	其他制造业
	废弃资源综合利用业
重工业	石油、煤炭及其他燃料加工业
	化学原料和化学制品制造业
	橡胶和塑料制品业
	非金属矿物制品业
	黑色金属冶炼和压延加工业
	有色金属冶炼和压延加工业
	金属制品业
	通用设备制造业
	专用设备制造业
	汽车制造业
	铁路、船舶、航空航天和其他运输设备制造业
	电气机械和器材制造业
	计算机、通信和其他电子设备制造业
	仪器仪表制造业

（3）要素密集度分类

根据产业投入非自然资源类的要素，可以将制造业大致分为三类，即劳动力密集型制造业（labor-intensive manufacturing）、资本密集型制造业（capital-intensive manufacturing）与技术密集型制造业（technology-intensive manufacturing）。

劳动密集型制造业是指生产工业产品需要大量人力的制造业行业。在这些制造业行业中，劳动力成本比资本成本重要得多，并且这类型行业通常不承担较高的固定成本，因此在经济发展中，这类型制造业中的企业能够吸收大量人员就业，为社会稳定提供良好帮助。同时，劳动密集型制造业灵活性较强，对生产制造设备要求往往不如资本密集型与技术密集型制造业的要求高，因此，在经济发展过程中，发展中国家往往更偏向发展劳动密集型制造业。

资本密集型制造业是指需要大量投资来生产产品的制造业行业。这类行业中的企业有较高比例的固定资产，如机器设备、厂房建筑等。资本密集型制造业劳动生产率普遍高于劳动密集型制造业的劳动生产率。资本密集型制造业包括但不限于汽车制造、石油生产和精炼、钢铁生产、电信和运输部门（例如铁路和航空公司）等。这样的特性决定了资本密集型制造业企业投资大、时间长且收益慢，但是资本密集型制造业企业能够带动产业链上下游其他相关产业，有利于整个产业链体系的共同进步和提升。由于资本密集型制造业的特性，与工业分类中重工业的第二类基本契合，由此可以认为，在国家工业化前期甚至中期，资本密集型制造业能得到较多的关注与支持。

技术密集型制造业是指主要生产高、精、尖产品的制造业行业，这类型制造业需要高素质的劳动人员以及足够的资本投入，其产品较为复杂，需要较高的生产技术。这类制造业行业有航空、航天器及设备制造业、电子及通信设备制造业等。技术密集型制造业与资本密集型制造业有相似之处，二者皆需要大量的资本投入，不过资本密集型制造业对于顶尖技术的需求没有技术密集型制造业那么强，对劳动力素质的要求也不及技术密集型制造业。通常情况下，这类制造业产业需要在国家经济和技术水平到达一定程度后才能有较快的发展。

根据上述分析，结合前辈学者对制造业分类的看法①②③，本书将中国制造业细分行业按照要素密集度归纳如表4-5所示。

---

① 袁富华. 中国劳动密集型制造业出口和就业状况分析［J］. 经济理论与经济管理，2007（4）：50-56.

② 王炜，孙蚌珠. 劳动力供需对劳动密集型制造业增长的影响分析：基于1996—2011年的数据［J］. 工业技术经济，2014，33（3）：42-51.

③ 朱轶. 我国劳动密集型制造业的资本深化与就业弹性：基于非线性门限模型的经验研究［J］. 华东经济管理，2020，34（9）：80-90.

表 4-5 按要素密集度的制造业分类

劳动力密集型制造业	农副食品加工业
	食品制造业
	酒、饮料和精制茶制造业
	烟草制品业
	纺织业
	纺织服装、服饰业
	皮革、毛皮、羽毛及其制品和制鞋业
	木材加工和木、竹、藤、棕、草制品业
	家具制造业
	造纸和纸制品业
	印刷和记录媒介复制业
	文教、工美、体育和娱乐用品制造业
	废弃资源综合利用业
资本密集型制造业	石油、煤炭及其他燃料加工业
	化学原料和化学制品制造业
	化学纤维制造业
	橡胶和塑料制品业
	非金属矿物制品业
	黑色金属冶炼和压延加工业
	有色金属冶炼和压延加工业
	金属制品业
	通用设备制造业

表4-5(续)

技术密集型制造业	医药制造业
	专用设备制造业
	汽车制造业
	铁路、船舶、航空航天和其他运输设备制造业
	电气机械和器材制造业
	计算机、通信和其他电子设备制造业
	仪器仪表制造业

（4）R&D 投入强度分类

制造业内涵众多，随着工业技术的不断进步，制造业企业对自身技术实力的重视程度也在逐渐提升。尤其对于技术密集型与资本密集型制造业企业来讲，想要在现今甚至是未来抢占世界市场，把握绝对优势，企业就需要根据自身需求进行研发投入，努力实现技术创新。由此，经济合作与发展组织（OECD）依据 Hatzichronoglou（1997）提出的基于直接研发强度和研发体现在中间产品和投资品上的分类，将国际标准中的制造业各行业分为高技术制造业、中高技术制造业、中等技术制造业与低技术制造业四类。2013 年，中国也根据自身实际情况出台了《高技术产业（制造业）分类》，并在 2017 年对其进行修订。《高技术产业（制造业）分类》中将高技术产业（制造业）定义为国民经济行业中 R&D 投入强度①相对高的制造业行业，包括：医药制造，航空、航天器及设备制造，电子及通信设备制造，计算机及办公设备制造，医疗仪器设备及仪器仪表制造，信息化学品制造六大类。

高技术产业中的六大类是依据2017 版《国民经济行业分类》的制造业中的小类进行梳理、调整归纳的，据此，结合先行国民经济行业分类与国际技术分级标准，本书依据 R&D 投入强度，将制造业 30 个大类分为高技术制造业、中等技术制造业与低技术制造业三类，具体见表 4-6。

---

① 注：R&D 投入强度是指 R&D 经费支出与企业主营业务收入之比。R&D（研究与试验发展）是指为增加知识存量（也包括有关人类、文化和社会的知识）以及设计已有知识的新应用而进行的创造性、系统性工作。——《高技术产业（制造）分类（2013）》。

表 4-6 R&D 投入强度制造业分类

高技术 制造业	医药制造业
	专用设备制造业
	汽车制造业
	铁路、船舶、航空航天和其他运输设备制造业
	电气机械和器材制造业
	计算机、通信和其他电子设备制造业
	仪器仪表制造业
中等技术 制造业	橡胶和塑料制品业
	石油、煤炭及其他燃料加工业
	化学原料和化学制品制造业
	化学纤维制造业
	黑色金属冶炼和压延加工业
	有色金属冶炼和压延加工业
	通用设备制造业
低技术 制造业	农副食品加工业
	食品制造业
	酒、饮料和精制茶制造业
	烟草制品业
	纺织业
	纺织服装、服饰业
	皮革、毛皮、羽毛及其制品和制鞋业
	木材加工和木、竹、藤、棕、草制品业
	家具制造业
	造纸和纸制品业
	印刷和记录媒介复制业
	文教、工美、体育和娱乐用品制造业
	非金属矿物制品业
	金属制品业
	废弃资源综合利用业
	其他制造业

4.1.1.3 制造业产业结构定义及其测度

(1) 制造业产业结构定义

制造业产业结构是根据产业结构的研究延伸而来的。产业结构描述了一个国家经济活动的组成和人类生产的物质供给①。产业结构有多种表示方式，产业结构能够用泰尔指数来表示其合理化水平，并且随着经济发展在产业结构变化过程中的影响越来越大，可以用第三产业与第二产业的比值来衡量产业结构高级化水平，以表示产业结构的升级（干春晖 等，2011）②。由此可见，产业结构多是用于形容经济活动中生产部门比例变动的，主要是国家三次产业之间的变化，我国产业结构主要就是观察农业、工业与服务业这三个主要产业的比例变化。同理，制造业结构就能表示为制造业中各性质相同的行业与其他行业之间在经济活动中的比例变化。

（2）制造业产业结构测度

制造业产业结构测度是对制造业内部各行业发展情况的具体分析，也是对制造业整体发展阶段、水平进行深入分析必不可少的关键环节。与此同时，学者们采用不同方法对制造业产业结构进行测度，并从中延伸出对制造业产业结构升级的研究。

首先，西方学者霍夫曼在1931年提出"霍夫曼系数"来解释工业结构的变化规律与时代发展③。霍夫曼认为工业化可以分为四个阶段，第一阶段工业生产中一般消费品生产应该占主要地位，可以理解为在此时轻工业应占主导地位，此时霍夫曼系数取值为5（±1）；第二阶段工业生产资本品生产得到极大进步，同时一般消费品生产比资本品生产略高，轻工业依旧居主要地位，此时霍夫曼系数为2.5（±1）；第三阶段工业生产中资本品与一般消费品生产量相当，两者之比接近均衡，轻、重工业发展较为均衡，此时霍夫曼系数为1.5（±0.5）；第四阶段工业生产中资本品产量超过一般消费品，重工业发展居主要地位，此时霍夫曼系数取值应小于1（见表4-7）。其计算公式为

$$霍夫曼系数 = \frac{消费资料工业的净产值}{资本资料工业的净产值} = \frac{一般消费品生产净值}{资本品生产净值} \quad (4-1)$$

表4-7 霍夫曼系数阶段划分

工业阶段	霍夫曼系数取值	特征
第一阶段	5（±1）	轻工业为主

① ATIKIAN J. Industrial shift: the structure of the New World economy [M]. Springer, 2013.

② 干春晖，郑若谷，余典范. 中国产业结构变迁对经济增长和波动的影响 [J]. 经济研究，2011，46（5）：4-16，31.

③ HOFFMANN W G. Das Wachstum der deutschen Wirtschaft seit der Mitte des 19. Jahrhunderts [M]. Springer-Verlag, 2013.

表4-7(续)

工业阶段	霍夫曼系数取值	特征
第二阶段	2.5（±1）	重工业得到发展，轻工业依旧居主要地位
第三阶段	1.5（±0.5）	轻重工业发展均衡
第四阶段	小于1	重工业为主

其次，英国学者克拉克（1940）基于三次产业分类提出随经济发展变化而变动的产业结构，三次产业的划分在其研究进展过程中逐渐细化并规范。该观点与英国经济学家威廉·配第（William Petty）的观点相结合，被后世称为配第—克拉克理论，即随着国家经济发展，国家实力的提升及人均国民收入的增加，物资资料等生产要素会从第一产业（农业）流向第二产业（工业），最后流向第三产业。这个理论广泛运用于产业结构变化方面的研究[1][2]。

最后，根据我国的工业部门特点，国内学者提出了有关制造业结构变化测度的相关方法。

一是从重工业化程度来看，国民经济发展过程中，划分轻重工业比划分一般消费品和资本品更容易，并且重工业在国民经济中比例上升更能够体现工业化的发展。公式为

$$重工业化程度 = \frac{重工业总产值}{轻工业总产值} \tag{4-2}$$

二是从工业内部结构变化的角度看，一方面，当工业部门中加工工业增加值高于原料工业增加值时，说明工业内部结构向更高的水平发展；另一方面，当工业部门中加工工业增加值高于基础工业增加值时，说明工业的高工业化程度越深，工业内部结构升级越快。公式为

$$高工业化程度 = \frac{加工工业增加值}{基础工业增加值} \tag{4-3}$$

三是从技术密集型产业发展与技术集约化的角度看，中国要与世界其他国家进行竞争，就需要不断地提升科技水平，产业中技术密集型产业占比越高，越能反映产业结构升级的效果。技术集约化是指技术/资本密集型产业这类技术含量高的产业与劳动密集型这类技术含量较低的产业之比，技术集约化程度

---

① 于刃刚. 配第：克拉克定理评述 [J]. 经济学动态，1996（8）：63-65.
② 桑瑜. 论产业结构演进与产业结构调整：从理论探究到政策引申 [J]. 四川大学学报（哲学社会科学版），2015（5）：130-135.

越高，产业技术含量就越高，相应的产业结构越会显示出高级化[①]。公式为

$$技术集约化程度 = \frac{技术密集型产业增加值 + \beta\,资本密集型产业增加值}{劳动密集型产业增加值 + (1 - \beta)\,资本密集型产业增加值}$$

(4-4)

目前，国内大多数学者对制造业产业结构的测度也是基于以上三种方式，结合经济学理论进行延展，主要有以下三种观察并测度中国制造业产业结构的方式。

第一，基于产业结构变化理论看制造业产业结构及其升级，主要以资源在制造业各部门的分配利用来分析研究，以技术密集型、资本密集型部门的发展取代劳动密集型部门而实现制造业整体的升级。国家工业发展过程中，制造业门类越来越丰富，各种细分行业的出现为工业部门内部要素流动提出了更高的要求，进一步将生产所需资源细化分类，将原本的制造业企业按照其自身特点分为技术型、资本型及劳动富集型，由这些相同类型企业构成的制造业行业就形成了技术密集型制造业、资本密集型制造业与劳动密集型制造业。随着经济的发展，需要更多蕴含高附加值的工业产品，而劳动密集型制造业部门的产品附加值会低于资本密集型制造业部门与技术密集型制造业部门的产品附加值。由此，生产资源会从劳动密集型部门流向资本或技术密集型部门，技术密集型制造业与资本密集型制造业对劳动密集型制造业的"挤出"在一定程度上反映了制造业内部结构的升级。公式为

$$制造业产业结构内部要素分配升级程度 = \frac{技术密集型制造业增加值 + 资本密集型制造业增加值}{劳动密集型制造业增加值}$$

(4-5)

第二，从制造业内部技术发展升级的角度看，即从技术密集型制造业产业发展与制造业技术集约化程度来看，制造业各部门技术含量存在高低之分，有的行业并不需要多高的技术，如纺织业、木材加工业等；有的行业需要一定的技术来改进生产，以提高市场竞争力，如钢铁、冶金等；有的制造业行业本身具有高技术要求，如航天、航空制造、计算机制造等。正如工业内部结构优化那样，以高技术制造业的发展扩大来带领中、低技术制造业的发展实现制造业升级，能够有效地识别制造业内部技术提升带来的结构变化，这适用于国家进入现代化工业发展后，重视制造业技术投入时期。公式为

---

① 邱东，杨仲山. 当代国民经济统计学主流 [M]. 大连：东北财经大学出版社，2004.

$$\frac{制造业产业结构}{内部技术升级程度} = \frac{高技术制造业总产值}{中技术制造业总产值 + 低技术制造业总产值}$$

$$(4-6)$$

第三，考虑到绿色制造的制造业未来发展趋势，主要需要考虑制造业对环境产生的外部效应，需要将制造业各部门生产活动中产生的污染降至最低甚至为零，同时还需要考虑到制造业带来的经济发展、就业等正面效益，这就需要从新的综合角度去衡量制造业产业绿色升级。尤其是在实现建设完善"绿色制造"体系这一长远目标，需要制造业产业结构整体节能减排的同时，发展自身优势，积极产生正向社会效益，扩大自身规模，不断优化、提高生产技术。不过目前国内还没有对制造业产业绿色升级这一指标测度形成系统性标准，这也是本书为相关研究提供的边际贡献之一。具体构建及其测算详见本章4.2小节。

4.1.2　中国制造业产业结构变化阶段

中国近代化开始便遭受了外界不断的干扰与打击，在中国共产党的带领下中国人民历经千辛万苦取得了胜利，建立了中华人民共和国。新中国成立伊始，百废待兴，中国工业基础相比起其他国家实力薄弱。在党和国家的领导与支持下，中国不断稳步地发展工业，制造业也随中国发展不断积蓄自身的能量。中国改革开放后，工业现代化又提升了一大步，工业结构有了明显提升，制造业产业结构也得以优化。随着全球化的不断发展，中国在新发展格局的要求下，在可持续发展理论的指导下，中国制造也需要进一步升级优化。因此，中国制造业产业结构在过去几十年间是如何变化的，对今后绿色制造的发展有重要参考价值。

4.1.2.1　改革开放前制造业产业结构变动（1953—1977 年）

（1）新中国成立初期（1953—1965 年）

根据制造业分类，在此期间制造业门类分类较为粗略，因此为观察在1953—1978 年制造业产业结构的变化，本书将制造业行业分为重工业型制造业与轻工业型制造业①，分别计算其总产值，再观察重工业型制造业与轻工业型制造业总产值之比，即制造业重工业化程度来分析此时间段内的制造业产业结构变化。

---

① 注：重工业型制造业包括冶金工业、煤炭及炼焦工业、石油工业、化学工业、机械工业，轻工业型制造业包括建筑材料工业、森林工业、食品工业、纺织工业、缝纫工业、皮革工业、造纸工业、文教艺术用品工业及其他工业。

由表 4-8 可知，重工业型制造业仅占了制造业总体产值的 26.2%，远低于轻工业型制造业占比，制造业产业结构中轻工业型制造业占主导地位，重工业型制造业与轻工业型制造业之比仅为 35.5%。这主要是由于新中国成立之初，中国工业底子薄弱，还面临国内国际反动势力的威胁，国民经济还没有恢复。在此背景下，中国中央财政委员会试编出按部门和行业划分的《一九五三年至一九五七年计划轮廓（草案）》，也就是后来的"一五"计划。该草案提出要"优先发展重工业"，对钢铁、机械、煤炭、石油、电力、化学、电器制造、轻纺、航空、坦克、汽车、造船等工业提出了具体建设要求。1956 年中国完成了对农业、手工业和资本主义工商业生产资料私有制的社会主义改造，由此拉开了新中国社会主义工业化的序幕。1957 年整个"一五"计划结束时，中国制造业产业有了较大提升，制造业总产值较 1952 年已经增长了 1倍多，重工业型制造业占比也增长至 61.67%，重工业型与轻工业型制造业之比也从"一五"计划刚开始的 39.79%，增长至 62.17%。可见在这一时期中国对重工业，尤其是制造业中冶金工业、石油工业、机械工业等行业的重视，使得重工业型制造业在该时期得以较快发展，制造业结构从"一五"计划开始前以轻工业型为主转为以重工业型制造业为主。

1958—1962 年为"二五"计划时期。"二五"计划继续推进以重工业为中心的工业建设计划。不过在"二五"计划前三年，中国正在经历"大跃进"运动，在该时期中国制造业总产值猛增，1958 年就突破千亿元大关，甚至1960 年制造业重工业化程度达到了 148.09%，重工业型制造业得到极大发展。不过"二五"计划最后没有实现规划中工业增长速度与农业增速分别为"一五"实际增速的 3 倍与 7 倍，主要工农业产品指标要达到 1952 年的 10 倍左右的目标，同时，由于过度重视重工业，导致出现工业总产值增长，农业总产值与轻工业产业总产值减少的不均衡发展的情况。

不均衡的制造业结构对中国国民经济发展产生了负面影响，过度追求重工业发展，过多地投资国防、铁路、钢铁等产业，致使农业生产和轻工业生产受到严重影响。由此 1960 年后国民经济发展开始出现制造业总产值开始下跌的情形。基于国内经济发展的现实情况与工农业发展失调的现实背景，1961 年国家开始重新出台政策调整"大跃进"时期的工业发展计划。党的八届九中全会正式通过对国民经济实行"调整、巩固、充实、提高"的方针，国民经济转入调整的轨道。到"二五"计划结束时，工业总产值占比与制造业总产值都有所下降，资本密集型制造业与劳动密集型制造业总产值差值减少，制造业结构相对之前更为合理，农业总产值占比虽有所回升，但还不能满足当时国民经济的需求。

为进一步调整国民经济发展结构与发展方向，1963 年 9 月 6 日至 27 日，中共中央在北京举行工作会议，讨论农村工作、1964 年国民经济计划等问题，并着重讨论工业发展的方针问题。会议决定将 1963—1965 年定为国民经济调整时期，继续坚持实施八字方针①。在此期间，工农业总产值得以恢复，制造业总产值也重新获得增长，突破千亿元。同时，重工业型制造业总产值占比也在逐渐走高，到 1965 年重工业型制造业总产值占比就又高达 55.62%，制造业重工业化程度也突破 100，达到了 125.34%。这说明在国民经济恢复时期，中国在努力纠正"大跃进"等对国民经济发展带来的伤害的同时，一直没有放弃对工业的持续投资，尤其是重工业型制造业的持续推动。

综合上述分析可知，在我国开始实施五年计划后，一直强调重工业的发展，导致 1953—1960 年，重工业型制造业总产值逐渐走高，制造业重工业化程度一度达到 148.09%。虽然在 1961 年出台相关政策对国民经济发展进行调整，有效地调节了制造业内部产业结构，但制造业重工业化程度依旧高于100%，轻重工业发展极不平衡。可见在该时期，制造业产业结构以重工业型制造业为主导。不过，虽然制造业重工业化程度高，但由于国民经济总量比其他工业化国家低，且农业等其他产业发展得不到足够的资源，使得该时期制造业发展是相对畸形的，产业结构更是存在过度重工业化的问题。

表 4-8　新中国成立初期制造业结构变化

年份	占工农业总产值 /%		制造业总产值 /亿元	重工业型制造业总产值占比/%	轻工业型制造业总产值占比/%	制造业重工业化程度 /%
	农业	工业				
1952	56.9	43.1	330.9	26.20	73.80	35.50
1953	53.1	46.9	432.8	28.47	71.53	39.79
1954	50.9	49.1	496.7	30.10	69.90	43.06
1955	51.8	48.2	526.3	32.93	67.07	49.09
1956	48.7	51.3	675.2	37.77	62.23	60.69
1957	43.3	56.7	673.8	38.33	61.67	62.17

---

① 1963 年 9 月 6 日至 27 日中央在北京举行工作会议，讨论农村工作、1964 年国民经济计划等问题，并着重讨论工业发展的方针问题[EB/OL].[2022-06-17]. http://www.scio.gov.cn/zhzc/6/2/Document/1003799/1003799.htm.

表4-8(续)

年份	占工农业总产值/%		制造业总产值/亿元	重工业型制造业总产值占比/%	轻工业型制造业总产值占比/%	制造业重工业化程度/%
	农业	工业				
1958	34.3	65.7	1 034.2	47.03	52.97	88.79
1959	25.1	74.9	1 425.6	50.73	49.27	102.96
1960	21.8	78.2	1 567.2	59.69	40.31	148.09
1961	34.5	65.5	953.2	54.69	45.31	120.70
1962	38.8	61.2	788.4	52.09	47.91	108.74
1963	39.3	60.7	860.6	52.78	47.22	111.76
1964	38.2	61.8	1 036.8	53.12	46.88	113.29
1965	37.3	62.7	1 298.2	55.62	44.38	125.34

注：（1）数据来源为《中国工业经济统计年鉴（1949—1984）》及《中国工业交通能源50年统计资料汇编（1949—1999）》。其中1952—1957年数据按1952年不变价格计算，1958—1965年数据按1957年不变价格计算。

（2）"文化大革命"时期与改革开放前过渡时期（1966—1977年）。

1966年"三五"计划开始实施，发生了"文化大革命"。最开始运动没有干扰到工业生产，因此1966年工农业总产值还能稳步增长，同时制造业总产值也还能够保持稳定增长。之后在1967—1968年运动范围扩大化，原定的1967年国民经济计划无法执行，1968年年度计划也未制定，对工农业生产也产生了极大影响，妨碍了国民经济的正常发展[1]。也是在此时，制造业总产值开始下滑，重工业型制造业占比由1966年的64.79%，下滑至1968年的59.95%。面对这样的"乱象"，1969年重新召开的全国计划座谈会通过《1969年国民经济计划纲要（草案）》，要求大力加强国防工业、基础工业和大、小三线建设，开始恢复国民经济建设。这一系列措施有力地恢复了被打断的工农业建设，制造业总产值也重新开始增长，资本密集型与劳动密集型制造业之比也超越了1966年的水平，达到了187.08%。接着1970年实施的"四五"计划，继续加强对工业建设的重视，提出集中力量建设"大三线"，狠抓钢铁、军工、基础工业和交通运输的建设，力争在1975年建成部门齐全、工

---

① 建国50年经济社会发展历程的简要回顾[EB/OL].[2022-06-17].http://www.people.com.cn/electric/hh50/3/3_0_a1.html.

农业协调发展的强大的战略后方①。"四五"计划时期,制造业总产值持续增长,说明此时期工业能够按照预期目标发展。不过重工业型制造业在经过"四五"计划前两年快速增长后,自 1972 年至 1978 年其占比稳定在 58% 左右。这反映出"四五"计划后期,国家对工业内部发展结构进行了调整,解决了国民经济发展中存在的"高目标、结构失衡"等问题。

"三五""四五"计划时期结束后,1976 年"文化大革命"运动也结束了。随后,中国国民经济发展进入了改革开放前的过渡时期。1977 年上半年党中央、国务院召开了一系列会议重整企业、恢复和发展经济。中国工业也得到了稳定发展,制造业总产值持续增加,工业占工农业总产值比例也在稳定中略有提升。

从制造业结构看,"三五"时期制造业重工业化程度有过下滑,不过得益于中央的调整政策,到"三五"计划结束时重工业型制造业总产值就已经是轻工业型制造业总产值的 2 倍多。"四五"计划时期制造业重工业化程度在 1971 年达到最高点,约为 262.80%。"四五"计划后期至 1978 年,制造业重工业化程度有所缓解,印证了国家调控生产结构的成果。这与新中国成立以来重视重工业发展紧密相关,且由于此时期各类事件的干扰,加上自然灾害等影响,农业生产受到了严重打击,工农业生产总值比例进一步失调。同时,该时期持续发展重工业,使得制造业中轻重工业生产总值分布大约稳定在 4∶6,制造业结构较为稳定,依旧以重工业型制造业为主。可见在这一阶段制造业产业结构重工业化程度有起伏,在"文化大革命"后期国家调控国民经济生产结构后,重工业化程度有所降低,轻重工业比维持在一定水平上,但工业生产总值与农业生产总值分配不均的问题还是加重了两个部门的不均衡发展。

"文化大革命"时期与徘徊时期制造业结构变化见表 4-9。

表 4-9　"文化大革命"时期与徘徊时期制造业结构变化

年份	占工农业总产值/%		制造业总产值/亿元	重工业型制造业总产值占比/%	轻工业型制造业总产值占比/%	制造业重工业化程度/%
	农业	工业				
1966	35.9	64.1	1 477	64.79	35.21	184.04
1967	40.1	59.9	1 228	61.16	38.84	157.44

---

① 刘戒骄,孙琴. 中国工业化百年回顾与展望:中国共产党的工业化战略 [J]. China Economist, 2021, 16 (5):2-31.

表4-9(续)

年份	占工农业总产值/%		制造业总产值/亿元	重工业型制造业总产值占比/%	轻工业型制造业总产值占比/%	制造业重工业化程度/%
	农业	工业				
1968	41.9	58.1	1 113.5	59.95	40.05	149.66
1969	36.3	63.7	1 544.5	65.17	34.83	187.08
1970	33.7	66.3	2 086.7	68.88	31.12	221.38
1971	31.8	68.2	2 439.1	72.44	27.56	262.80
1972	30.9	69.1	2 450.4	57.80	42.20	136.96
1973	30.9	69.1	2 682.6	57.85	42.15	137.27
1974	31.9	68.1	2 689.1	57.78	42.22	136.86
1975	30.1	69.9	3 094.4	58.84	41.16	142.95
1976	30.4	69.6	3 132.9	58.19	41.81	139.17
1977	28.1	71.9	3 586.9	58.26	41.74	139.56
1978	27.8	72.2	4 069.4	59.21	40.79	145.14

注：数据来源为《中国工业经济统计年鉴（1949—1984）》及《中国工业交通能源50年统计资料汇编（1949—1999）》。其中1966—1970年数据按1957年不变价格计算，1971—1978年数据按1970年不变价格计算。

4.1.2.2 改革开放后制造业产业结构（1979年至今）

在历经新中国成立后26年的恢复和发展，中国制造业获得了极大进步，尤其是重工业型制造业。随着世界政治经济格局的变化，1978年中国召开的党的十一届三中全会做出把党和国家工作中心转移到经济建设上来、实行改革开放的历史性决策，随后中国在国内实施各项改革政策的同时，引进外部资金、技术、人才等资源推动了中国的进一步发展。实践证明，改革开放政策对我国起到了不可忽视的巨大作用。改革开放40多年来，我国经济取得了震惊世界的伟大成绩。我国产业结构随着经济发展不断调整，制造业各产业门类不断丰富，制造业发展方式也从粗放发展到技术引领再到绿色转型，其间制造业结构也随着国家经济发展升级转型而不断调整、优化。制造业作为国民经济的关键产业，其结构的调整优化对经济发展、转型起到了助推作用。由此，了解制造业产业结构的变化，尤其是改革开放后制造业产业结构的变化，对研究绿色制造能起到重要的作用。

（1）工业化快速发展时期（1979—1991 年）

改革开放之初，中国开始调整前期一味重视重工业发展的政策，开始重新调整产业结构。同时我国经济引进外资、技术，着力打造、丰富完善国内制造业体系。不过改革开放初期，我国制造业门类分类依旧沿用前期分类方式，工业统计主要分为十五个工业行业，1984 年起开始有了具体的三次产业分类，制造业也单独列出了细分行业。为统一分析研究制造业产业结构，本书在分析该时期制造业结构时依旧沿用制造业重工业化程度这一指标。

由表 4-10 可见，我国三次产业比由改革开放前 1966 年的 37.59∶37.98∶24.43 发展到 1978 年的 28.10∶48.16∶23.74，第一产业比重下降幅度明显，第二产业比重上升幅度较大，尤其是工业占比上升明显。经过改革开放后的发展，到 1991 年我国三次产业比变为 24.41∶42.02∶33.36，第三产业有了较大的提升，三次产业比较 1978 年时有所改善。制造业重工业化程度也由 1978 年的 145.14% 开始下降，到 1982 年时降至 110.86% 后开始回升，不过 1985—1991 年制造业中重工业化程度较为稳定，在 125% 左右波动。

具体看来，1979—1982 年，国家为调整此前国民经济发展不平衡的状态，开始重新规划各部门发展，党中央于 1979 年 4 月召开工作会议，制定"调整、改革、整顿、提高"的八字方针，开始对国民经济进行调整。调整国民经济发展的首要任务就是调整农业与工业的发展规模，支持农业和轻工业制造业的发展，同时控制重工业发展规模。为此，在农业发展方面，国家在 1979 年出台实施了《中共中央关于加快农业发展若干问题的决定》，鼓励农民积极参加农业生产，提出"农林牧副渔"同时并举的方针，并加大对农业基础设施等方面的投入。1982 年党的十二大提出要继续推进社会主义现代化经济建设，将重点放在解决农业问题，能源、交通问题和教育、科学问题上。在这一时期，第一产业占的 GDP 比重持续上升，在三次产业中的占比得到有效增长。在支持轻工业发展方面，1979 年起国家开始实施"六优先"方针，在原材料和能源供应、银行贷款、技术改造、基本建设、利用外汇和引进技术以及交通运输六个方面优先供给轻工业[①]。轻工业型制造业占比由 1978 年的 40.79%一路提升至 1982 年的 47.42%，这充分体现了国家在这一时期调整经济发展重点部门收到的成效。

接着在 1982 年年底第五届全国人大五次会议通过了《中华人民共和国国民经济和社会发展第六个五年计划》（1981—1985 年），这不仅是改革开放后

---

① 王永祯. 继续实行"六优先"方针，保证轻纺工业持续增长 [J]. 经济管理，1983（7）：3.

第一个五年计划，更是首次将社会发展放入计划中。"六五"计划继续承接调整、改革、整顿、提高的方针，提出要增加符合社会发展的农产品及轻工业产品，并努力调整重工业服务方向与产品结构，为之后中国工业的有序发展提供政策指导①。在"六五"计划期间，工业对国民经济的贡献比例有所下降，制造业中轻工业发展较为稳定，制造业产业结构重工业化程度相较于计划开始前有所降低，说明此时制造业中重工业部门与轻工业部门发展比例趋于均衡。这一方面是由于该时期对国民消费的鼓励，第三产业发展迅速，工业发展主要以内部结构调整为主；另一方面是在改革开放后，出口贸易成为重要的经济增长点，其中工业产品在出口贸易中占重要位置，市场需求驱使制造业重工业生产比例依旧偏高。1986年"七五"计划（1986—1990年）正式获得批准，在"七五"计划中，继续强调调整产业结构，提出要"在继续保持农业全面增长，促进轻工业和重工业稳定发展的前提下，着重改善他们各自的内部结构"②。"七五"计划期间，工业总产值占GDP的比例较为稳定，一直在38%左右。从制造业产业的发展来看，轻重工业部门比例保持稳定，制造业重工业化程度保持在120%~130%，波动不大，制造业产业结构较为稳定，还是以重工业为主导，且该状态延续至1991年。

综合该时期情况看来，中国工业在改革开放后快速发展，经过十多年工业发展结构的调整，工业得到较快速度的发展，到1991年工业总产值已经达到8 087.1亿元，随着国民经济发展的调整，至1991年工业占GDP的比例稳定在38%左右。制造业产业内部轻重工业分布有所变化，制造业重工业化程度比起新中国成立初期有较大改善，并在"六五""七五"计划结束后，制造业中重工业部门与轻工业部门的比值稳定在55：45。这一时期制造业产业结构虽然重工业化依旧明显，但得益于国民经济的调整与发展，其轻工业部门成长迅速，为下一阶段制造业产业结构进一步调整打下了基础。

---

① 中华人民共和国国民经济和社会发展第六个五年计划 [J]. 中华人民共和国国务院公报，1983（9）：307-410.

② 中华人民共和国国民经济和社会发展第七个五年计划（1986—1990）[M]. 北京：人民出版社，1983.

表 4-10　工业化快速发展时期制造业结构变化

年份	第一产业占GDP比例/%	第二产业占GDP比例/%	工业占GDP比例/%	第三产业占GDP比例/%	重工业型制造业总产值占比/%	轻工业型制造业总产值占比/%	制造业重工业化程度/%
1966	37.59	37.98	34.72	24.43	64.79	35.21	184.04
1978	28.10	48.16	44.34	23.74	59.21	40.79	145.14
1979	31.17	47.38	43.82	21.44	58.78	41.22	142.62
1980	30.09	48.52	44.19	21.39	56.25	43.75	128.59
1981	31.80	46.41	42.15	21.84	53.16	46.84	113.47
1982	33.23	44.95	40.78	21.69	52.58	47.42	110.86
1983	32.91	44.42	39.88	22.28	53.73	46.27	116.11
1984	31.85	43.09	38.70	24.56	54.39	45.61	119.27
1985	28.27	43.01	38.37	28.44	54.94	45.06	121.91
1986	27.09	44.04	38.89	28.87	55.06	44.94	122.51
1987	26.80	43.93	38.36	29.33	55.95	44.05	127.00
1988	25.67	44.14	38.72	30.22	55.37	44.63	124.09
1989	24.99	43.02	38.33	31.94	55.53	44.47	124.88
1990	26.98	41.49	36.87	31.26	54.91	45.09	121.80
1991	24.41	42.02	37.33	33.36	55.79	44.21	126.22

注：数据来源为《中国工业经济统计年鉴（1949—1984）》《中国工业经济统计年鉴（1998）》及《中国工业交通能源 50 年统计资料汇编（1949—1999）》。其中制造业数据由本书整理后计算所得。

（2）工业结构进一步调整优化时期（1992—2001 年）

1992 年邓小平南方谈话再次强调了"改革"对解放发展生产力的重要性。同年，党的十四大确定了我国经济体制改革的目标是建立社会主义市场经济体制。由此，翻开了我国经济发展的另一个篇章。面对新的发展目标与国际环境，中国制造业也需要跟上时代的步伐，积极与世界接轨，这就离不开能生产技术含量高、附加值高的制造业企业。

"科学技术是第一生产力"[1]，为弥补建设过程中经济与科技脱节的问题，1985 年党中央做出了《中共中央关于科学技术体制改革的决定》。1996 年国务院又发布了《关于"九五"期间深化科技体制改革的决定》。在这两个政策

---

① 邓小平. 邓小平文选：第 3 卷 [M]. 北京：人民出版社，1993：274.

的带领下，国家科技实力进步迅速，制造业科技水平也得到了极大提升。在此背景下，为突出技术密集型制造业在制造业产业结构变化中的作用，本书将依据R&D投入强度制造业行业的分类，对制造业产业结构进行调整，从制造业内部技术升级的角度，以高技术产业发展来衡量制造业产业结构升级，具体行业分类与计算公式见本章4.1.1小节。

表4-11反映出1992—2001年制造业产业结构技术升级过程。随着国民经济发展，中国GDP逐年增加，平均增速约10.35%，居世界前列。1992年时三次产业比为21.77∶43.92∶34.31，到2001年为15.23∶51.15∶33.62，可见在该时期第二产业得到了较快的增长，其中工业总产值占GDP的比重逐年递增，由1992年的38.61%增长至2001年的44.41%，工业得到进一步发展。从制造业产业结构看，1992年中国制造业中高技术制造业占比为17.89%，中等技术制造业占比为38.85%，低技术制造业占比为43.26%，制造业产业结构技术升级系数为0.22。此时低技术制造业规模在制造业中占主要位置，高技术制造业规模较小，制造业技术含量整体较低，制造业产业结构技术升级程度较低。随着工业经济的发展及工业发展结构的调整，制造业中高技术制造业比例逐渐增加，至2001年，高技术制造业总产值占比已经达到了31.93%，比起1992年增长了14.04%，同时，低技术制造业生产总值占比下降至35.84%，制造业产业结构技术升级程度提升至0.47，制造业内部技术升级程度有明显的提升，制造业产业结构得到有效优化和调整。

具体来看，自邓小平南方谈话后，中国对改革开放有了更深的认识，在党的十四大成功召开后，中国确立了经济体制改革目标，这极大地刺激了国民经济各部门的生产、运作。在此期间，"八五"计划与"九五"计划的顺利实施，进一步推动了工业结构的调整，并对制造业产业结构技术升级产生了显著的正向推动作用。首先，国家开始对工业企业组织结构进行调整。1991年国家选取了55家企业集团进行改革试点，1995年，中国提出"抓大放小"的国有经济改革思路，加快发展"大公司、大企业"，同时对某些行业的小企业通过合并、重组或者淘汰等方式调整工业企业组织结构，在这一战略的指导下，截至2001年年底，我国大中型工业企业资本金总量及营业收入分别占据工业企业总量的一半以上，工业实现大规模发展[①]。制造业企业组织规模也因此得到优化，尤其是1998年后，石油、石化、钢铁等制造业行业纷纷成立了全国

---

① 国家统计局.基普分析之二十三：我国工业结构调整的现状、问题与对策研究[EB/OL].[2022-06-17]. http://www.stats.gov.cn/ztjc/ztfx/decjbdwpc/200308/t20030814_38575.html.

性乃至世界性的大型企业，这对制造业的进一步发展有极大推动作用。其次，利用科技提升工业企业创新能力与产品技术含量，支持中高技术制造业发展。随着改革开放的进一步深入，我国工业产品的出口日益增长，对高技术产品的需求也随之增长，1992年时工业制成品出口金额为679.36亿美元，其中机械、车辆、航空器、计量、检验、医疗或外科用仪器及设备、精密仪器及设备等技术含量较高的产品出口占总出口量的18.9%，到2001年工业制成品出口金额增长至2 398.02亿美元，技术含量较高的产品出口占总出口量比例也增加至38.6%。这些措施进一步优化调整了中国工业结构，同时促使制造业产业结构技术升级获得显著增长，为中国下一阶段的制造业产业结构调整奠定了基础。

表4-11　工业结构进一步调整优化时期制造业产业结构变化

年份	GDP /亿元	第一产业占GDP比值/%	第二产业占GDP比值/%	工业占GDP比值/%	第三产业占GDP比值/%	高技术制造业占比/%	中技术制造业占比/%	低技术制造业占比/%	制造业产业结构技术升级系数
1992	26 638.1	21.77	43.92	38.61	34.31	17.89	38.85	43.26	0.22
1993	34 634.4	19.87	47.43	40.84	32.70	23.85	35.34	40.81	0.31
1994	46 759.4	20.23	47.85	41.40	31.93	23.66	33.28	43.06	0.31
1995	58 478.1	20.51	48.80	42.27	30.69	24.25	33.12	42.64	0.32
1996	67 884.6	20.39	49.51	42.84	30.09	24.97	32.07	42.96	0.33
1997	74 462.6	19.09	49.99	43.53	30.93	26.08	31.48	42.44	0.35
1998	78 345.2	18.57	49.29	42.62	32.13	28.53	30.95	40.53	0.40
1999	82 067.5	17.63	49.42	42.75	32.95	29.75	31.18	39.06	0.42
2000	89 442.2	16.35	50.24	43.66	33.41	30.56	32.60	36.85	0.44
2001	95 933.3	15.23	51.15	44.41	33.62	31.93	32.24	35.84	0.47

注：本表数据为当年现价。数据来源为《中国工业经济统计年鉴（2002）》《中国工业经济统计年鉴（1998）》及《中国工业交通能源50年统计资料汇编（1949—1999）》。其中制造业数据由本书整理后计算所得。

（3）新型工业化发展时期（2002—2016年）

2001年我国成功加入世界贸易组织（WTO），我国进一步融入世界贸易体系。面对来自国际市场的竞争，中国经济发展迎来了新的挑战，中国的工业体系也需要适应新的经济发展阶段，为此，党的十六大提出"走新型工业化道路，大力实施科教兴国战略和可持续发展战略"。新型工业化道路需要改革传统工业结构，要以信息化带动工业化，要大力发展高新技术产业同时兼顾传统产业还要利用好非公有制经济对新型工业化的促进作用①。这就需要进一步重视制造业企业的技术创新能力与其产生的环境效应。

新型工业化快速发展时期包括三个五年规划时期，即"十五"计划（2001—2005 年）、"十一五"规划（2006—2010 年）及"十二五"规划（2011—2015 年），在不同时期制造业产业结构也存在变化（见表4-12）。

"十五"计划明确提出需要继续优化工业产业结构，要"加快转变工业增长方式，围绕增加品种、改善质量、节能降耗、防治污染和提高劳动生产率，鼓励采用高新技术和先进适用技术改造传统产业，带动产业结构优化升级"②。在新型工业化道路提出后的制造业产业分布结构来看，2002 年制造业中高、中、低技术制造业占比分别为 33.14：31.59：35.26，制造业产业结构技术升级系数为 0.5。到 2005 年制造业中高、中、低技术制造业占比分别为 32.01：36.24：31.75，制造业产业结构技术升级系数为 0.47。高技术产业增长率也经历了由高到低的过程，2002 年时高技术制造业产业增长率约为 17.78%，2003 年猛增至 39.67%，之后增速开始降低，不过依旧维持两位数增长。可见在此期间有明显的制造业产业结构升级现象，高技术制造业持续保持正向增长。

"十一五"规划更是进一步明确提出"走新型工业化道路""加强企业自主创新能力"，并且在"保持劳动密集型产业竞争优势"的同时"加快发展高技术产业"。高技术制造业主营业务收入占比 2006 年后有所下滑，在 2009—2010 年略有回升；高技术制造业产业在 2006 年后增长率出现下滑，经过世界性金融危机后也出现快速回升。高技术制造业产业主营业务收入由 2006 年的41 585 亿元增长至 2010 年的 74 483 亿元，年均增长率为 17.23%，增长速度较快。截至 2010 年年底，高、中、低技术制造业占比分别为 31.57：36.16：32.27，制造业产业结构技术升级系数为 0.46。不难看出在此期间，高技术制造业产业发展速度较快，不过制造业中中、低技术制造业产业占比仍旧较高，制造业产业结构技术升级系数在此期间相对稳定，均值约为 0.46。

"十二五"规划明确提出"改造提升制造业""调整产业结构""加强企业技术改造"。其中，还强调制造业的提升需要注意环境保护问题③。2012 年

---

① 江泽民. 全面建设小康社会，开创中国特色社会主义事业新局面：在中国共产党第十六次全国代表大会上的报告［J］. 求是，2002（22）：3-19.

② 中华人民共和国国民经济和社会发展第十个五年计划纲要［J］. 中华人民共和国全国人民代表大会常务委员会公报，2001（3）：182-204.

③ 中华人民共和国国民经济和社会发展第十二个五年规划纲要［N］. 人民日报，2011-03-17（001）.

召开的党的十八大提出了全面建设小康社会"五位一体"总体布局，对经济发展方式的转变以及工业、农业的发展提出了新的要求。在此期间，制造业主营业务收入占全部工业的比例逐年提升，由 2011 年的 86.63% 上升至 2015 年的 89.44%，制造业整体得到进一步发展。虽然高技术制造业产业增长率出现下降趋势，但是高技术制造业产业占比也在慢慢提升，高技术制造业产业规模比起之前进一步扩大。2012 年后制造业产业结构技术升级系数开始走高，至 2015 年制造业产业结构技术升级系数达到了 0.48，2016 年也继续走高，达到 0.5，恢复到 2002 年的水平。制造业内部产业按技术含量分，高、中、低技术制造业占比到 2015 年为 32.37：32.01：35.62，内部产业分布依旧以低技术制造业产业为主，高技术制造业产业还需要继续提升。

表 4-12　新型工业化发展时期制造业产业结构变化①

年份	GDP /亿元	工业增加值与 GDP 之比 /%	制造业占工业主营业务收入之比 /%	高技术制造业占比 /%	中技术制造业占比 /%	低技术制造业占比 /%	制造业产业结构技术升级系数
2002	120 480.4	39.65	84.70	33.14	31.59	35.26	0.50
2003	136 576.3	40.54	86.63	34.20	32.35	33.45	0.52
2004	161 415.4	40.75	86.39	33.18	35.23	31.59	0.50
2005	185 998.9	41.91	86.04	32.01	36.24	31.75	0.47
2006	219 028.5	42.11	86.25	32.08	36.73	31.19	0.47
2007	270 704	41.26	87.03	31.42	37.48	31.10	0.46
2008	321 229.5	41.01	86.55	30.46	37.84	31.69	0.44
2009	347 934.9	39.69	86.98	31.41	35.63	32.96	0.46
2010	410 354.1	40.24	86.89	31.57	36.16	32.27	0.46
2011	483 392.8	40.37	86.63	30.82	36.96	32.22	0.45
2012	537 329	38.88	86.70	30.37	35.86	33.77	0.44
2013	588 141.2	37.80	86.84	30.56	35.17	34.26	0.44
2014	644 380.2	36.19	88.37	31.18	34.14	34.69	0.45

---

① 由于统计指标"工业总产值"与"工业增加值"在 2011 年之后不再提供，为统一标准，本书用制造业各行业的"主营业务收入"变化来观察制造业结构的变动。

表4-12(续)

年份	GDP /亿元	工业 增加值 与GDP 之比 /%	制造业 占工业 主营业务 收入之比 /%	高技术 制造业 占比 /%	中技术 制造业 占比 /%	低技术 制造业 占比 /%	制造业 产业结构 技术升级 系数
2015	685 571.2	34.27	89.44	32.37	32.01	35.62	0.48
2016	746 395.1	32.88	90.40	33.32	31.08	35.60	0.50

注：本表数据为当年现价。数据来源为《中国统计年鉴（2002—2013）》及国家统计局。其中制造业数据由本书整理后计算所得。

新型工业化快速发展时期高技术制造业年增长率变化如图4-1所示。

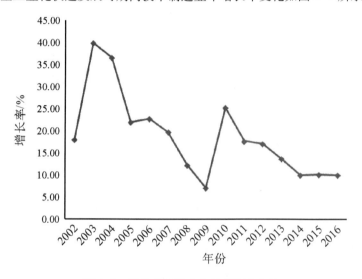

图4-1 高技术制造业年增长率变化①

综合可见，在新型工业化快速发展时期，高技术制造业在整体中的占比相比此前一个阶段有了明显的提升，制造业产业结构技术升级系数也有较好的提升，制造业技术含量提升较快，制造业产业结构得到优化改善。不过受国际经济环境影响，2008—2009年高技术制造业产业增速急速下滑，因而中、低技术制造业主营业务收入占比增加，这一情况直到2010年才开始好转，高技术产业重新恢复两位数增长，虽然"十二五"期间高技术制造业产业增速有下降趋势，但是2015—2016年高技术制造业产业增速较稳定。制造业产业依旧

① 数据来源：《中国高技术产业统计年鉴》（2002—2017年），增长率由本书计算所得。

以低技术制造业产业为主，高技术制造业产业还有待进一步发展提升。

（4）新时代绿色制造发展时期（2017年至今）

中国自改革开放后，重视调整经济发展结构，同时对环境保护问题也越来越重视。1995年，中国首次明确提出可持续发展战略，认为经济发展需要注意对环境的保护与可持续性。2003年"科学发展观"的提出更是进一步强调了经济发展需要全面协调可持续，保持经济建设为中心的同时，兼顾经济发展与人口、资源、环境之间的协调性。2012年"生态文明建设"的提出，再次强调了"坚持节约资源和保护环境的基本国策"，同时提出要"着力推进绿色发展、循环发展、低碳发展"[①]，中国工业向绿色转型迈进。2015年5月发布的《中国制造2025》把全面推行绿色制造作为实现制造强国战略目标的重要内容，制造业绿色转型开始正式步入全民视野。2016年工业和信息化部发布《工业绿色发展规划（2016—2020年）》，提出了"十三五"规划时期中国工业绿色转型的目标与要求，并预期2020年初步建成绿色制造体系。2017年党的十九大提出"加快生态文明体制改革，建设美丽中国"，其中"推进绿色发展"要求"构建市场导向的绿色技术创新体系，发展绿色金融，壮大节能环保产业、清洁生产产业、清洁能源产业"[②]。此后，中国进入新时代发展阶段，制造业也步入了绿色转型发展的新时期。

表4-13可以看出，进入新发展阶段的制造业主营业务收入占全部行业的比例稳定在89%左右，充分展示了制造业作为国民经济支柱产业的地位。高技术制造业产业主营业务收入占比自2017年到2020年逐年增加，高技术制造业产业规模进一步扩大；低技术制造业产业占比在减少。制造业产业结构技术升级系数由2017年的0.53增长至2020年的0.59，制造业技术升级效果初显。同时，从制造业产业废气排放情况看，随着制造业产业的发展，制造业产业的废气排放量也在增长，不过高技术制造业产业废气排放量占比一直很低，进入新时代发展阶段后，高技术制造业产业废气排放量比起之前有所降低（见表4-14）。

综合可见，自2016年以来，中国制造业技术升级效果明显，高技术制造业发展又获得了新的进步，制造业产业结构趋向于高级化。制造业绿色转型初见效果，随着高技术制造业产业规模的持续扩大，制造业产业结构也能继续优

---

① 胡锦涛. 坚定不移沿着中国特色社会主义道路前进 为全面建成小康社会而奋斗 [N]. 人民日报, 2012-11-18（1）.

② 习近平. 决胜全面建成小康社会 夺取新时代中国特色社会主义伟大胜利 [N]. 人民日报, 2017-10-28（1）.

化升级，绿色制造体系也能得到进一步完善。

表 4-13　绿色制造时期制造业产业结构变化

年份	GDP /亿元	工业 增加值 与 GDP 之比 /%	制造业 占工业 主营业务 收入之比 /%	高技术 制造业 占比 /%	中技术 制造业 占比 /%	低技术 制造业 占比 /%	制造业 产业结构 技术升级 系数
2017	832 035.9	33.07	89.98	34.56	31.87	33.57	0.53
2018	919 281.1	32.75	88.73	35.43	33.40	31.17	0.55
2019	986 515.2	31.61	88.40	35.36	33.23	31.41	0.55
2020	1 013 567	30.87	88.74	37.17	32.01	30.82	0.59

注：本表数据为当年现价。数据来源为《中国统计年鉴》（2018—2021）及国家统计局。其中制造业数据由本书整理后计算所得。

表 4-14　主要年份制造业产业废气排放情况

年份	2006	2012	2017	2018	2019	2020
制造业二氧化硫排放量/ 万吨	753.5	9 532 148	3 742 213	3 203 450	2 940 633	1 679 768
制造业占全部二氧化硫排 放量比例/%	36.90	53.68	70.62	71.71	74.38	66.35
高技术制造业产业占制造 业排放量比例/%	2.38	1.86	0.90	0.81	1.45	0.83

注：数据来源为《中国环境统计年鉴》与国家统计局。其中制造业数据由本书整理后计算所得。

4.2　中国制造业产业结构绿色升级的指标构建及其概况

制造业产业结构历经多年变化，逐渐由重工业占主导，过渡到平衡轻重工业比例，改革开放后，国家更加重视科学技术的发展，制造业也走上了依靠技术带领产业升级的转型之路。进入新时代后，制造业产业结构进一步优化，而要实现制造业绿色转型，还需要进一步对制造业内部结构进行解析和测算。

4.2.1　制造业产业结构绿色升级的内涵

在追求经济可持续、健康、绿色发展的今天，中国提出了碳达峰、碳中和

"30·60"目标，这也预示着今后制造业也需要朝着"绿色""低碳"乃至"零碳"的方向发展。同时，制造业结构的升级是寻求一种体系的"深化"，制造业结构的绿色升级既关系到制造业本身的未来长期发展，也关系到中国经济的绿色可持续发展，更加关系到中国能否在新一轮技术革命中抢占先机。因此，结合可持续发展战略、新时代绿色发展理念以及绿色制造等相关内容，本书认为制造业产业绿色升级应当遵循以下三个原则。

首先，制造业产业结构绿色升级指标需要满足经济可持续发展原则。可持续发展不仅涉及经济发展方式，还包含了社会发展与环境保护。进而制造业的可持续发展又包含了三层含义，一是需要在经济发展过程中起支柱作用；二是需要在资源节约、保护环境的前提下发展制造业；三是在以技术进步为动力和满足市场供求为目标的条件下促进制造业的可持续发展[①]。制造业只有先满足可持续发展的要求，实现企业的持续性发展才能为制造业整体结构绿色升级提供有利的基础支持。

其次，制造业产业结构的绿色升级是层层递进的。制造业绿色转型发展不是整个产业一蹴而就的，是制造业各个行业根据自身情况因地制宜，采取不同方式从企业本身经营方式开始实施转型，再传导到所处行业，使得行业实现绿色转型，最终使得整个产业实现绿色转型发展的过程。其中，尤其是传统制造业行业，如钢铁、有色、石油、电力等高能耗、高污染行业的技术升级和节能改造是制造业整体绿色升级的关键所在。

最后，制造业产业结构绿色升级是制造业长期发展方式转变的结果。制造业绿色转型发展不仅指制造业发展方式的"绿化"，还包含了制造业中各个方面的"绿化"，将促进制造业产业结构绿色升级的新发展方式作为制造业可持续发展的最终形态来看，这一长期"绿化"过程既是适应中国经济发展方向的，也是符合世界经济发展主流的。

4.2.2 制造业产业结构绿色升级的指标构建

根据制造业产业绿色升级内涵可知，制造业产业结构绿色升级评价体系是一个综合性的评价体系。该评价体系应涵盖制造业发展的方向、制造业内部结构调整、制造业升级的主要推动力以及其产生的正向社会效益。

首先，指标构建需要考虑到指标的完备性。制造业产业结构绿色升级是以

---

① 李平，王钦，贺俊，等.中国制造业可持续发展指标体系构建及目标预测 [J].中国工业经济，2010（5）：5-15.

制造业内部各行业规模为基础，制造业要扩大生产就需要选择设施完备、供应链条件良好的地区，且高技术制造业产业具有效益高、污染程度低等特点，因此，高技术制造业产业是否能持续性良好经营对制造业绿色转型十分重要。一方面，制造业产业内部结构升级和技术研发投入与产出息息相关。另一方面，直接衡量制造业环境效应的指标，如工业"三废"的产生、二氧化碳排放量等都需要纳入对其绿色转型的考核。

其次，指标需要体现出区域特点。中国制造业产业结构绿色升级不是全域同步的，各个区域存在自身的发展特点，还需要考虑到制造业绿色转型对区域产生的社会效益与能源占用问题，即对当地就业的影响以及能源消耗等因素。

最后，还需要考虑到指标数据的可获得性与完整性。由于区域统计指标的年限、类别等存在细节上的差异，有部分指标存在无法获取或是仅有部分年份、部分地区的情况。为了指标的科学性和可靠性，需要对指标进行筛选，去除缺失严重的指标。

据此，本书结合相关学者的研究认为，制造业产业绿色升级指标应包括总体规模目标、制造业内部结构调整目标、社会效益目标、技术升级目标与可持续发展目标这五个方面的内容。据此，本书对制造业产业绿色升级指标进行构建，指标具体见表4-15。

表4-15　制造业产业结构绿色升级指标

一级指标	二级指标	三级指标	单位	方向
规模目标	制造业产业产品销售规模	规模以上制造企业主营业收入	亿元	正
	高技术制造业持续发展	高技术制造业利润总额	亿元	正
	制造业基础设施建设	制造业固定资产投资	亿元	正
制造业内部结构升级目标	制造业产业结构高级化	$\dfrac{高技术制造业总产值}{低技术制造业总产值} + \dfrac{中等技术制造业总产值}{制造业总产值}$	—	正
社会效益目标	制造业提供工作岗位	制造业年均就业人数	万人	正
技术升级目标	技术创新研发投入	规模以上工业企业R&D投资	亿元	正
		规模以上工业企业R&D人员全时当量	人	正
	技术创新产出	规模以上工业企业发明专利申请数	件	正
		规模以上工业企业新产品项目数	项	正

表4-15(续)

一级指标	二级指标	三级指标	单位	方向
可持续发展目标	能源消耗	工业能源消耗	万吨标准煤	负
	制造业废弃物排放	工业废水排放量	万吨	负
		工业固体废弃物产生量	万吨	负
		工业二氧化硫排放量	万吨	负
		制造业二氧化碳排放量	百万吨	负

4.2.3 制造业产业结构绿色升级的指标测度方法——熵值法

熵值法是较为普遍的指标测度方法之一，它是以各个观测值的具体信息来确定指标的权重。熵是用来度量不确定性的，因此观测值蕴含的信息越丰富，不确定性越小，熵值也就越小，反之亦然。熵值法测度指标的具体步骤如下：

第一步，需要对指标数据进行正向或负向标准化。熵值法需要在计算熵值之前对所选取的指标数据按照其性质进行标准化。式（4-7）（正向指标标准化公式）与式（4-8）（负向指标标准化公式）分别为

$$Z_{ij} = \frac{X_{ij} - \min(X_i)}{\max(X_i) - \min(X_i)} + 0.000\,01 \tag{4-7}$$

$$Z_{ij} = \frac{\max(X_i) - X_{ij}}{\max(X_i) - \min(X_i)} + 0.000\,01 \tag{4-8}$$

式（4-7）、（4-8）中 $i = 1, 2, \cdots, n$；$j = 1, 2, \cdots, m$，Z_{ij} 表示为标准化之后的第 i 个指标的第 j 个数值，X_i 为指标样本，X_{ij} 为第 i 个指标中的第 j 个数值，加上 0.000 01 是为了保证计算结果为非负数。

第二步，求各指标在各时期下的比值，即计算第 j 个数值下第 i 个指标占该指标的比重。

$$p_{ij} = \frac{Z_{ij}}{\sum_{i=1}^{n} Z_{ij}} \quad i = 1, 2, \cdots, n; j = 1, 2, \cdots, m \tag{4-9}$$

第三步，求指标信息熵。

$$E_j = -\ln(n)^{-1} \sum_{i=1}^{n} p_{ij} \ln p_{ij} \tag{4-10}$$

式（4-10）中 E_j 的取值范围在 $[0, 1]$。

第四步，计算第 j 个数值的差异系数。X_{ij} 的差异越大，蕴含的信息量就越大，为此计算差异系数 g_j 数值越大指标权重越高。

$$g_j = 1 - E_j , j = 1, 2, \cdots, m \qquad (4-11)$$

第五步，通过差异系数计算各指标的权重。

$$w_j = \frac{g_j}{\sum_{j=1}^{m} g_j} , j = 1, 2, \cdots, m \qquad (4-12)$$

最后，计算综合得分。

$$S_i = \sum_{j=1}^{m} w_j * p_{ij} \qquad (4-13)$$

4.2.4 中国各区域制造业结构绿色升级概况

制造业产业绿色升级是中国制造业产业未来发展的目标之一。中国幅员辽阔，有些省份由于资源禀赋较好，天然适合发展工业，不过由于早年中国一直偏重重工业投资，导致一些地区虽然工业基础较好，但是制造业转型困难。随着高技术制造业产业规模的扩大，其对中国制造业产业结构升级的作用也在逐渐显现。然而由于中国区域高技术产业发展不均衡，各地区制造业产业技术升级程度也各不相同。制造业产业结构要完成绿色升级还需要依靠内部技术创新能力的提升。另外，制造业产业一直以来的对外界产生的环境效应也是考量制造业产业结构绿色升级的重要部分。为此，本书在对各区域制造业产业本身发展状况进行分析的基础上，对中国各区域制造业产业结构绿色升级的情况进行深入研究，以期为今后的制造业产业结构绿色升级做相应参考。

4.2.4.1 区域制造业产业规模

区域制造业产业结构绿色升级的基础是当地的制造业发展情况，由各区域制造业产业主营业务收入分配来看，东部区域制造业产业规模遥遥领先其他区域，尤其是 2005 年及以前，东部区域制造业产业主营业务收入占比快速上升，至 2005 年达到最高约 74.28%。中西部区域制造业产业规模在早期相差不大，2006 年之后中、西部区域制造业产业规模各自都在逐渐扩大，自 2003 年后中部区域制造业产业规模就与西部区域拉开了差距。中部区域制造业产业规模自 2002 年起一直处于增长状态，增速比起西部区域更快，至 2017 年中部区域制造业产业规模占整体制造业的比例到达迄今为止的最高点，为 25.87%。西部区域制造业产业规模则是自 2002 年就开始下滑，虽然其制造业产业规模在 2005 年又开始正向扩张，但增速缓慢。2015 年制造业产业整体主营业务收入增速同比出现下降，在此情况下西部区域制造业产业凭借自身优势，反而在国内国际市场需求萎缩的情况下增速超过了其他区域，并在之后还能维持增长速度，说明西部区域制造业产业具有良好的可持续发展潜力。东北区域以重工业制造业为主体的制造业产业结构使得其在面对经济高质量发展要求时，存在转型困难，以至于该区域制造业规模占比处于波动下降的状态，在全国制造业主营业务收入中的占比由最初的9%左右降至近年的5%左右（见图4-2）。

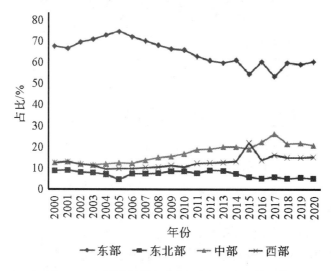

图4-2　各区域制造业主营业务收入占比情况①

　　从各区域高技术制造业产业发展来看，东部区域高技术制造业产业占据了全国高技术制造业产业的绝大部分利润。尤其是在2004年以前除东部区域外，其他区域高技术制造业产业尚待开发。东部区域高技术制造业产业发展速度快、利润收入高主要是由于东部区域自改革开放之后获得的机会较其他区域更多，另外东部区域发展高技术制造业产业有人才、资金、基建方面的优势，因此东部区域高技术制造业产业能够更快地增长。自2005年起其他区域高技术制造业产业盈利开始进入增长期，尤其是中、西部区域高技术产业发展较快，盈利能力持续增长，中部区域高技术制造业产业发展比起西部区域要稍好一些。由于中、西区域高技术制造业的发展，东部区域高技术制造业产业盈利占比处于下降阶段，区域差距有缩小的趋势。不过东北部区域高技术产业的发展一直处于不温不火的状态，其盈利能力一直比其他区域弱，该区域高技术制造业产业盈利占全国整体的比例一直处于4%~5%（见图4-3）。

_____

　　①　数据来源：各省（自治区、直辖市）（除港、澳、台地区）统计年鉴。

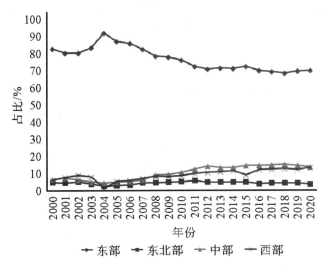

图 4-3　各区域高技术制造业产业利润占比情况①

4.2.4.2　区域制造业产业技术创新能力

区域制造业技术创新能力对当地制造业产业结构优化与产业绿色升级有关键作用。从制造业产业整体对技术创新的投入与产出来讲，规模以上工业企业R&D 经费在逐年增加，这也说明进入新型工业化时期之后，制造业企业对自身研发的投入越来越多，对技术创新越来越重视。规模以上工业企业申请的专利数量也呈现出逐年增长趋势，制造业产业技术创新成果有明显增长。

从区域制造业产业的技术创新投入来看，东部区域制造业企业的 R&D 经费投入占比年平均高达约68%，占据了全国大部分研发经费投入。中部、西部区域制造业企业的 R&D 经费投入占比自 2004 年起逐年上升，不过西部区域增速较慢，与中部区域的差距越拉越大。东北部区域制造业企业的 R&D 经费投入占比则是逐年降低，到 2020 年只占全部制造业产业 R&D 经费投入的约3.2%。专利申请数量在一定程度上能够表示制造业产业的技术研发产出能力，从区域制造业产业的技术创新投入来看，东部区域制造业企业专利申请数量占比年平均高达约73%，比起其他区域来讲占据绝对优势，不过自 2008 年后该区域制造业企业专利申请数量占比还是略有降低，由 2008 年的约 78%降至2020 年约 70%，这也侧面说明其他区域制造业企业技术创新能力的提升。中部区域制造业企业技术创新产出占比逐年增加，制造业专利申请数量也由

---

① 数据来源：《中国高技术产业统计年鉴》。

2004 年的仅 6 367 件增长至 2020 年的 224 409 件，技术创新能力显著提升。西部区域制造业企业技术创新产出 2004—2011 年持续下降，2012 年之后开始增长，这与西部区域制造业规模增长趋势相适应。东北部区域制造业企业技术创新产出趋势与该区域 R&D 经费投入趋势几乎一致，2015 年后专利申请数量占比持续走低，虽然 2019 年开始有所提升，但依旧不及 2015 年以前。

综合来看，东部区域制造业产业技术创新能力最强，无论是制造业企业的 R&D 经费投入还是专利申请数量都遥遥领先其他区域，不过随着中、西部区域制造业企业进一步技术升级，东部区域的绝对优势还是会逐渐减弱。中部区域制造业产业技术创新能力有显著提升，这与中部区域制造业规模的扩展及高技术制造业产业规模增加有关，还得益于国家对中部区域的政策支持。西部区域制造业产业技术创新投入在持续增长，占全国比例也逐渐走高；但从全国看，西部区域制造业产业专利申请占比有增有减，该区域技术创新产出能力还有待提升。东北部区域制造业产业技术创新能力较弱，且该区域制造业企业无论是 R&D 经费投入还是专利申请数量在全国占比还在持续走低，这对该区域未来制造业产业技术升级带来了阻碍（见图 4-4 和图 4-5）。

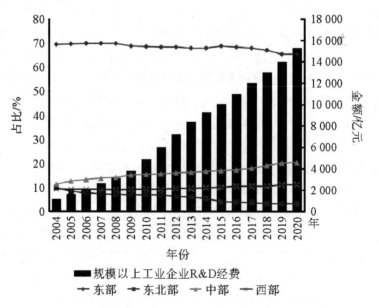

图 4-4　各区域规模以上工业企业 R&D 经费投资情况

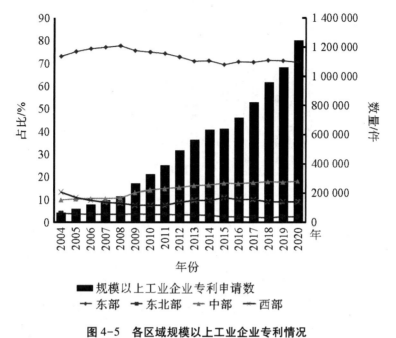

图 4-5　各区域规模以上工业企业专利情况

4.2.4.3　区域制造业产业环境效应

区域制造业产业对环境的影响既直接关系到各区域对制造业产业结构调整的政策施行，也关系到制造业产业绿色转型的急迫性与产业布局。

从工业废水的排放情况看，整体上废水总排放量呈现出由多到少的趋势，2016 年以来工业废水排放量显著减少，工业排污得到有效控制。从各区域情况看，东部区域排放废水量在 2015 年之前占全国的一半左右，2015 年之后开始增速至将近 60%。中、西部区域废水排放量占比相差不大，各自占 20% 左右。中部区域在经过一段时期排放量增长之后（2009—2015 年）又开始减少了废水排放量，西部区域在 2008 年后废水排放量占比开始波动降低，到 2019 年占比约为 18%。东北部区域废水排放量占比最低，该区废水排放占比由 2000 年开始缓慢下降，虽然 2011 年有所增长，但是 2015 年该区域工业废水排放占比又开始下降，至 2019 年仅占全国约 4.7%（见图 4-6）。

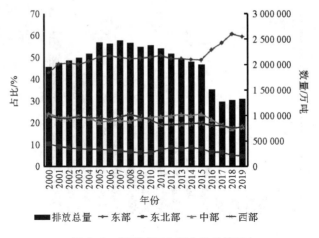

图 4-6　各区域工业废水排放情况

工业废气（SO₂）排放在进入新型工业化发展时期后快速增长，在 2016 年后总量急速降低，并持续减少。从区域情况看，西部区域的工业废气排放量占全国排放量的比例在 2003 年后一直居第一位。东部区域则是自 2003 年后出现工业废气排放量占比持续走低的情况，中部区域工业废气排放量占比在 2000 年以后都维持在一定水平，没有明显的增减趋势。东北部区域工业废气排放量占比 2003 年后出现缓慢走高的现象。可见各区域工业废气排放量的差异较为明显，西部地区废气排放量较高，东北区域与西部区域在 2016 年后还出现工业废气排放量上升的现象（见图 4-7）。

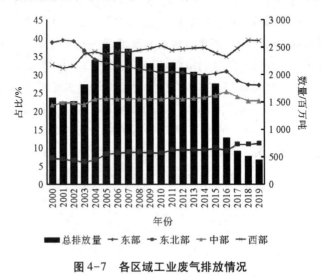

图 4-7　各区域工业废气排放情况

一般工业固体废物产生量整体上看呈现出逐年增长的趋势。从区域情况看，2010 年以前东部区域工业废弃物排放占比较高，2010 年后工业废弃物排放占比开始下降，2016 年以后其占比甚至低于中部区域。西部区域工业废弃物排放量占比整体上逐年上升的趋势，2010 年后西部区域工业废弃物排放占比反超东部区域居第一位。中部区域工业废弃物排放量占比较为平稳，没有出现特别波动趋势。东北部区域工业废弃物排放量占比 2016 年后下降明显（见图 4-8）。

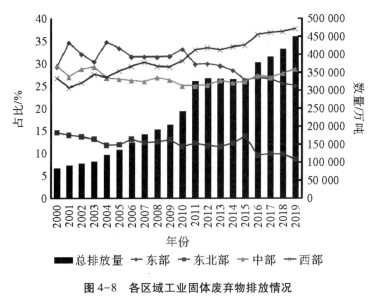

图 4-8　各区域工业固体废弃物排放情况

制造业二氧化碳（CO_2）排放量整体上看呈现出逐年增长的趋势，虽然 2015 年后略有减少，但 2019 年又重新出现增长。从区域情况看，东部区域 CO_2 排放量一直居全国最高，虽然中间有过下降趋势（2005—2017 年），但近两年又出现增长。中部区域 CO_2 排放量呈现波动下降的趋势，至 2019 年中部区域 CO_2 排放量占整体排放量的比例约为 21.47%。东北部区域 CO_2 排放量占比一直以来较为稳定，年平均占比约为 10%（见图 4-9）。

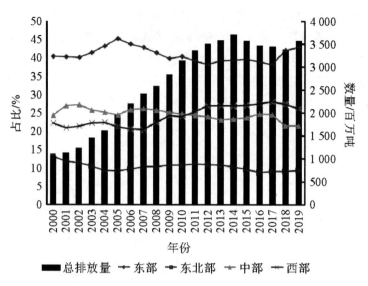

图 4-9 各区域制造业 CO₂ 排放情况

综合看来，制造业产业进入新时代发展阶段后，制造业产业对环境的废气、废水污染效应有明显降低，制造业产生的固体废弃物与二氧化碳对环境的影响还在持续增长。东部区域由于自身制造业产业规模较大，在控制工业污染物排放与制造业二氧化碳排放方面比其他区域难度更大，不过得益于近年来东部区域产业结构调整，制造业产业升级之后固体废弃物产生有明显的减少。中部区域由于其制造业产业规模、区域资源禀赋等特点，制造业产业对环境污染的压力没有明显降低，不过由于近年来中部区域高技术制造业产业规模的增长，制造业产业结构的优化，其工业废水、废气与 CO₂ 排放量都有下降的趋势，未来随着绿色制造战略的推进，中部区域制造业产业环境污染效应有进一步优化的空间。西部区域随着其战略地位的提升，制造业产业规模的扩张，该区域制造业产业产生的环境污染压力也在增大，对其今后制造业产业结构绿色转型有较大的阻碍。东北部区域制造业产业排放污染物占比来讲属于全国最低，不过该区域制造业产业对环境的影响依旧存在明显的负面效应，其制造业产业结构绿色转型依旧存在不小的困难。

4.2.4.4 区域制造业产业结构绿色升级

区域制造业产业结构绿色升级是区域制造业产业绿色转型的主要目的，在此利用本书 4.2.2 节构造区域增长产业结构绿色升级指标，对区域制造业产业结构绿色升级进行分析。数据来源为《中国科技统计年鉴》、《中国高技术产业统计年鉴》、《中国环境统计年鉴》、《中国能源统计年鉴》、《中国统计年鉴》、国家统计局网站及各省市自治区统计年鉴，考虑到数据完整性，本书在此仅测算了30个省份2004—2019年的制造业产业结构绿色升级水平①。缺失值由线性插值法补充，经济类数据均以2000年为基础进行平减。

图4-10展示了各区域平均制造业产业结构绿色升级水平。东部区域平均综合得分最高，说明东部区域制造业产业结构绿色升级水平比起其他区域情况更优；不过东部地区制造业产业结构绿色升级水平有逐渐下降的趋势。中部区域平均综合得分基本维持在0.2左右，中部区域制造业产业结构绿色升级水平出现下降→逐渐上升→稳定浮动的现象，在2008年之前中部区域制造业产业结构绿色升级水平低于东北部地区，之后便逐渐稳居中国第二。西部区域平均综合得分基本维持在0.13~0.14，除2015—2017年西部区域制造业产业结构绿色升级水平与东北部区域相当外，西部区域制造业产业结构绿色升级水平一直低于其他区域。东北部区域制造业产业结构绿色升级水平呈逐渐下降趋势，早期还能居第二位，随着时间推移，慢慢下降至与西部区域相当的位置。

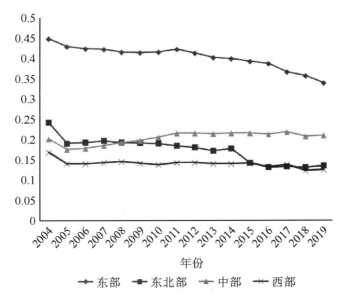

图4-10 各区域制造业产业结构绿色升级情况

从东部区域内各省份情况看，综合得分最高的是广东、江苏、山东与浙江，最低则是海南。上海、北京、天津与福建四个地区制造业产业绿色升级水平居中。可见东部区域中，广东、江苏与浙江制造业产业绿色升级水平>直辖

---

① 不包含西藏自治区及港、澳、台地区。

市>其他省份。从地区制造业产业绿色升级水平的发展趋势上看，广东省虽然制造业产业绿色升级水平高于其他地区，但其制造业产业绿色升级水平一直处于波动状态，没有明显的增长趋势，该地区制造业产业绿色升级水平在2009—2012年一直处于下降状态，之后又快速上升，并保持在较高水平。在两次较大世界性经济危机期间该区域制造业产业结构绿色升级水平受较大影响，说明该地区制造业产业结构绿色升级水平对对外贸易的依赖性较高。江苏制造业产业绿色升级水平较高，这与江苏高技术制造业产业发展有关，再加上近年来江苏加快实施各项"节能减排"措施，使得2012—2021年江苏省单位地区生产总值能耗累计下降38%，规模以上工业单位增加值能耗累计下降50%，江苏制造业产业绿色升级水平提升明显。浙江高技术制造业产业发展与绿色制造各项政策措施的施行促使其制造业产业结构绿色升级水平相较东部其他地区也较高。山东制造业产业绿色升级水平在2017年之前与浙江相当，不过2018年开始快速下降，这与山东地区这段时期制造业产业规模缩小、高技术产业营收欠佳有关。而北京、天津及上海制造业产业结构绿色升级水平相差不大，且有走低趋势。福建、河北及海南制造业产业结构绿色升级水平保持相对平稳的发展水平，只是河北和海南受限于当地制造业产业基础条件，制造业产业结构绿色升级水平相对较低（见图4-11）。

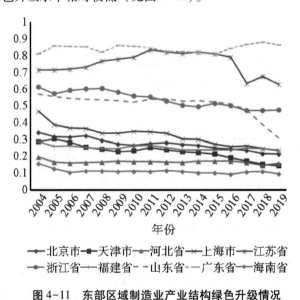

图4-11 东部区域制造业产业结构绿色升级情况

东北部区域三个省份的制造业产业结构绿色升级水平综合得分都较低，其中黑龙江制造业产业结构绿色升级水平最低。吉林制造业产业结构绿色升级水平在其中一直保持较高的水平，虽然在 2015 年有过下降，但之后保持平稳甚至出现增长。东北三省制造业产业结构绿色升级水平在 2018 年之后都出现了上升的态势，这说明东北部区域在制造业绿色转型相关政策的实施有利地推动了当地制造业产业结构的绿色升级（见图 4-12）。

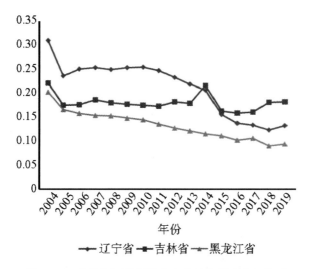

图 4-12　东北部区域制造业产业结构绿色升级情况

中部区域河南制造业产业结构绿色升级水平保持了较高的水平，该地区制造业产业结构绿色升级水平 2005—2017 年一直保持增长，虽然 2018 年有所回落，但依旧处于中部区域的较高水平。湖北制造业产业结构绿色升级水平在 2007—2011 年处于快速增长期，此时其仅次于河南，之后开始下降，被安徽超过。安徽制造业产业结构绿色升级水平处于逐年增长的状态，说明安徽制造业产业结构在向着绿色转型方面持续努力。江西制造业产业结构绿色升级水平与安徽发展趋势相似，不过江西的制造业发展综合情况不如其他地区，制造业产业结构绿色升级水平综合得分虽然持续增长，但得分不高，截至 2019 年年底刚刚超过 0.2。湖南制造业产业结构绿色升级水平在 2011 年之前与安徽发展趋势一致，都是持续增长，不过 2011 年之后出现下降趋势，近两年才开始重新增长。山西制造业产业结构绿色升级水平为中部区域最低，且有持续下降的趋势，这与其当地制造业产业布局多是重工业制造业企业有关，再加上山西是资源大省，对于自然资源的依赖程度高，制造业产业绿色转型难度大（见图 4-13）。

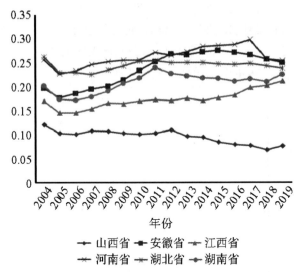

图4-13 中部区域制造业产业结构绿色升级情况

西部区域包含的省份最多，地区制造业产业结构绿色升级水平呈现明显的两级差异。重庆、四川及陕西三个地区制造业产业结构绿色升级水平明显高于其他地区，而其他地区制造业产业结构绿色升级水平差别不大。广西制造业产业结构绿色升级水平在2010年后快速发展，成为西部区域中制造业产业结构绿色升级水平较高的区域。内蒙古制造业产业结构绿色升级水平处于西部区域中最低的水平，且从2014年后有下降趋势，不过2018年后又开始增长。其他地区，即贵州、云南、青海、甘肃、宁夏及新疆制造业产业结构绿色升级水平差异不明显，且这些区域制造业产业结构绿色升级水平变化趋势几乎一致（见图4-14）。

综合来看，区域制造业产业结构绿色升级水平东部区域最高，中部区域在逐渐崛起，东北部区域有下降可能，西部区域则是几乎稳定发展。从地区差异来看，广东、江苏、山东及浙江的制造业产业结构绿色升级水平高于其他地区，内蒙古、山西、黑龙江、新疆等地区制造业产业绿色升级水平在全国居倒数；河南、安徽、重庆等地区后来居上，自2015年后地区制造业产业绿色升级水平超过了大多数地区，得到显著提升。可见东部沿海地区的制造业产业绿色升级水平高于其他内陆地区，以资源型产业为主的地区制造业产业绿色升级水平较低，中部区域地区制造业产业绿色升级水平综合来看未来增长潜力较大，尤其是河南与安徽。

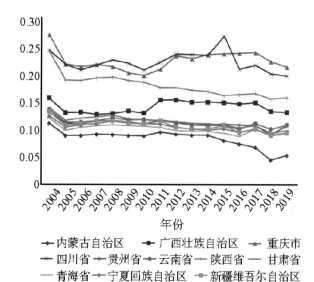

图 4-14　西部区域制造业产业结构绿色升级情况

4.3　技术创新与制造业产业结构绿色升级的关系

中国早在 20 世纪 80 年代就已经将"加强环境保护，制止环境污染的进一步发展"写入国民经济发展计划。中国也一直在强调"科学技术是第一生产力"。改革开放后，随着科技的发展，制造业产业结构也从最初重点发展重工业产业，慢慢到利用先进科学技术提升制造业产业技术含量，进行了制造业产业结构调整，实现了制造业产业结构技术升级。随着"绿色制造"战略的提出，"30·60"碳中和目标的制定都要求制造业产业结构实现绿色升级。制造业产业绿色升级与国家、区域的技术创新能力密不可分，因此探寻技术创新对制造业产业绿色升级的影响有着现实意义。

4.3.1　相关研究基础

4.3.1.1　技术创新定义

熊彼得（Joseph Schumpeter）最早提出"创新"概念，他在《商业周期》（Business Cycles）一书中通过生产函数来定义创新。不过，熊彼得对创新的解释中包含的概念过于广泛，譬如说他认为创新在于生产同一种生产资料生产过的同一种产品，同时过程中存在一些细微的不同之处①。有学者认为"创新"是来自工业企业自身增加竞争力的需求，是追求企业利润、扩大规模等过程中产生的"新"创造②。Solow（1957）使用"技术变革"作为生产函数中任何类型转变的简写表达。他认为放缓、加速劳动力教育的改善以及各种事情都将表现为"技术变革"③。之后还有众多学者对"技术创新"提出了自己的看法，Mueser（1985）对之前学者们的观点进行了整理，认为"技术创新"的共同定义是：经过一段时间后，能够转化成功且实用的一个新想法或者一个不连续的技术项目④⑤。国内学者傅家骥（1998）从企业角度对技术创新进行定义，他认为技术创新是企业家以盈利为目的，提升企业竞争力而进行的改进生产技术、产出新产品、开辟新市场等一些活动的综合过程⑥。1999年，中共中央、国务院发布《关于加强技术创新，发展高科技，实现产业化的决定》，其中对技术创新的定义是："技术创新，是指企业应用创新的知识和新技术、新工艺，采用新的生产方式和经营管理模式，提高产品质量，开发生产新的产品，提供新的服务，占据市场并实现市场价值"⑦。唐未兵等（2014）认为技术创新只有最终形成可实现的物品，如新产品、新材料等，才能实现企业生产技术的提升⑧。

综合国内外学者的观点，本书对技术创新的定义为：企业为获得更多市场竞争力进行的新产品、新系统、新程序的设计、生产，采用更高效的管理、运营模式，与其他企业合作开发新产品、新工艺，开拓海外新市场等一系列活动。

4.3.1.2 技术创新对制造业产业结构绿色升级的影响作用

制造业在国民经济中的地位举足轻重，且制造业产业体系构成复杂，制造

---

① SCHUMPETER J A. Business cycles ［M］. New York：Mcgraw-hill, 1939.

② SOLO C S. Innovation in the capitalist process：a critique of the Schumpeterian theory ［J］. The quarterly journal of economics, 1951：417-428.

③ SOLOW R M. Technical change and the aggregate production function ［J］. The review of economics and statistics, 1957：312-320.

④ MUESER R. Identifying technical innovations ［J］. IEEE Transactions on engineering management, 1985（4）：158-176.

⑤ 注：该句原文为"A new idea, a discontinuous technical event that, after a period of time, is developed to the point where it is practical and successfully used."

⑥ 傅家骥. 技术创新学［M］. 北京：清华大学出版社, 1998.

⑦ 中共中央 国务院关于加强技术创新，发展高科技，实现产业化的决定［J］. 中华人民共和国国务院公报, 1999（31）：1350-1359.

⑧ 唐未兵，傅元海，王展祥. 技术创新、技术引进与经济增长方式转变［J］. 经济研究, 2014, 49（7）：31-43.

业产业结构绿色升级也就具有复杂程度高、时间长、见效慢的特点。各区域制造业产业发展各具特点，使得研究制造业产业结构绿色升级时需要考虑诸多因素。制造业产业结构技术升级的主要特点在于低技术制造业产业规模有节制地缩小，中技术制造业产业规模稳定发展，高技术制造业产业规模能够得到持续扩展。高技术制造业产业同时具有技术含量高、附加值高、污染程度低的特点，为此制造业产业绿色升级与高技术制造业产业的发展有紧密的联系，加之高技术制造业产业对技术创新的投入和需求大，因而技术创新能够对制造业产业结构绿色升级产生影响。基于此，本书将进一步探究技术创新究竟会对制造业产业结构绿色升级产生什么影响。

（1）技术创新推动制造业产业结构绿色升级

创新过程本身必然会影响产业结构并塑造其转型[①]。根据内生增长理论，多数学者认为技术创新主要来自知识溢出及外部性，外部性会引起地区经济规模报酬递增，提升地区生产率（Greunz，2004）[②]。Hunt（2004）通过实证发现积极参与研发的公司数量是衡量一个行业进步速度的主要决定因素[③]。Antonelli（2006）认为在一般生产函数中，技术变革能够影响产业动态，进而影响经济结构[④]。Malerba（2007）通过梳理创新与产业动态之间的关系，发现创新对产业结构的影响主要是通过高新技术企业的加入及技术落后企业退出、市场结构调整以及大学、风险投资和其他非公司组织以及机构作为行业技术变革的主要推动者发挥的作用[⑤]。同时，我国学者王秋克（1989）在探究我国产业结构升级机制时认为，技术创新是产业结构升级的根本动力[⑥]。姜泽华和白艳（2006）认为科技进步不仅能促使新产业诞生，而且能推动传统产业变革进而促进产业结构的升级[⑦]。李杰（2009）在对比日韩产业结构演进过程后，得出

---

① DOSI G. Technological paradigms and technological trajectories: a suggested interpretation of the determinants and directions of technical change [J]. Research policy, 1982, 11 (3): 147-162.

② GREUNZ L. Industrial structure and innovation-evidence from European regions [J]. Journal of evolutionary economics, 2004, 14 (5): 563-592.

③ HUNT R M. Patentability, industry structure, and innovation [J]. The journal of industrial economics, 2004, 52 (3): 401-425.

④ ANTONELLI C. Localized technological change and factor markets: constraints and inducements to innovation [J]. Structural change and economic dynamics, 2006, 17 (2): 224-247.

⑤ MALERBA F. Innovation and the dynamics and evolution of industries: progress and challenges [J]. International journal of industrial organization, 2007, 25 (4): 675-699.

⑥ 王秋克. 我国产业结构演进机制的探讨 [J]. 辽宁大学学报（哲学社会科学版），1989 (2): 48-51.

⑦ 姜泽华，白艳. 产业结构升级的内涵与影响因素分析 [J]. 当代经济研究，2006 (10): 53-56.

技术创新能够推动产业结构升级的结论①。

　　制造业产业结构升级是制造业内部行业的重组、调整和创新，制造业产业结构调整依旧要靠技术创新的推动。制造业企业想要获得更高的利润，就需要平衡企业成本、产品质量以及同行竞争。一方面，制造业企业面对生产中要素价格上涨时，最优的方式便是改进生产技术，降低对该生产要素的依赖②。另一方面，技术升级推动了高技术制造业产业的发展，对制造业企业高技术化起到了直接促进作用。季良玉（2018）通过实证方式验证了技术创新有助于制造业产业结构高级化③。

　　在世界经济发展绿色转型的大背景下，中国制造业企业要抢占先机，获得更多的市场竞争力，就需要利用先进绿色低碳技术升级制造业产业，并且在制造业产业结构绿色升级的同时降低制造业对环境的负效应。Porter 和 Van（1995）认为世界经济发展将会增加对低碳环保产品的需求④，需求的增加势必会促使制造业企业以此为导向进行生产满足市场需求，促使制造业低碳环保型产业扩大，从而推动制造业产业结构绿色升级。Brunnermeier 和 Cohen（2003）通过对美国制造业环境创新与制造业减排压力进行研究发现，在制造业减排的过程中会使得制造业绿色专利数量增加⑤，这能有效地提高制造业产业结构的绿色升级水平。有学者对中国实际情况进行研究，并通过实证发现技术创新能够在保护环境的前提下有效地推动产业结构升级（Wang et al., 2020)⑥。

　　综合上述分析，本书认为技术创新是推动制造业产业结构绿色升级的主要动力，其对制造业产业结构绿色升级起作用主要通过以下三种方式。①需求角度：国家经济绿色低碳转型以及世界各国对环境保护的重视，尤其是"碳关税""绿色许可证"等商品准入标准的出现，都在要求中国制造业企业进行生

---

① 李杰. 产业结构演进的一般规律及国际经验比较 [J]. 经济问题，2009 (6)：31-34.

② HICKS J R. Some questions of time in economics [J]. Evolution, welfare and time in economics, 1976: 135-51.

③ 季良玉. 技术创新对中国制造业产业结构升级的影响：基于融资约束的调节作用 [J]. 技术经济，2018, 37 (11)：30-36.

④ PORTER M E, VAN DER LINDE C. Toward a new conception of the environment - competitiveness relationship [J]. Journal of economic perspectives, 1995, 9 (4)：97-118.

⑤ BRUNNERMEIER S B, COHEN M A. Determinants of environmental innovation in US manufacturing industries [J]. Journal of environmental economics and management, 2003, 45 (2)：278-293.

⑥ WANG G, LIU S. Is technological innovation the effective way to achieve the "double dividend" of environmental protection and industrial upgrading?　[J]. Environmental science and pollution research, 2020, 27 (15)：18541-18556.

产技术变革，只有企业采用低碳、绿色的生产、销售技术才能继续获得更多的市场竞争力，这对企业的持续经营至关重要。由此，技术创新，尤其是其绿色技术创新能够使得制造业产业逐渐过渡到绿色制造产业，从而提升制造业产业结构的绿色水平。②供给角度：制造业产业发展需要诸多资源要素的供给，如劳动力资源、自然资源、资金资源等。制造业产业结构的绿色升级需要来自外部的资源支持，不仅是高素质的劳动力，还需要外部的技术支持，尤其是来自专门的研究机构、大学的高技术。充足的技术资源能够长期作用于制造业产业绿色发展，有效地提升制造业产业结构绿色升级水平。③政策角度：政府制定的政策在制造业产业结构绿色升级的过程中起到指导性的作用，国家对技术创新的各项政策支持能够间接推动创新主体——企业的技术创新的积极性，从而起到促进企业绿色转型的效果，进而促使制造业产业实现绿色升级。

（2）技术创新对制造业产业结构绿色升级存在空间效应

首先，地区技术创新能够影响周边其他区域的技术创新，因而大多数研究都认为技术创新存在区域溢出效应。有学者认为地理位置可以促进创新的产生并产生更高的技术进步率和经济增长率（Krugman，1992）[1]。有学者研究发现地区科学的活动具有溢出效应，这有助于提高创新率、增加创业活动和提高周围地区内的生产力（Feldman，1999）[2]。近年来有学者通过研究发现中国技术创新对产业结构升级的影响存在空间溢出效应（郑威 等，2019）[3]。其次，制造业产业绿色升级存在区域间的空间关系。近年来有学者从工业用地布局角度来探讨中心城市进入工业4.0后的城市产业布局，认为今后北上广等中心城市会以创新型产业布局打造产—学—研与生活娱乐一体的新型产业结构（曾堃等，2017）[4]；有学者应用空间经济学对制造业等产业转移进行研究，认为地区间经济发展不平衡会引发地区间的产业转移，使产业转入地区得到更好的发展（毛琦梁 等，2017）[5]；有学者认为制造业的升级会引起城市产业及相关区

① KRUGMAN P. Geography and trade [M]. MIT press, 1992.

② FELDMAN M P. The new economics of innovation, spillovers and agglomeration: a review of empirical studies [J]. Economics of innovation and new technology, 1999, 8 (1-2): 5-25.

③ 郑威，陆远权. 创新驱动对产业结构升级的溢出效应及其衰减边界 [J]. 科学学与科学技术管理，2019，40 (9): 75-87.

④ 曾堃，刘松龄，俞敏. 广州零散工业用地调整策略研究：基于创新型产业发展视角 [J]. 城市规划，2017，41 (10): 60-67.

⑤ 毛琦梁，王菲. 区域非均衡发展与产业转移的内生机制研究 [J]. 生态经济，2017，33 (11): 73-81.

域的空间重组（王金杰 等，2018）[①]。最后，技术创新能够通过推动本地区制造业产业结构绿色升级对其他地区的制造业产业结构绿色升级也产生溢出效应。技术创新本身的溢出效应可以对其他区域的制造业技术升级产生影响，从而影响周围区域的制造业产业结构，从而本地区的技术创新对其他区域制造业产业结构绿色升级产生空间上的影响。

4.3.2 模型设定

根据本书 4.3.1 节对技术创新与制造业产业结构绿色升级之间影响关系的分析，本书在此构建空间面板模型来研究技术创新对制造业产业结构绿色升级的影响。模型设定如下：

SAR：

$$\text{gstr}_{it} = \alpha_t + \rho W\text{gstr}_{it} + \beta_1 T_{it} + \beta_2 \text{lnfid}_{it} + \beta_3 \text{ex}_{it}$$
$$+ \beta_4 \text{NRA}_{it} + \beta_5 \text{lnpm2.5}_{it} + _6\text{gov}_{it} + \beta_7 \text{tran}_{it} + \nu_t + \varepsilon_{it} \quad (4-14)$$

SDM：

$$\text{gstr}_{it} = \rho W\text{gstr}_{it} + \beta_1 T_{it} + \beta_2 \text{lnfid}_{it} + \beta_3 \text{ex}_{it} + \beta_4 \text{NRA}_{it} +$$
$$\beta_5 \text{lnpm2.5}_{it} + \beta_6 \text{gov}_{it} + \beta_7 \text{tran}_{it} + \sigma W * X_{it} + \alpha_t + \nu_t + \varepsilon_{it} \quad (4-15)$$

SEM：

$$\text{gstr}_{it} = \alpha_t + \beta_1 T_{it} + \beta_2 \text{lnfid}_{it} + \beta_3 \text{ex}_{it} + \beta_4 \text{NRA}_{it} +$$
$$\beta_5 \text{lnpm2.5}_{it} + \beta_6 \text{gov}_{it} + \beta_7 \text{tran}_{it} + \nu_t + u_{it}$$
$$u_{it} = \lambda W u_{it} + \varepsilon_{it}, \quad \varepsilon \sim N(0, \sigma^2 I_n) \quad (4-16)$$

式（4-14）、（4-15）及（4-16）中，gstr 为被解释变量，表示制造业产业结构绿色升级水平，T_{it} 为解释变量技术创新的代指，表示 i 地区在 t 年的技术创新。lnfid_{it} 为各地区国际资本利润，ex_{it} 为各地区出口贸易发展程度；NRA_{it} 表示地区自然资源丰裕度；lnpm2.5_{it} 为各地区 PM2.5 浓度，表示地区空气污染程度；gov_{it} 表示政府财政支出程度；tran_{it} 表示各地区交通畅通度。W 表示 30×30 的空间权重矩阵，α_t 为个体固定效应，ν_t 为时间固定效应；λ、ρ、σ 是对应模型中的空间相关系数。式（4-15）中 X_{it} 为集中控制变量的向量，以上变量时间段（t）为 2004—2019 年。

————————

① 王金杰，王庆芳，刘建国，等. 协同视角下京津冀制造业转移及区域间合作 [J]. 经济地理，2018，38（7）：90-99.

4.3.3 指标选取及数据来源

4.3.3.1 指标选取

（1）被解释变量：制造业产业结构绿色升级（gstr）。具体计算见 4.2 节。

（2）解释变量：技术创新。

目前学者们有利用区域企业生产率来表示区域技术进步的，区域技术创新与区域综合技术进步还是略有差异。区域技术创新更加在意地区的技术创新投入（科研人员、R&D 经费投入、研发支出等）与技术创新的产出（专利、技术市场活跃度等）。由此，本书认为要充分考虑技术创新各方面因素对制造业结构产业绿色升级的影响，将区域技术创新指标拆分为专利技术创新、研究人员数量与研发投入三个方面，分别研究它们对制造业产业结构绿色升级的影响及其空间效应。

①专利技术创新（TP）。技术创新需要转化才能真正推动制造业企业技术升级从而使得制造业产业结构得到有效提升，因此，本书选取各地区国内实用新型专利申请授权量（件/年）来表示专利技术创新。

②研究人员数量（TH）。技术创新主要来自科研人员的开发与钻研，为此本书选取各地区研究与试验发展（R&D）人员全时当量（人/年）来表示研究人员数量。

③研发投入（TI）。技术创新需要大量的资金支持，这类资金不仅包括企业自身投入，还需要考虑其他机构、政府部门的资金注入，为此，本书用各地区研究与试验发展（R&D）经费（亿元/年）支出来表示地区研发投入。

（3）控制变量。

①国际资本流入（fdi）。制造业企业技术创新既有通过自身企业进行研发创新的，也有从外界引入的，尤其是通过跨国资本投资或是跨国公司兼并来获取更优质的技术与人才。

②地区出口贸易发展（ex）。企业进行技术创新的主要目的在于卖出含有高技术高附加值的产品，参与国际市场竞争。地区出口贸易越繁荣，地区制造业企业的工业产品越能接触到海外先进工艺，了解海外市场需求，进一步刺激企业进行技术创新。为此，本书用境内目的地和货源地出口总额占 GDP 的比重来表示地区出口贸易发展程度。

③区域自然资源丰裕度（NRA）。区域自然资源禀赋对制造业产业布局与制造业产业结构都存在一定影响，不过本书通过前面章节的分析认为高技术制造业企业的技术创新对自然资源依赖程度较低，这与自然资源丰富的地区如山

西、内蒙古等地区制造业产业结构绿色升级水平较低相符合，为此，本书认为区域自然资源禀赋越好的地区，制造业产业技术升级越没有充足的升级动力。区域自然资源丰裕度对制造业产业结构绿色升级存在影响，但影响可能为负。

④地区空气污染程度（pm2.5）。制造业产业结构绿色升级能够有效减少制造业产业对地区负面的环境效应，本书用地区空气污染物 PM2.5 年均浓度来侧面反映制造业产业结构绿色升级。

⑤政府资金投入（gov）。当地政府的财政支出能够对当地基础设施建设、公共物品建设等提供资金，高技术制造业企业会更倾向于在设施完善、交通便利的地区落户发展，为此，本书以财政支出占 GDP 的比重来反映地区政府的资金投入。

⑥交通通畅度（tran）。该地区公路、铁路密度越高，交通越便利，越会对制造业企业技术创新有一定的影响。为此，本书以公路与铁路综合密度来表示交通通畅度。

指标描述性统计见表 4-16。

表 4-16　指标描述性统计

指标名称	数量	均值	标准差	最小值	最大值
province	480	15.5	8.664 5	1	30
year	480	2 011.5	4.614 6	2 004	2 019
gstr	480	0.243 3	0.185 7	0.046 9	0.880 6
TP	480	8.709 4	1.684 3	3.401 2	12.552 3
TI	480	4.626 5	1.484 2	0.187 1	7.651 2
TH	480	4.718 4	0.528 5	3.082 4	5.904 8
lnfdi	480	12.131 3	1.771 7	5.499 7	16.150 6
ex	480	0.234 9	0.461 3	0.000 4	2.903 4
NRA	480	8.453 0	1.427 8	3.718 7	11.266 8
lnpm2.5	480	3.657 2	0.383 6	2.258 2	4.450 0
gov	480	0.221 6	0.100 1	0.078 7	0.706 0
tran	480	0.876 8	0.525 7	0.040 6	2.379 3

4.3.3.2　数据来源

本章数据来源主要为：《中国科技统计年鉴》（2001—2021 年）、《中国高技术产业统计年鉴》（2001—2021 年）、《中国环境统计年鉴》（2001—2021 年）、《中国能源统计年鉴》（2001—2021 年）、《中国统计年鉴》（2001—2021 年）、国家统计局网站及各省份统计年鉴，考虑到数据完整性，本书在此仅取 30 个省份 2004—2019 年的数据进行实证研究[①]。缺失值由线性插值法补充，经济类数据均以 2000 年为基础进行平减，在实证中为减少异方差带来的影响，本书对相应变量进行对数化处理。

4.3.4 实证及结果分析

4.3.4.1 空间相关性检验

在进行空间面板模型回归之前需要利用 Moran's I 指数对被解释变量与解释变量的空间相关性进行验证。

Moran's I 指数最先由 Moran（1950）提出，之后 Cliff 和 Ord（1972）在满足 Moran's I 指数的基本前提下，推导出了可以用于大样本条件下的 Moran's I 指数。其一般表达式为

$$I = \frac{\sum_{i=1}^{n} \sum_{j=1}^{n} w_{ij}(x_i - \bar{x})(x_j - \bar{x})}{S^2 \sum_{i=1}^{n} \sum_{j=1}^{n} w_{ij}} \qquad (4-17)$$

式（4-17）中，$S^2 = \dfrac{\sum_{i=1}^{n}(x_i - \bar{x})^2}{n}$ 为样本方差，w_{ij} 为空间权重矩阵的

(i, j) 元素（用来度量区域 i 与区域 j 之间的距离），$\sum_{i=1}^{n} \sum_{j=1}^{n} w_{ij}$ 为所有空间权重的和。Moran's I 指数取值范围在 [−1，1]，$I>0$ 表示正自相关，$I<0$ 为负自相关，I 越接近 0，表示空间分布是随机的，不存在空间自相关。

在空间权重设置方面，根据空间权重矩阵设置原理，一般是基于距离衰减原则构建空间权重矩阵。则空间权重矩阵一般表示为

$$W = \begin{pmatrix} w_{11} & \cdots & w_{1n} \\ \vdots & & \vdots \\ w_{n1} & \cdots & w_{nn} \end{pmatrix} \qquad (4-18)$$

式（4-18）主对角线上元素 $w_{11} = \cdots = w_{nn} = 0$（相同空间位置的距离等于 0），即 W 是对称矩阵。

本书设置以下三种常用矩阵：①相邻矩阵；②地理矩阵；③经济矩阵。

---

① 不包含西藏自治区及港、澳、台地区。

相邻矩阵主要依靠各地区是否有相邻边界来判断。如 $w_{ij}=1$，是指有共同边界的两个区域，即区域 i 与区域 j 相邻，否则 $w_{ij}=0$。另外一种相邻矩阵的构建方法则是利用两个区域间的距离，设区域 i 到区域 j 的距离为 d_{ij}，则空间权重可以表示为

$$w_{ij}=\begin{cases}1 & d_{ij}<d \\ 0 & d_{ij}\geqslant d\end{cases} \qquad (4-19)$$

式（4-19）中，d 为事先给定的距离临界值。

地理矩阵是直接用两地之间距离的倒数作为空间权重：

$$w_{ij}=\frac{1}{d_{ij}} \qquad (4-20)$$

在式（4-20）中 d_{ij} 为 i 地区到 j 地区的距离。

经济矩阵，构建方式多样，本书根据研究的实际情况，参考之前学者们的做法，利用实际的人均 GDP 值来构建经济距离，并结合相邻矩阵构建出经济矩阵，如下：

$$\mathbf{W}_2=\mathbf{W}_0\times\mathrm{diag}\left(\frac{\overline{Y_1}}{\overline{Y}}\quad\frac{\overline{Y_2}}{\overline{Y}}\quad\cdots\quad\frac{\overline{Y_n}}{\overline{Y}}\right) \qquad (4-21)$$

式（4-21）中的 $\overline{Y_i}=\dfrac{1}{t_1-t_0+1}\sum\limits_{i=t_0}^{t=t_1}Y_{it}$，$\overline{Y}=\dfrac{1}{n}\sum\limits_{i=1}^{n}\overline{Y_i}$，即 $\overline{Y_i}$ 为地区 i 经过调整的人均实际 GDP 的年平均值（2004—2019 年），$\overline{Y}$ 为所有地区 $\overline{Y_i}$ 的平均值，$\mathbf{W}_0$ 为空间邻近权重矩阵。

本书所用到的空间权重矩阵详情如表 4-17 所示。

表 4-17 空间权重矩阵

矩阵名称	符号	意义	数据来源
空间相邻矩阵	W_0	矩阵中，1 表示两地相邻，不相邻为 0	原始数据来源于国家基础地理信息中心
空间地理矩阵	W_1	矩阵中，以两地经纬度球面距离倒数	原始数据来源于国家基础地理信息中心
空间经济矩阵	W_2	矩阵中，以 i 地区实际人均 GDP 与整体人均 GDP 之比表示	原始数据来源于国家基础地理信息中心

4.3.4.2 空间相关性检验结果分析

本书利用 Moran's I 指数与空间权重矩阵对制造业产业结构绿色升级水平

及技术创新三个指标进行了空间相关性检验。

（1）全域空间相关性

表4-18展示了制造业产业结构绿色升级水平（gstr）空间相关性检验的结果。可见中国制造业产业结构绿色升级水平在三种空间权重条件下都存在显著的空间相关性，也就是说，各地区制造业产业结构绿色升级水平在空间距离角度也是存在相互影响的。

从技术创新指标的空间相关性影响来看，专利技术创新（TP）在空间相邻权重与空间地理权重条件下的空间相关性十分显著（见表4-19），不过在空间经济权重条件下2009年之前空间相关性不显著，这有可能与地区之间经济差距较大并且在2004—2008年各地区专利技术创新水平差距过大，空间经济水平上相关关系不明显有关。研发投入（TI）在空间地理权重条件下的空间相关性十分显著（见表4-20），在空间相邻权重与空间经济权重条件下有部分年份不显著，这有可能是由于个别年份地区之间研发投入出现极高增长或是突然骤降，使得空间相关性受到影响，综合之后不显著。同理，研究人员数量（TH）则是在空间地理权重条件下的空间相关性十分显著（见表4-21），不过在空间相邻权重与空间经济权重条件下在2004—2008年空间相关性不显著，这有可能是研发人员与周边地理距离较近的地区存在更多显著的空间联系，这样的联系从单纯的地理边界来看，并不是很明显；并且加入经济因素之后，反而会受到地区经济发展差异的影响而淡化。

综合来看，制造业产业结构绿色升级水平与技术创新指标在空间上有显著的相关性，尤其是在空间地理矩阵条件下空间相关性最明显。

表4-18　制造业产业结构绿色升级水平空间相关性

年份	W_0		W_1		W_2	
	Moran's I 值	Z 值	Moran's I 值	Z 值	Moran's I 值	Z 值
2004	0.208**	2.058	0.125**	1.742	0.213**	2.050
2005	0.166**	1.737	0.097*	1.464	0.172**	1.748
2006	0.149*	1.593	0.094*	1.439	0.163**	1.672
2007	0.150*	1.598	0.092*	1.416	0.163**	1.673
2008	0.157**	1.665	0.090*	1.390	0.184**	1.852
2009	0.155**	1.660	0.092*	1.428	0.183**	1.858
2010	0.184**	1.918	0.111**	1.648	0.216**	2.146

表4-18(续)

年份	W_0		W_1		W_2	
	Moran's I 值	Z 值	Moran's I 值	Z 值	Moran's I 值	Z 值
2011	0.201**	2.068	0.120**	1.751	0.244**	2.381
2012	0.206**	2.102	0.123**	1.782	0.242***	2.359
2013	0.184**	1.922	0.111**	1.656	0.218***	2.167
2014	0.176**	1.854	0.106*	1.600	0.211**	2.113
2015	0.184**	1.920	0.116**	1.700	0.222**	2.197
2016	0.176**	1.863	0.108*	1.629	0.218**	2.182
2017	0.157**	1.730	0.102*	1.587	0.186**	1.936
2018	0.165**	1.826	0.108**	1.684	0.192**	2.022
2019	0.123*	1.468	0.102*	1.651	0.148**	1.657

注：*、**、***分别表示在10%、5%、1%的条件下显著。

表 4-19 专利技术创新（TP）空间相关性

年份	W_0		W_1		W_2	
	Moran's I 值	Z 值	Moran's I 值	Z 值	Moran's I 值	Z 值
2004	0.139*	1.437	0.236***	2.892	0.110	1.170
2005	0.131*	1.372	0.229***	2.810	0.108	1.153
2006	0.120	1.273	0.219***	2.701	0.101	1.094
2007	0.135*	1.394	0.229***	2.792	0.113	1.185
2008	0.160*	1.596	0.246***	2.962	0.125	1.273
2009	0.209**	1.993	0.263***	3.141	0.171*	1.644
2010	0.207**	1.978	0.274***	3.256	0.172**	1.654
2011	0.235**	2.201	0.282***	3.337	0.204**	1.906
2012	0.257***	2.381	0.287***	3.391	0.223**	2.056
2013	0.245**	2.289	0.281***	3.323	0.212**	1.969
2014	0.257***	2.393	0.290***	3.423	0.225**	2.079
2015	0.284***	2.598	0.294***	3.455	0.253**	2.287
2016	0.290***	2.634	0.291***	3.408	0.258**	2.324

表4-19（续）

年份	W_0		W_1		W_2	
	Moran's I 值	Z 值	Moran's I 值	Z 值	Moran's I 值	Z 值
2017	0.242**	2.256	0.265***	3.146	0.223**	2.050
2018	0.265***	2.435	0.263***	3.115	0.250**	2.261
2019	0.301***	2.724	0.272***	3.209	0.284***	2.531

注：*、**、***分别表示在10%、5%、1%的条件下显著。

表4-20 研发投入（TI）空间相关性

年份	W_0		W_1		W_2	
	Moran's I 值	Z 值	Moran's I 值	Z 值	Moran's I 值	Z 值
2004	0.149*	1.486	0.211***	2.560	0.098	1.047
2005	0.142*	1.439	0.208***	2.542	0.099	1.064
2006	0.171**	1.671	0.227***	2.742	0.126	1.280
2007	0.179**	1.735	0.236***	2.841	0.130*	1.310
2008	0.182**	1.767	0.244***	2.927	0.141*	1.397
2009	0.187**	1.800	0.249***	2.971	0.143*	1.409
2010	0.186**	1.793	0.246***	2.934	0.146*	1.431
2011	0.212**	1.997	0.260***	3.074	0.173*	1.646
2012	0.227**	2.121	0.268***	3.158	0.188**	1.763
2013	0.231**	2.154	0.274***	3.231	0.190**	1.779
2014	0.239**	2.223	0.276***	3.250	0.199**	1.849
2015	0.240**	2.238	0.279***	3.288	0.199**	1.856
2016	0.101	1.139	0.176***	2.271	0.030	0.527
2017	0.277***	2.523	0.279***	3.272	0.243***	2.197
2018	0.289***	2.625	0.288***	3.366	0.251***	2.261
2019	0.287***	2.605	0.281***	3.292	0.248***	2.237

注：*、**、***分别表示在10%、5%、1%的条件下显著。

表 4-21　研究人员数量（TH）空间相关性

年份	W_0		W_1		W_2	
	Moran's I 值	Z 值	Moran's I 值	Z 值	Moran's I 值	Z 值
2004	0.063	0.804	0.141**	1.858	0.031	0.527
2005	0.057	0.762	0.137**	1.831	0.032	0.535
2006	0.065	0.826	0.149**	1.969	0.037	0.580
2007	0.044	0.652	0.150**	1.972	0.019	0.431
2008	0.084	0.974	0.166**	2.130	0.056	0.729
2009	0.149*	1.495	0.204***	2.504	0.123	1.256
2010	0.161*	1.590	0.212***	2.591	0.143*	1.411
2011	0.198**	1.896	0.236***	2.837	0.185**	1.745
2012	0.205**	1.953	0.242***	2.896	0.188**	1.772
2013	0.226**	2.127	0.256***	3.051	0.203**	1.894
2014	0.239**	2.230	0.259***	3.080	0.214**	1.977
2015	0.255***	2.367	0.275***	3.263	0.230**	2.108
2016	0.261***	2.414	0.276***	3.268	0.235**	2.150
2017	0.271***	2.483	0.274***	3.230	0.245**	2.220
2018	0.295***	2.678	0.279***	3.286	0.265***	2.379
2019	0.303***	2.744	0.271***	3.197	0.274***	2.448

注：*、**、*** 分别表示在10%、5%、1%的条件下显著。

（2）局部空间相关性

各地区制造业产业结构绿色升级水平与技术创新指标整体上具备空间相关性，那么再从局部年份观察各地区制造业产业结构绿色升级水平与技术创新指标的分布，能更好地了解在制造业产业结构绿色升级水平与技术创新空间分布方面的地区差异①。

制造业产业绿色升级水平局部自相关情况如图4-15和图4-16所示。2004年，大部分地区制造业产业绿色升级水平聚集在第三象限，出现低值聚集的情况，东部区域大多数地区制造业产业绿色升级水平则分布在第一象限，包括上海、浙江、江苏、福建、天津，说明这些地区制造业产业绿色升级水平高于其他区域，北京、山东位于第一象限与第四象限交界处，说明这两个省份制造业产业绿色升级水平与周围地区存在差异，但还没有出现明显的高值聚集现象。

_____

① 正文中仅对空间地理矩阵（W_1）局部自相关结果进行分析，其余回归结果见附件1。

广东、辽宁在第四象限，说明这两个地区比周围邻近区域的制造业产业绿色升级水平明显高出一大截，明显优于周围地区。安徽、江西、海南、河南及湖南位于第二象限，说明这些区域与周边区域相比制造业产业绿色升级水平较低，没有与其他有较低制造业产业绿色升级水平的地区分布在一起，出现低值聚集的情况。到 2019 年，上海、浙江、江苏、福建的制造业产业绿色升级水平继续分布在第一象限，安徽、湖南、湖北、广西、河南等地区的制造业产业绿色升级水平有明显的提高，由第二象限进步到第一象限；广东的制造业产业绿色升级水平继续保持领先周边区域的优势，山东的制造业产业绿色升级水平逐渐优于周边区域，北京制造业产业绿色升级水平有下滑趋势，海南省制造业产业绿色升级水平依旧分布在第二象限。综合而言，各地区制造业产业绿色升级水平空间分布存在明显的"高－高""低－低"聚集现象，随着时间推移，分布在第二象限与第四象限的地区越来越少，该现象越发清晰。

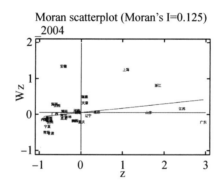

图 4-15　2004 年制造业产业结构绿色升级水平局部自相关情况

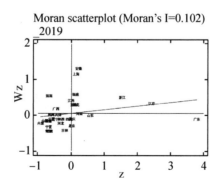

图 4-16　2019 年制造业产业结构绿色升级水平局部自相关情况

专利技术创新（TP）局部自相关情况如图 4-17 和图 4-18 所示。2004

年，西部区域大多数地区分布在第三象限，说明此时西部多数地区专利技术创新水平较低，空间分布集聚在周围形成低值聚集区。西部区域中四川与陕西专利技术创新水平明显高于其他西部区域省份，因此位于第四象限。中部区域安徽、山西与江西专利技术创新水平低于中部区域中其他地区，因此位于第二象限。广东专利技术创新水平远高于其周围地区，因此分布在第四象限。其余众多地区皆分布在第一象限，说明这些地区专利技术创新水平都较高，且空间分布较为集中，形成高值聚集。2019年东北部区域专利技术创新水平明显下降，由高值聚集区转移至了低值聚集区，陕西、河北专利技术创新水平也有明显的下降趋势，江西、安徽专利技术创新水平有明显的提升。综合来看，各地区专利技术创新水平存在空间上高值聚集与低值聚集的趋势，东部区域专利技术创新水平一直较高，东北部区域专利技术创新水平出现下滑，西部地区平均专利技术创新水平较低，中部区域专利技术创新水平在提升过程中。

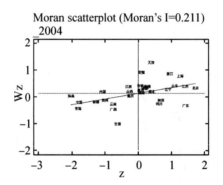

图4-17　2004年专利技术创新（TP）局部自相关情况

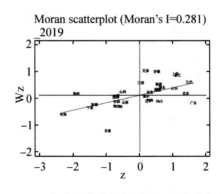

图4-18　2019年专利技术创新（TP）局部自相关情况

研发投入（TI）局部自相关情况如图4-19和图4-20所示。2004年，各地区研发投入分布主要集中在第一、三象限。其中西部区域多个地区位于第三象限，四川、陕西明显优于其他西部区域的研发投入情况，位于第四象限。山西、江西、内蒙古的研发投入在空间分布上比周围地区弱。东部区域（除海南）、东北部区域以及中部区域中的河南、湖南、湖北、安徽等研发投入水平较高，位于第一象限。到2019年，重庆、江西研发投入水平有了明显提升，东北部区域研发投入水平下降明显，黑龙江与吉林直接跌入低值聚集区，辽宁研发投入水平相比黑龙江和吉林较高，过渡到第四象限；内蒙古研发投入水平也明显有所下降，归入第三象限。综合来看，东部区域与中部区域绝大部分地区研发投入水平较高，尤其是中部区域有明显的提升，而东北部区域研发投入水平经过十多年发展反而有所下降。各地区研发投入水平空间分布存在明显的"高-高""低-低"聚集现象，随着时间推移，分布在第二象限的地区越来越少，低值聚集现象越发清晰。

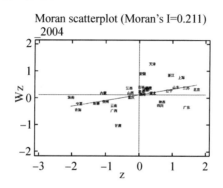

图4-19　2004年研发投入（TI）局部自相关情况

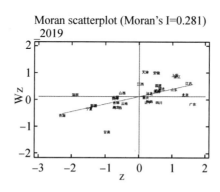

图4-20　2019年研发投入（TI）局部自相关情况

研究人员数量（TH）局部自相关情况如图4-21和图4-22所示。2004年各地区科研人员数量差异较大，西部区域内部研究人员数量差距较明显，陕西、四川明显优于西部其他地区；广东研究人员数量远大于周围其他区域，而海南与东部其他地区的差距较大，位于第三象限。中部区域河南、湖南、湖北的研究人员数量与周围其他区域一起形成了高值聚集，均位于第一象限。2019年各地区科研人员数量分布有了明显变化，空间聚集性更加明显。安徽、江西有明显提升，从第二象限转移至第一象限；重庆、海南有所进步，海南进步到第二象限；重庆由低值区过渡到第四象限，接近第一象限。东北部区域依旧存在科研人员数量水平下降的现象，吉林、黑龙江直接从第一象限的高值聚集区下降至第三象限低值聚集区，相比吉林、黑龙江，辽宁的科研人员数量较多，空间分布上处于第四象限。综合看来，研究人员数量空间分布也有明显的"高-高""低-低"聚集现象，经过十多年发展，区域间研究人员数量差距越发明显，东北部、西部区域与东部、中部区域差距愈发明显。

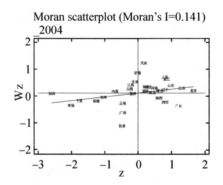

图4-21　2004年研究人员数量（TH）局部自相关情况

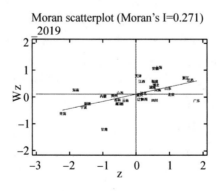

图4-22　2019年研究人员数量（TH）局部自相关情况

4.3.4.3 模型选择

本书根据 Anselin（1988）[①] 的研究，对本书所使用的模型进行确认，主要是对 SAR、SDM、SEM 等空间模型进行区分。本书在未确定正式模型前，先采用空间相邻矩阵（W_0）进行模型的初步检验分析。对空间面板模型进行相关检验，首先，利用 LM 检验或 Lratio 检验判定选择哪一种模型；其次，若经过判断选择 SDM 模型，再进一步利用 Wald 检验进行模型确认。

本书对模型进行 LM 检验，检验后的结果如表 4-22 所示，LM-lag 与 LM-error 检验的结果 P 值皆小于 0.05 的置信水平，该结果表明拒绝 $\lambda = 0$ 和 $\lambda = -\rho\beta$ 的假设，之后经过 Wald 检验确认，本书研究技术创新对制造业产业结构绿色升级的影响所需模型应该为 SDM 模型。经过 Hausman 检验，确认模型应选择包含双固定效应的空间面板固定效应模型[②]。

表 4-22　空间面板模型 LM 检验

变量	研究人员数量（TH）			专利技术创新（TP）			研发投入（TI）		
	统计值	自由度	P 值	统计值	自由度	P 值	统计值	自由度	P 值
Spatial error：									
Moran's I	1.128	1	0.259	1.268	1	0.205	1.164	1	0.245
Lagrange multiplier	16.174	1	0.000	20.770	1	0.000	17.420	1	0.000
Robust Lagrange multiplier	8.641	1	0.003	12.814	1	0.000	9.839	1	0.002
Spatial lag：									
Lagrange multiplier	12.386	1	0.000	11.01	1	0.001	11.340	1	0.001
Robust Lagrange multiplier	4.853	1	0.028	3.055	1	0.081	3.759	1	0.053

4.3.4.4 实证及结果分析

（1）整体基准回归

本书利用三种空间权重矩阵来研究技术创新对制造业产业结构绿色升级的影响。

从表 4-23 可见，专利技术创新（TP）在三种不同空间权重条件下对制造业产业结构绿色升级的影响系数都在 1% 显著性水平下显著，且空间相关系数（rho）也都在 1% 显著性水平下显著，说明专利技术创新能够在空间联系角度对制造业产业绿色升级产生极为显著的推动促进作用，各地区专利技术创新能够对周围地区的制造业产业绿色升级产生影响。在空间经济矩阵条件（W_2）下，专利技术创新对制造业产业结构绿色升级的影响系数要大于其在空间相邻

[①]　ANSELIN L. Spatial econometrics：methods and models［M］. Dordrech：Kluwer Academic Press，1998：81-133.

[②]　Hausman 检验的卡方值（Chi-Square Value）为 $-61.32 < 0$，拒绝原假设，则模型选择固定效应。

矩阵（W_0）与空间地理矩阵（W_1）条件下的结果，说明在经济距离更近的空间条件下，各地区专利技术创新对本地区制造业产业结构绿色升级的影响效果有可能更明显。表中"Wx"表示变量的空间滞后项，是各地区与周围地区间的空间加权值，可以理解为本地区变量对周围地区的空间影响。从表4-23可见，本地区专利技术创新对周围地区制造业产业结构绿色升级的影响在空间地理矩阵（W_1）条件下显著，说明从空间地理距离角度看专利技术创新对制造业产业结构绿色升级的空间效应可能更显著。

从表4-24可见，研究人员数量（TH）在三种不同空间权重条件下对制造业产业结构绿色升级的影响系数都在1%显著性水平下显著，且空间相关系数（rho）也都在1%显著性水平下显著，说明研究人员数量能够在空间联系角度对制造业产业绿色升级产生极为显著的推动促进作用，各地区研究人员数量能够对周围地区的制造业产业绿色升级产生影响。另外，在空间相邻矩阵（W_0）下，研究人员数量对制造业产业结构绿色升级的影响系数要大于其在空间经济矩阵条件（W_2）与空间地理矩阵（W_1）条件下的结果，说明相邻条件下，各地区对本地区制造业产业结构绿色升级有可能更强。本地区研究人员数量对周围地区制造业产业结构绿色升级的影响在空间地理矩阵（W_1）条件下显著，说明从空间地理距离角度看研究人员数量对制造业产业结构绿色升级的空间效应可能更显著。

如表4-25所示，研发投入（TI）在三种不同空间权重条件下对制造业产业结构绿色升级的影响系数都在1%显著性水平下显著，且空间相关系数（rho）在空间相邻矩阵（W_0）与空间地理矩阵（W_1）条件下在1%显著性水平下显著，在空间经济矩阵条件（W_2）条件下在5%显著性水平下显著，说明研发投入能够在空间联系角度对制造业产业绿色升级产生极为显著的推动促进作用，各地区研发投入能够对周围地区的制造业产业绿色升级产生影响。另外，在空间相邻矩阵（W_0）下，研究人员数量对制造业产业结构绿色升级的影响系数略高于其在空间经济矩阵条件（W_2）与空间地理矩阵（W_1）条件下的结果，说明相邻条件下，各地区对本地区制造业产业结构绿色升级效果有可能更明显。本地区研究人员数量对周围地区制造业产业结构绿色升级的影响在空间地理矩阵（W_1）条件下显著，说明从空间地理距离角度看，研究人员数量对制造业产业结构绿色升级的空间效应可能更显著。本地区研究人员数量对周围地区制造业产业结构绿色升级的影响在三种空间权重条件下都十分显著，说明在空间联系角度研发投入对制造业产业结构绿色升级存在显著的空间效应。

从控制变量的系数来看，在技术升级指标进行的回归结果中，国际资本流入（lnfdi）、出口贸易（ex）以及政府财政投入（gov）都对本地区制造业产业结构绿色升级有正向影响；说明资本投入及对外贸易能够有效提升制造业产业结构绿色升级。地区资源丰裕度（NRA）、空气污染浓度（lnpm2.5）以及交通通畅度（tran）对本地区制造业产业结构绿色升级有负向影响，说明制造业产业结构绿色升级不依赖地区资源，也不会加重空气质量的负担。交通通畅度在影响制造业产业结构绿色升级时存在细微差异，不过其对制造业产业结构绿色升级的负向效果略大于正向效果。

表 4-23　专利技术创新对制造业产业结构绿色升级的影响

变量	(1) W_0	(2) W_1	(3) W_2
TP	0.043 *** (9.07)	0.035 *** (7.19)	0.045 *** (9.61)
lnfdi	0.009 *** (4.59)	0.009 *** (4.78)	0.009 *** (4.75)
EX	0.035 *** (3.06)	0.042 *** (3.80)	0.035 *** (3.06)
NRA	−0.007 (−1.62)	−0.008 ** (−2.07)	−0.007 * (−1.68)
lnpm25	−0.024 (−1.16)	−0.035 ** (−1.99)	−0.018 (−0.91)
gov	0.039 (0.84)	0.023 (0.49)	0.060 (1.29)
tran	−0.010 (−0.81)	−0.008 (−0.80)	−0.009 (−0.70)
Wx:			
TP	−0.001 (−0.08)	0.029 ** (2.53)	−0.016 (−1.53)
lnfdi	0.002 (0.38)	0.011 ** (2.02)	−0.002 (−0.38)
EX	0.009 (0.70)	0.047 (1.41)	−0.009 (−0.84)
NRA	−0.006 (−0.58)	0.001 (0.09)	−0.012 (−1.32)

表4-23(续)

变量	(1) W_0	(2) W_1	(3) W_2
lnpm25	0.022 (0.63)	0.091** (2.34)	0.012 (0.35)
gov	0.066 (0.86)	0.046 (0.44)	0.072 (0.86)
tran	0.003 (0.11)	−0.048* (−1.65)	0.012 (0.54)
Spatial：			
rho	0.174*** (2.78)	0.299*** (4.08)	0.167*** (2.81)
Variance：			
sigma2_e	0.001*** (15.40)	0.000*** (15.36)	0.001*** (15.46)
N	480	480	480
R^2	0.448	0.287	0.531

注：括号内为 t 检验值，*、**、*** 分别表示在10%、5%、1%的条件下显著。

表4-24 研究人员数量对制造业产业结构绿色升级的影响

变量	(1) W_0	(2) W_1	(3) W_2
TH	0.124*** (7.51)	0.105*** (6.73)	0.114*** (6.85)
lnfdi	0.006*** (2.80)	0.007*** (3.57)	0.006*** (3.02)
EX	0.057*** (4.56)	0.072*** (6.28)	0.058*** (4.74)
NRA	−0.005 (−1.26)	−0.006 (−1.53)	−0.007* (−1.75)
lnpm25	−0.014 (−0.69)	−0.021 (−1.12)	0.005 (0.24)
gov	0.090* (1.87)	0.060 (1.24)	0.094* (1.94)

表4-24(续)

变量	(1) W_0	(2) W_1	(3) W_2
tran	−0.023* (−1.78)	−0.007 (−0.71)	−0.024* (−1.90)
Wx:			
TH	−0.040 (−1.23)	0.102*** (2.59)	−0.040 (−1.22)
lnfdi	0.006 (1.48)	0.002 (0.38)	0.004 (0.97)
EX	0.039** (2.37)	0.138*** (3.79)	0.015 (1.05)
NRA	0.014 (1.46)	0.004 (0.38)	0.004 (0.38)
lnpm25	0.024 (0.66)	0.093** (2.31)	−0.023 (−0.63)
gov	0.058 (0.71)	0.188* (1.73)	−0.024 (−0.26)
tran	0.039 (1.60)	−0.026 (−0.83)	0.040* (1.74)
Spatial:			
rho	0.203*** (3.43)	0.303*** (4.03)	0.170*** (3.06)
Variance:			
sigma2_ e	0.001*** (15.42)	0.001*** (15.35)	0.001*** (15.46)
N	480	480	480
R^2	0.601	0.484	0.671

注：括号内为 t 检验值，*、**、*** 分别表示在10%、5%、1%的条件下显著。

表4-25 研发投入对制造业产业结构绿色升级的影响

变量	(1) W_0	(2) W_1	(3) W_2
TI	0.010*** (2.95)	0.008*** (2.81)	0.008*** (2.62)

表4-25(续)

变量	(1) W_0	(2) W_1	(3) W_2
lnfdi	0.006*** (2.95)	0.007*** (3.19)	0.007*** (3.27)
EX	0.049*** (3.98)	0.053*** (4.59)	0.049*** (3.98)
NRA	−0.004 (−0.84)	−0.006 (−1.41)	−0.005 (−1.07)
lnpm25	−0.022 (−0.99)	−0.035* (−1.84)	−0.005 (−0.22)
gov	0.072 (1.44)	0.058 (1.18)	0.091* (1.81)
tran	−0.008 (−0.64)	0.007 (0.65)	−0.010 (−0.75)
Wx:			
TI	0.016** (2.39)	0.031*** (3.54)	0.013** (2.05)
lnfdi	0.002 (0.53)	0.003 (0.47)	0.000 (0.09)
EX	0.013 (0.87)	0.049 (1.42)	−0.002 (−0.17)
NRA	0.005 (0.52)	0.010 (0.83)	−0.001 (−0.15)
lnpm25	−0.006 (−0.15)	0.062 (1.50)	−0.047 (−1.27)
gov	0.114 (1.39)	0.089 (0.80)	0.019 (0.21)
tran	0.044* (1.87)	0.003 (0.11)	0.042* (1.87)
Spatial:			
rho	0.175*** (2.93)	0.383*** (5.38)	0.129** (2.30)
Variance:			

表4-25(续)

变量	(1) W_0	(2) W_1	(3) W_2
sigma2_ e	0.001 *** (15.41)	0.001 *** (15.26)	0.001 *** (15.46)
N	480	480	480
R^2	0.334	0.296	0.422

注：括号内为 t 检验值，*、**、*** 分别表示在10%、5%、1%的条件下显著。

空间面板模型对空间效应的估计不应只考虑变量回归系数，还应该考虑到空间溢出效应[①]。SDM 的回归无法直接得出相应变量的空间溢出效应的大小，"Wx"虽然能够表示本地区对周围地区的空间影响，但要得到变量具体的空间溢出效应并对其进行研究，就应该观察其直接效应（LR_ Direct）、间接效应（LR_ Indirect）与总效应（LR_ Total），以此来了解单个空间单位自身及两个空间单位之间因某变量所存在的空间影响。直接效应表示区域 i 的变量 x_{it} 对本区域被解释变量 y_i 的影响，总效应是在假设所有区域的变量 x_t 都变化一个单位，其对区域 i 被解释变量 y_i 的影响[②]。间接效应就可以理解为总效应与直接效应的差，即 SDM 模型中直接效应+间接效应＝总效应。

从技术创新各指标对制造业产业结构绿色升级的空间效应来看，专利技术创新对制造业产业结构绿色升级的直接效应与总效应在不同情况下都十分显著，间接效应在空间地理权重（W_1）条件下显著。这说明本地区专利技术创新对本地区的制造业产业结构绿色升级有显著的推动作用，专利技术创新对地理距离更近的周边区域制造业产业结构绿色升级有更为显著的空间溢出效应。在空间地理权重（W_1）条件下，本地区专利技术创新每增加1单位，本地区制造业产业结构绿色升级就能提升0.037个单位，也能对周边地区制造业产业结构绿色升级产生影响，周边地区制造业产业结构绿色升级能提升0.053个单位，可见空间溢出效应对总效应的贡献程度更高，占总效应的58.9%。在空间相邻权重（W_0）条件下，专利技术创新对制造业产业结构绿色升级总效应最大，在此时专利技术创新对整体制造业产业结构绿色升级有较大的空间效应，从空间角度看专利技术创新能更好地推动制造业产业结构绿色升级。

---

① LESAGE, J P, PACE R K. Introduction to spatial econometrics [M]. Chapman & Hall-M. U. A. 2009：34-37.

② 陈强. 高级计量经济学及 Stata 应用 [M]. 2 版. 北京：高等教育出版社，2014：575.

国际资本流入（lnfid）及对外贸易发展（ex）产生的空间溢出效应在空间相邻权重（W_0）与空间地理权重（W_1）下更为显著，自然资源丰裕度对周边地区没有显著的空间效应；本地区的空气污染程度（lnpm2.5）在空间地理权重（W_1）条件下对周围地区制造业产业结构绿色升级有正向空间溢出效应，这是因为空气污染物质是流动的，当本地区污染程度较高，那么周围的地区空气污染物质相比较之下会有较弱的情况，制造业产业结构绿色升级与空气污染程度本身呈负相关的关系，因此会出现正向空间溢出效应。交通通畅度（tran）对制造业产业结构绿色升级存在负向空间效应，这有可能是由于在观察期内，空间视角下地区交通通畅度加大了地区制造业产业布局的竞争反而不利于制造业产业结构的绿色升级（见表4-26）。

表4-26 专利技术创新对制造业产业结构绿色升级的空间效应

效应	空间矩阵	TP	lnfdi	EX	NRA	lnpm2.5	gov	tran
直接效应	W_0	0.043***	0.009***	0.037***	-0.007*	-0.023	0.043	-0.01
		(9.05)	(4.77)	(3.34)	(-1.74)	(-1.20)	(0.96)	(-0.80)
	W_1	0.037***	0.010***	0.046***	-0.008**	-0.030*	0.027	-0.011
		(7.86)	(5.27)	(4.28)	(-2.12)	(-1.85)	(0.59)	(-1.05)
	W_2	0.045***	0.009***	0.036***	-0.007*	-0.018	0.064	-0.008
		(9.42)	(4.90)	(3.27)	(-1.83)	(-0.96)	(1.42)	(-0.66)
间接效应	W_0	0.007	0.004	0.019	-0.008	0.023	0.080	0.002
		(0.73)	(0.87)	(1.17)	(-0.75)	(0.58)	(0.93)	(0.07)
	W_1	0.053***	0.019***	0.084*	-0.002	0.114**	0.065	-0.069*
		(3.54)	(2.62)	(1.89)	(-0.14)	(2.16)	(0.45)	(-1.68)
	W_2	-0.010	0.000	-0.003	-0.016	0.013	0.090	0.013
		(-0.95)	(0.08)	(-0.22)	(-1.56)	(0.34)	(0.92)	(0.52)
总效应	W_0	0.050***	0.013**	0.055***	-0.015	0.000	0.124	-0.008
		(4.91)	(2.57)	(2.74)	(-1.32)	(0.01)	(1.27)	(-0.32)
	W_1	0.090***	0.029***	0.130***	-0.011	0.084*	0.092	-0.079*
		(6.26)	(3.71)	(2.74)	(-0.65)	(1.66)	(0.59)	(-1.81)
	W_2	0.035***	0.010**	0.033*	-0.023**	-0.005	0.154	0.005
		(3.24)	(2.05)	(1.88)	(-2.12)	(-0.14)	(1.45)	(0.22)

注：括号内为 t 检验值，*、**、*** 分别表示在10%、5%、1%的条件下显著。

从研发人员数量对制造业产业结构绿色升级的空间效应看，研发人员数量对制造业产业结构绿色升级的空间直接效应与总效应在不同情况下都十分显著，间接效应在空间地理权重（W_1）条件下显著。这说明本地区研发人员数量对本地区的制造业产业结构绿色升级有显著的推动作用，研发人员数量对地理距离更近的周边区域制造业产业结构绿色升级有更为显著的空间溢出效应。在空间地理权重（W_1）条件下，本地区研发人员数量每增加 1 单位，本地区制造业产业结构绿色升级就能提升 0.113 个单位，也能对周边地区制造业产业结构绿色升级产生影响，帮助周边地区制造业产业结构绿色升级 0.184 个单位，可见空间溢出效应对总效应的贡献程度更高，占总效应的 61.7%。在空间相邻权重（W_0）条件下，研发人员数量对本地区制造业产业结构绿色升级的正向效应比其他条件下略大，说明在此条件下研发人员对制造业产业结构绿色升级的推动作用更为直观。

对外贸易发展（ex）产生的空间溢出效应在三种空间权重条件下都十分显著，国际资本流入（lnfid）及自然资源丰裕度（NRA）对周边地区没有显著的空间效应；本地区的空气污染程度（lnpm2.5）在空间地理权重（W_1）条件下对周围地区制造业产业结构绿色升级有正向的空间溢出效应。交通通畅度（tran）对制造业产业结构绿色升级存在负向的空间直接效应，说明此时公路、铁路密度的提升并不能有效地帮助当地发展高技术制造业产业，促进制造业产业结构绿色升级（见表 4-27）。

表 4-27 研发人员数量对制造业产业结构绿色升级的空间效应

效应	空间矩阵	TH	lnfdi	EX	NRA	lnpm2.5	gov	tran
直接效应	W_0	0.124 ***	0.006 ***	0.061 ***	-0.005	-0.013	0.095 **	-0.021 *
		(7.37)	(3.00)	(5.03)	(-1.12)	(-0.68)	(2.02)	(-1.67)
	W_1	0.113 ***	0.007 ***	0.083 ***	-0.006	-0.015	0.073	-0.009
		(7.21)	(3.73)	(7.28)	(-1.52)	(-0.89)	(1.54)	(-0.86)
	W_2	0.114 ***	0.006 ***	0.060 ***	-0.007 *	0.004	0.095 **	-0.023 *
		(6.71)	(3.17)	(5.10)	(-1.75)	(0.22)	(2.00)	(-1.81)
间接效应	W_0	-0.018	0.009 *	0.061 ***	0.016	0.028	0.085	0.042
		(-0.50)	(1.89)	(3.08)	(1.35)	(0.66)	(0.93)	(1.50)
	W_1	0.184 ***	0.006	0.222 ***	0.003	0.123 **	0.277 *	-0.039
		(3.63)	(0.87)	(4.65)	(0.21)	(2.24)	(1.83)	(-0.89)
	W_2	-0.025	0.006	0.029 *	0.002	-0.023	-0.017	0.043
		(-0.70)	(1.37)	(1.77)	(0.21)	(-0.55)	(-0.17)	(1.64)

表4-27(续)

效应	空间矩阵	TH	lnfdi	EX	NRA	lnpm2.5	gov	tran
总效应	W_0	0.106***	0.015***	0.122***	0.011	0.015	0.180*	0.021
		(2.76)	(2.76)	(4.68)	(0.88)	(0.40)	(1.71)	(0.83)
	W_1	0.298***	0.014*	0.305***	-0.003	0.108**	0.350**	-0.048
		(5.58)	(1.72)	(5.86)	(-0.17)	(2.04)	(2.14)	(-1.04)
	W_2	0.089**	0.013**	0.089***	-0.005	-0.018	0.078	0.02
		(2.37)	(2.54)	(3.94)	(-0.45)	(-0.51)	(0.68)	(0.85)

注：括号内为 t 检验值，*、**、*** 分别表示在10%、5%、1%的条件下显著。

从研发投入对制造业产业结构绿色升级的空间效应看，研发投入对制造业产业结构绿色升级的空间直接效应、间接效应与总效应在不同情况下都十分显著。这说明研发投入对制造业产业结构绿色升级有普遍显著的空间效应，能极大地推动制造业产业结构绿色升级。从空间溢出效应来看，与地理相邻及经济联系紧密地区相比，研发投入对地理距离更近的周边区域制造业产业结构绿色升级有更为显著的空间溢出效应。具体来讲，在空间地理权重（W_1）条件下，本地区研发人员数量每增加1个单位，本地区制造业产业结构绿色升级就能提升0.011个单位，也能对周边地区制造业产业结构绿色升级产生影响，周边地区制造业产业结构绿色升级能提升0.053个单位，可见空间溢出效应对总效应的贡献程度更高，占总效应的82.8%。

对外贸易发展（ex）产生的空间溢出效应在三种空间权重条件下都十分显著，国际资本流入（lnfid）没有显著的空间溢出效应，但其空间直接效应与总效应在三种空间权重条件下也都十分显著。自然资源丰裕度（NRA）及空气污染程度（lnpm2.5）对周边地区没有显著的空间效应；本地区的空气污染程度（lnpm2.5）在空间地理权重（W_1）条件下对本地区制造业产业结构绿色升级有负向的空间溢出效应。政府财政投入对制造业产业结构绿色升级存在正向空间效应。在与研发投入共同进行回归时，交通通畅度（tran）对制造业产业结构绿色升级存在正向空间溢出效应与总效应，且在空间相邻权重（W_0）与空间经济权重（W_2）条件下显著（见4-28）。

表 4-28　研发投入对制造业产业结构绿色升级的空间效应

效应	空间矩阵	TI	lnfdi	EX	NRA	lnpm2.5	gov	tran
直接效应	W_0	0.011 ***	0.006 ***	0.051 ***	−0.004	−0.022	0.079	−0.007
		(3.04)	(3.03)	(4.33)	(−0.82)	(−1.07)	(1.62)	(−0.50)
	W_1	0.011 ***	0.007 ***	0.059 ***	−0.005	−0.031 *	0.068	0.007
		(3.39)	(3.33)	(5.15)	(−1.29)	(−1.77)	(1.38)	(0.67)
	W_2	0.009 ***	0.007 ***	0.050 ***	−0.005	−0.006	0.093 *	−0.009
		(2.66)	(3.34)	(4.26)	(−1.10)	(−0.29)	(1.90)	(−0.65)
间接效应	W_0	0.021 ***	0.004	0.026	0.005	−0.009	0.142	0.050 *
		(2.73)	(0.87)	(1.47)	(0.44)	(−0.21)	(1.55)	(1.92)
	W_1	0.053 ***	0.009	0.109 **	0.011	0.08	0.164	0.009
		(3.88)	(1.01)	(2.10)	(0.63)	(1.30)	(0.94)	(0.21)
	W_2	0.016 **	0.002	0.006	−0.003	−0.05	0.027	0.047 *
		(2.34)	(0.38)	(0.41)	(−0.27)	(−1.24)	(0.27)	(1.91)
总效应	W_0	0.032 ***	0.011 *	0.077 ***	0.002	−0.031	0.221 **	0.044 *
		(3.22)	(1.91)	(3.53)	(0.13)	(−0.84)	(2.12)	(1.86)
	W_1	0.064 ***	0.016 *	0.169 ***	0.006	0.05	0.232	0.016
		(4.14)	(1.66)	(2.99)	(0.30)	(0.82)	(1.23)	(0.34)
	W_2	0.025 ***	0.009 *	0.056 ***	−0.008	−0.056	0.12	0.038 *
		(2.89)	(1.77)	(3.06)	(−0.68)	(−1.63)	(1.12)	(1.78)

注：括号内为 t 检验值，* 、** 、*** 分别表示在10%、5%、1%的条件下显著。

综合上述结果来看，空间视角下，技术创新能够显著推动制造业产业结构绿色升级，且存在显著的空间溢出效应。国际资本流入、对外贸易发展及政府财政支持对制造业产业结构绿色升级存在正向的空间效应，且国际资本流入与对外贸易发展的空间效应在多数情况下是十分显著的。区域资源丰裕度与空气污染程度对制造业产业结构绿色升级的影响主要是负面的，交通通畅程度对制造业产业结构绿色升级的空间影响存在差异，还需要结合实际情况进一步探究。

（2）区域回归

中国各区域内部地区技术创新空间相关性呈现显著的差异。西部区域面积最大，地区与地区之间相邻关系与地理距离差距显著，中部区域、东北部区域内部地区数量较少，省份间关系较为紧密，相邻关系与地理距离差距不太显著，东部区域以沿海地区为主，空间上经济联系更为紧密。另外，在不同空间权重影响下，区域回归结果有可能存在明显差异。为此，本书在此处对空间经济权重（W_2）条件的区域技术创新制造业产业结构绿色升级的空间效应进行分析。各区域整体回归系数情况见附件3。

东部区域技术创新各指标对制造业产业结构绿色升级的空间效应见表4-29。东部区域技术创新各指标对制造业产业结构绿色升级的空间影响显著，不过技术创新指标对制造业产业结构绿色升级的空间效应存在较大差异。一是专利技术创新（TP）。东部区域的专利技术创新对本地区制造业产业结构绿色升级存在显著的正向效应；但其空间溢出效应显著为负，总效应不显著。这说明东部区域在观察期间，本地区专利技术创新能显著提升本地区的制造业产业结构绿色升级，但不利于周边地区制造业产业结构绿色升级，这有可能是由于东部区域内部地区之间存在竞争效应，地区之间技术创新竞争力度大，经济实力强的地区更有优势投资研发，从而吸引周围地区人才技术，对周围地区存在虹吸效应，从而反映到空间效应上就出现了负向显著，以至于不利于周围地区制造业产业结构绿色升级。二是研究人员数量（TH）。从结果来看，东部区域的研究人员数量能显著提升本地区制造业产业结构绿色升级，对周围地区制造业产业结构绿色升级存在显著的负向空间溢出效应。这与专利技术创新对东部区域制造业产业结构绿色升级的影响类似。三是研发投入（TI）。从结果来看，东北区域的研发投入能显著提升制造业产业结构绿色升级。

从控制变量的空间效应来看，出口贸易发展（ex）与区域资源丰裕度（NRA）在空间经济视角下对东北部区域制造业产业结构绿色升级没有显著影响。国际资本流入（lnfdi）对东部区域的制造业产业结构绿色升级存在正向推动作用，并在一定程度下显著。交通通畅度（tran）对东部区域本地区的制造业产业结构绿色升级也存在显著的阻碍作用，对周边区域的制造业产业结构绿色升级没有显著作用。空气污染程度（lnpm2.5）对周围制造业产业结构绿色升级存在正向显著的空间效应，说明本地区空气污染程度越高，越有利于周围地区制造业产业结构绿色升级，这是因为本地区制造业产业与周围地区制造业产业存在影响，本地区污染程度越高，在一定程度上能说明该区域制造业产业污染效应越强，本地区制造业产业结构绿色升级程度相较周边区域就会稍低，反向促进周边区域制造业绿色技术创新。

表 4-29 东部区域技术创新对制造业产业结构绿色升级的空间效应

效应	TP	TI	TH	lnfdi	EX	NRA	lnpm25	gov	tran
直接效应	0.045***			0.011	-0.028	0.002	-0.033	0.096	-0.03
	(3.67)			(1.13)	(-1.23)	(0.16)	(-0.85)	(0.59)	(-1.08)
		0.002		0.002	-0.022	0.002	-0.019	0.128	-0.064**
		(0.31)		(0.24)	(-0.95)	(0.17)	(-0.44)	(0.76)	(-2.28)
			0.143***	0.006	-0.03	-0.003	-0.013	0.026	-0.082***
			(4.07)	(0.63)	(-1.31)	(-0.29)	(-0.33)	(0.16)	(-3.12)
间接效应	-0.055***			0.008	0.004	0.026	0.110**	-0.653*	0.004
	(-3.81)			(0.47)	(0.15)	(0.89)	(2.08)	(-1.91)	(0.11)
		-0.01		0.023	0.015	0.019	0.105*	-0.696**	0.016
		(-1.15)		(1.42)	(0.53)	(0.66)	(1.90)	(-2.44)	(0.46)
			-0.159***	0.033**	0.004	0.011	0.082	-0.817***	0.037
			(-3.18)	(2.01)	(0.13)	(0.39)	(1.55)	(-2.82)	(1.01)
总效应	-0.01			0.019	-0.023	0.028	0.077**	-0.557	-0.026
	(-0.69)			(0.83)	(-0.52)	(0.80)	(1.97)	(-1.39)	(-0.70)
		-0.007		0.026	-0.007	0.021	0.086**	-0.568*	-0.048
		(-0.62)		(1.19)	(-0.16)	(0.63)	(2.33)	(-1.73)	(-1.58)
			-0.016	0.038*	-0.026	0.008	0.069*	-0.791**	-0.045
			(-0.31)	(1.80)	(-0.57)	(0.24)	(1.84)	(-2.28)	(-1.36)

注:括号内为 t 检验值,*、**、*** 分别表示在10%、5%、1%的条件下显著。

中部区域技术创新各指标对制造业产业结构绿色升级的空间效应见表 4-30。中部区域技术创新各指标对制造业产业结构绿色升级的影响存在显著的空间影响,不过技术创新指标对制造业产业结构绿色升级的空间效应存在较大差异。一是专利技术创新(TP)。中部区域专利技术创新对本地区制造业产业结构绿色升级存在显著的正向效应,但其空间溢出效应显著为负,总效应不显著。本地区专利技术创新能显著提升本地区的制造业产业结构绿色升级,但不利于周边地区制造业产业结构绿色升级。二是研究人员数量(TH)。从结果来看,中部区域的研究人员数量能显著提升制造业产业结构绿色升级,空间直接效应与总效应皆正向显著。这说明中部区域科研实力与研究人员数量能够对该区域制造业产业产生显著影响,能有效地推动当地制造业产业结构绿色升级。三是研发投入(TI)。从结果来看,中部区域的研发投入能显著提升制造业产业结构绿色升级,中部区域专利技术创新对本地区制造业产业结构绿色升级存在显著的正向效应,但其空间溢出效应显著为负,总效应不显著。这说明中部区域的研发支出能对当地制造业产业结构绿色升级产生正向推动作用,但是会阻碍周围地区当地制造业产业结构绿色升级，对周边区域产生负面空间溢出效应。

从控制变量空间效应来看，国际资本流入（lnfdi）在空间经济视角下会阻碍中部区域制造业产业结构绿色升级。对外贸易发展（ex）对制造业产业结构绿色升级存在普遍的正向空间影响，尤其是对本地区的制造业产业结构绿色升级。空气污染程度（lnpm2.5）对制造业产业结构绿色升级无显著的空间效应。区域资源丰裕度（NRA）对制造业产业结构绿色升级存在普遍的负向空间影响，尤其是本地区制造业产业结构绿色升级程度越高，空气污染程度越低。政府财政支出（gov）与交通通畅度（tran）对中部区域的制造业产业结构绿色升级的空间作用存在差异，这与观察主要解释变量性质有关。

表4-30 中部区域技术创新对制造业产业结构绿色升级的空间效应

效应	TP	TH	TI	lnfdi	EX	NRA	lnpm25	gov	tran
直接效应	0.037 ***			0.002	0.144 *	−0.024 ***	−0.001	−0.051	0.026 ***
	(5.64)			(0.94)	(1.94)	(−4.92)	(−0.05)	(−0.44)	(2.65)
		0.212 ***		−0.006 ***	0.163 ***	−0.002	−0.016	0.296 ***	0.016 *
		(13.77)		(−3.34)	(3.01)	(−0.39)	(−1.08)	(3.25)	(2.01)
			0.015 ***	0.007 *	0.285 ***	−0.029 ***	−0.005	0.168	0.048 ***
			(2.70)	(1.78)	(2.83)	(−3.30)	(−0.17)	(1.04)	(3.17)
间接效应	−0.019 **			−0.012 ***	−0.012	0.000	0.027	0.219	0.007
	(−2.21)			(−3.59)	(−0.15)	(−0.02)	(1.00)	(1.32)	(0.76)
		0.033		0.000	0.177 ***	0.002	0.032	0.034	−0.016 **
		(1.64)		(−0.03)	(2.74)	(0.40)	(1.58)	(0.28)	(−2.40)
			−0.018 ***	−0.012 **	0.03	0.015	−0.001	−0.450 **	−0.006
			(−2.96)	(−2.39)	(0.25)	(1.33)	(−0.03)	(−2.55)	(−0.45)
总效应	0.018			−0.009 ***	0.131	−0.024 ***	0.026	0.169	0.032 **
	(1.21)			(−3.16)	(−1.17)	(−4.24)	(0.82)	(0.68)	(2.54)
		0.244 ***		−0.006 ***	0.340 ***	0.001	0.017	0.330 *	0.000
		(7.64)		(−2.91)	(4.35)	(0.15)	(0.75)	(1.81)	(0.02)
			−0.003	−0.005	0.315 ***	−0.014 ***	−0.006	−0.282	0.042 ***
			(−0.63)	(−1.63)	(2.66)	(−2.61)	(−0.19)	(−1.16)	(3.12)

注：括号内为 t 检验值，*、**、*** 分别表示在10%、5%、1%的条件下显著。

西部区域技术创新各指标对制造业产业结构绿色升级的空间效应见表4-31。西部区域技术创新各指标对制造业产业结构绿色升级的影响存在显著的空间影响，不过技术创新指标对制造业产业结构绿色升级的空间效应存在较大差异。一是专利技术创新（TP）。西部区域的专利技术创新对制造业产业结构绿色升级存在正向效应，其空间溢出效应与总效应都显著为正。这说明西部区域在观察期间，本地区专利技术创新能显著促进制造业产业结构绿色升级，并且对周围地区制造业产业结构绿色升级能产生积极的推动作用，从而显著提升全域制造业产业结构绿色升级水平。二是研究人员数量（TH）。从结果来看，西部区域的研究人员数量能显著促进制造业产业结构绿色升级，空间效应皆十分显著。这说明西部区域科研实力与研究人员数量不仅能够对该地区本身所有的制造业产业产生显著影响，而且能对周边地区制造业产业结构绿色升级产生正向推动作用。三是研发投入（TI）。从结果来看，西部区域的研发投入对制造业产业结构绿色升级没有显著的空间影响。

从控制变量的空间效应来看，国际资本流入（lnfdi）对制造业产业结构绿色升级无显著的空间效应。对外贸易发展（ex）对本地区制造业产业结构绿色升级有显著的空间效应，能推动制造业产业结构绿色升级。空气污染程度（lnpm2.5）与区域资源丰裕度（NRA）都在空间经济视角下与西部区域制造业产业结构绿色升级呈反向相关，有显著的负向空间效应。交通通畅度（tran）对西部区域的制造业产业结构绿色升级有显著的负面空间效应。政府财政支出（gov）对西部区域的制造业产业结构绿色升级的空间效应存在明显不同，这与模型主要解释变量的变化有关。

表4-31　西部区域技术创新对制造业产业结构绿色升级的空间效应

效应	TP	TH	TI	lnfdi	EX	NRA	lnpm25	gov	tran
直接效应	0.002			-0.001	0.198***	-0.016***	-0.051***	-0.041*	-0.014**
	(0.70)			(-1.16)	(4.27)	(-3.61)	(-4.30)	(-1.87)	(-2.19)
		0.029***		-0.001	0.230***	-0.013***	-0.033***	-0.007	-0.013**
		(2.78)		(-1.42)	(5.27)	(-3.35)	(-2.82)	(-0.32)	(-2.12)
			-0.002	-0.001	0.204***	-0.015***	-0.050***	-0.034	-0.013**
			(-1.23)	(-1.04)	4.44	(-3.50)	(-4.27)	(-1.57)	(-2.05)
间接效应	0.014**			0.003	-0.167*	-0.003	-0.008	0.053	-0.043**
	(2.09)			(1.54)	(-1.76)	(-0.31)	(-0.39)	(1.13)	(-2.34)
		0.072***		0.002	-0.015	0.013	0.015	0.142***	-0.036**
		(3.46)		(0.83)	(-0.16)	(1.39)	(0.70)	(2.82)	(-2.04)
			0.004	0.003	-0.141	0.000	-0.003	0.085*	-0.034*
			(1.16)	(1.07)	(-1.48)	(0.04)	(-0.13)	(1.73)	(-1.90)

表4-31(续)

效应	TP	TH	TI	lnfdi	EX	NRA	lnpm25	gov	tran
	0.016**			0.002	0.031	-0.018**	-0.059***	0.011	-0.057***
	(2.18)			(0.87)	(0.31)	(-2.06)	(-3.09)	(0.21)	(-3.31)
总效应		0.101***		0.000	0.215**	0.000	-0.018	0.135**	-0.049***
		(4.51)		(0.18)	(2.08)	(0.00)	(-0.90)	(2.26)	(-2.90)
			0.002	0.001	0.063	-0.014	-0.053***	0.05	-0.048***
			(0.54)	(0.51)	(0.63)	(-1.50)	(-2.67)	(0.89)	(-2.72)

注：括号内为 t 检验值，*、**、*** 分别表示在 10%、5%、1% 的条件下显著。

东北区域技术创新各指标对制造业产业结构绿色升级的空间效应见表4-32。东北区域技术创新各指标对制造业产业结构绿色升级的影响存在显著的空间影响，不过技术创新指标对制造业产业结构绿色升级的空间效应存在较大差异。一是专利技术创新（TP）。东北区域的专利技术创新对本地区制造业产业结构绿色升级存在正向效应，但不显著；其空间溢出效应与总效应都显著为负。这说明东部区域在观察期间，本地区专利技术创新不能显著提升本地区的制造业产业结构绿色升级，这有可能是由于东北区域内部地区专利技术创新差异较大，吉林、黑龙江的专利技术创新效果明显不如辽宁地区，这样的差异反映到空间效应上就出现了负向显著，以至于不利于制造业产业结构绿色升级。二是研究人员数量（TH）。从结果来看，东北区域的研究人员数量不能显著提升制造业产业结构绿色升级，空间效应皆不显著。这说明东北区域科研实力与研究人员数量还没能够对该区域制造业产业产生显著影响，当地制造业产业结构绿色升级的动力来自其他方面。三是研发投入（TI）。从结果来看，东北区域的研发投入能显著提升制造业产业结构绿色升级，空间溢出效应与总效应都在10%的显著性水平下显著。可见东北部区域的研发投入是当地制造业产业结构绿色升级的主要动力之一。

从控制变量空间效应来看，国际资本流入（lnfdi）、政府财政支出（gov）与区域资源丰裕度（NRA）都能在空间经济视角下显著推动东北部区域制造业产业结构绿色升级，交通通畅度对东北区域的制造业产业结构绿色升级也存在显著的推动作用，并且对周边区域的制造业产业结构绿色升级也有显著的推动作用。对外贸易发展对制造业产业结构绿色升级存在负面影响，空气污染程度对制造业产业结构绿色升级无显著的空间效应。

表4-32 东北部区域技术创新对制造业产业结构绿色升级的空间效应

效应	TP	TH	TI	lnfdi	EX	NRA	lnpm25	gov	tran
直接效应	0.001			0.014***	-0.107	0.194***	0.03	0.557***	-0.017
	(0.08)			(5.84)	(-1.07)	(5.60)	(1.60)	(6.45)	(-0.35)
		-0.065		0.013***	-0.042	0.164**	0.022	0.567***	-0.014
		(-1.23)		(4.16)	(-0.27)	(2.37)	(0.83)	(4.10)	(-0.20)
			-0.004	0.010***	-0.19	0.217***	0.018	0.671***	-0.047
			(-0.56)	(2.72)	(-1.36)	(4.24)	(0.77)	(5.66)	(-0.79)
间接效应	-0.072***			0.019***	-0.573***	0.168**	-0.029	0.327**	0.311***
	(-3.80)			(5.07)	(-4.85)	(4.90)	(-0.61)	(2.12)	(3.23)
		0.195		0.017***	-1.017***	0.168**	-0.079	0.299	0.359***
		(1.55)		(3.20)	(-4.70)	(2.57)	(-0.97)	(1.34)	(2.63)
			0.037*	0.009*	-0.904***	0.233***	-0.001	0.378*	0.307***
			(1.68)	(1.75)	(-5.75)	(4.92)	(-0.03)	(1.91)	(2.58)
总效应	-0.071***			0.033***	-0.681***	0.362***	0.001	0.884***	0.294***
	(-3.36)			(6.58)	(-3.47)	(5.44)	(0.02)	(4.84)	(2.82)
		0.131		0.030***	-1.059***	0.332**	(0.06)	0.866***	0.346**
		(1.05)		(4.44)	(-3.28)	(2.51)	(-0.76)	(3.02)	(2.27)
			0.033*	0.019***	-1.094***	0.450***	0.016	1.049***	0.260**
			(1.86)	(2.72)	(-4.00)	(4.67)	(0.32)	(4.42)	(2.16)

注：括号内为 t 检验值，*、**、*** 分别表示在10%、5%、1%的条件下显著。

综合上述结果来看，在空间经济矩阵条件下，技术创新在大部分地区能够显著推动本地区制造业产业结构绿色升级，而空间溢出效应则存在明显不同。首先，专利技术创新（TP）在西部区域能显著促进全域制造业产业结构绿色升级，东部区域、中部区域专利技术创新只能对本地区制造业产业结构绿色升级产生正向空间效应，而东北部区域则不能推进制造业产业结构绿色升级。其次，研究人员数量（TH）在中、西部区域能够对制造业产业结构绿色升级产生显著的正向空间效应，东部区域研究人员数量只对本地区制造业产业结构绿色升级产生正向的空间效应，东北部区域研究人员数量对本地区制造业产业结构绿色升级没有显著的空间效应。最后，研发投入（TI）在中部区域只对本地区制造业产业结构绿色升级产生正向的空间效应，东北部区域的研发投入能对全域及周围地区的制造业产业结构绿色升级产生正向的空间效应，而在东部、中部区域对制造业产业结构绿色升级没有显著的空间效应。

国际资本流入（lnfdi）在东部、东北部区域对制造业产业结构绿色升级有正向的空间效应，在中部区域对制造业产业结构绿色升级有负向的空间效应，在西部区域对制造业产业结构绿色升级没有明显的空间效应。对外贸易发展（ex）在中、西部区域能够对制造业产业结构绿色升级产生显著的正向空间效应，在东北部区域对制造业产业结构绿色升级有负向的空间效应，在东部区域对制造业产业结构绿色升级没有明显的空间效应。区域资源丰裕度（NRA）在中、西部区域对制造业产业结构绿色升级产生显著的负向空间效应，在东北部区域能够对制造业产业结构绿色升级产生正向的空间效应，在东部区域对制造业产业结构绿色升级没有明显的空间效应。空气污染程度（lnpm2.5）在中、东北部区域对制造业产业结构绿色升级没有明显的空间效应，在西部区域对制造业产业结构绿色升级产生显著的负向空间效应，在东部区域则是对制造业产业结构绿色升级有显著为正的空间溢出效应。政府财政支持（gov）与交通通畅程度（tran）在东部区域对制造业产业结构绿色升级有显著为负的空间效应，而在东北部区域对制造业产业结构绿色升级有显著为正的空间效应，但在中、西部区域对制造业产业结构绿色升级的空间影响存在差异，还需要结合实际情况进一步探究。

4.4　本章小结

中国区域制造业产业结构绿色升级有助于中国经济的绿色转型，是绿色制造战略的目标之一。本书在此章第一节先梳理了制造业相关的重要概念、制造业分类以及制造业产业结构的计算方式。在此基础上，本书对中国制造业产业结构的变化轨迹与背后原因进行了分析研究。制造业产业结构变化主要分为两个阶段，第一阶段为新中国成立初期至改革开放前（1953—1977 年），此阶段制造业产业严重依赖重工业，且其产业结构不合理，虽然对早期国民经济的发展有重要贡献，但也为后期制造业产业结构调整造成了困难。第二阶段为改革开放后（1978 年至今），改革开放四十多年来中国发生了翻天覆地的变化，制造业产业结构也从最开始的重工业化转向以科技为主要动力的制造业产业高级化道路。随着高技术制造业产业的发展，制造业产业结构的技术升级水平也在逐渐提升。这为今后制造业产业的绿色转型提供了良好的基础条件。

本章第二节构建了制造业产业结构绿色升级指标体系，并利用熵值法对各地区 2004—2019 年制造业产业结构绿色升级水平进行了测算。在分析各地区制造业产业结构绿色升级水平后，本书发现，区域制造业产业结构绿色升级水平存在显著的区域差异及地区差异。东部区域制造业产业结构绿色升级水平最高，中部区域随着时间发展逐渐崛起，制造业产业结构绿色升级水平有明显提升；东北部区域制造业产业结构绿色升级水平有下降趋势，西部区域制造业产业结构绿色升级水平则是几乎稳定发展。从地区差异来看，广东、江苏、山东及浙江的制造业产业结构绿色升级水平高于其他地区，内蒙古、山西、黑龙江、新疆等地区制造业产业结构绿色升级水平在全国居倒数；河南、安徽、重庆等地区后来居上，自 2015 年后地区制造业产业结构绿色升级水平超过了大多数地区，得到显著提升。可见东部沿海地区的制造业产业结构绿色升级水平高于其他内陆地区，以资源型产业为主的地区制造业产业结构绿色升级水平较低，中部区域地区制造业产业结构绿色升级水平综合来看未来增长潜力较大，尤其是河南与安徽。

本章第三节研究分析了技术创新对制造业产业结构绿色升级的影响。通过分析技术创新如何影响制造业产业结构绿色升级，本书采用三种空间权重矩阵利用空间杜宾模型（SDM）实证分析了技术创新对制造业产业结构绿色升级的影响。结果显示，空间视角下，技术创新对制造业产业结构绿色升级存在显著的空间影响，技术创新能够显著推动制造业产业结构绿色升级，且存在显著的空间溢出效应。并且技术创新对制造业产业结构绿色升级的空间影响存在明显的区域差异。空间经济矩阵条件下，技术创新在大部分地区能够显著推动本地区制造业产业结构绿色升级，而空间溢出效应则存在明显不同。技术创新的指标中，专利技术创新能显著促进西部区域全域制造业产业结构绿色升级，东部区域、中部区域专利技术创新只能对本地区制造业产业结构绿色升级产生正向的空间效应，而东北部区域则不能推进制造业产业结构绿色升级。研究人员数量能够对中、西部区域的制造业产业结构绿色升级产生显著的正向的空间效应，研发投入在中部区域只对本地区制造业产业结构绿色升级产生正向空间效应，东北部区域研发投入能对全域及周围地区的制造业产业结构绿色升级产生正向的空间效应。

综上所述，中国制造业产业结构随着国民经济发展及世界发展环境的变化而不断调整更新，进入新时代后，中国制造业产业结构技术升级水平得到较大提升。随着中国经济的绿色转型发展及绿色制造战略的不断推动，中国制造业产业结构也需要进行绿色升级。与此同时，中国区域制造业产业结构升级的主要动力为技术创新，技术创新对区域制造业产业结构升级的影响存在显著的空间效应，不仅能对本地区区域制造业产业结构升级起到作用，还能够产生空间溢出效应影响周围地区的区域制造业产业结构升级。不过，技术创新对区域制造业产业结构升级的影响还存在显著的区域差异，有待进一步研究。

5 制造业绿色产品长效促进机制

制造业产业结构绿色升级的主要目的之一就是生产具有市场竞争力的制造业产品，制造业绿色产品的生产、销售是绿色制造标准体系的基础之一，因此制造业绿色产品的生产与发展关系到制造业产业的绿色转型与制造业企业在下一阶段市场竞争中能否获得更多市场话语权，也关系到国家经济发展与社会生活的低碳转型。另外，制造业绿色产品需要来自各方面的支持与认可，这关系到制造业绿色产品能否持续发展。为此，本书对制造业绿色产品的长效促进机制进行分析，探索制造业绿色产品持续发展的有效路径。

5.1 制造业绿色产品长效促进机制的基本思路

制造业绿色产品已经进入人们的日常生活，绿色消费、绿色制造等一系列新的社会消费新理念又激发了人们对制造业绿色产品的需求。制造业绿色产品不仅仅只是一时间的风靡，制造业绿色产品能否长久获得人们的认可与支持是制造体系能否成功实现绿色转型的关键，也是中国经济能否实现绿色转型的重要支撑之一。为此，需要理清制造业绿色产品长效促进机制构成的基本思路，为进一步解析制造业绿色产品长效促进机制做铺垫。

5.1.1 建立制造业绿色产品长效促进机制的重要性

进入 21 世纪后，人们逐渐意识到气候问题、环境问题会对人类社会发展产生越来越重要的影响，为此各国开始采取措施发展可持续性、对环境友好的技术及产业。绿色制造正是在这一背景下走上了快速发展的道路。制造业绿色产品也随着各国经济、政治、文化等方面的发展获得了越来越多人的关注与重视。制造业绿色产品未来长期的发展也关系到国家、企业与个人家庭的发展。为此，面对中国新时代经济发展格局的变化以及中国绿色发展理念的要求，在现有基础上进一步完善制造业绿色产品长效促进机制，才能保障中国经济平稳健康发展，实现中国整体发展的绿色转型。

5.1.1.1　中国绿色经济发展的重要助推力

1980 年，国际自然保护联盟（International Union for Conservation of Nature，IUCN）提出了可持续发展的概念。1992 年，联合国在巴西里约热内卢举行了联合国环境与发展会议（UNCED），也称为"地球峰会"，此次会议通过了《21 世纪议程》，对经济可持续发展做出了重大贡献。此后，同样是在巴西里约热内卢举行的 2012 年联合国可持续发展大会（又称"里约+20"）的优先主题为"可持续发展和消除贫困背景下的绿色经济"，会议中对经济可持续发展的推进路径之一就是发展绿色经济①。UNEP 将绿色经济定义为促成提高人类福祉和社会公平，同时显著降低环境风险和减少生态稀缺的经济②。绿色经济也可以被定义为能在经济增长的同时兼顾环境责任，并支持社会发展进步的经济。一方面，中国自提出绿色发展理念后，进一步加强了在经济发展过程中对环境保护、资源节约以及社会循环发展等各方面的重视，并由此提出"绿色制造战略"，以打造绿色制造体系来实现产品供给端的"绿化"；另一方面，积极利用先进技术推动制造业产业升级，在制造业产业结构绿色升级的过程中，加大力度推动制造业绿色产品的生产与上市，使消费者越来越认同绿色产品的理念，主动产生绿色消费的意识，完成需求端理念上的"绿色"，从而实现社会经济发展的绿色转型。一方面，制造业绿色产品不仅是制造业产业升级的良好展示；另一方面，市场对制造业绿色产品的需求又能促使制造业企业继续进行绿色技术升级，不断生产新的绿色产品，从而满足绿色消费的需求。绿色消费又是推动绿色经济持续发展的主要动力之一。由此，制造业绿色产品的生产关系到中国绿色经济发展。

具体从需求端来看，主要是消费者对制造业绿色产品的需求。近年来由于世界各国对环境问题的重视程度越来越高，加之环保主义、绿色消费等新消费理念的出现，消费者对制造业绿色产品的接受度、认可度以及需求都在逐渐增加。消费者通过消费制造业绿色产品，在满足自己需求的同时，也能够起到降低环境损耗，为国民经济良性发展做出贡献的作用。从消费者动机来看，有研究认为，越来越多的消费者更倾向于从环境、道德和社会的角度表达对更具可

---

① 诸大建. 绿色经济新理念及中国开展绿色经济研究的思考 [J]. 中国人口·资源与环境，2012，22（5）：40-47.

② United Nations Environment Programme[EB/OL]. https://www.unep.org/regions/asia-and-pacific/regional-initiatives/supporting-resource-efficiency/green-economy.

持续性的产品的偏好（Gilg et al.，2005）①。消费者之所以追求制造业绿色产品，一方面是为了向他人展示自己愿意为保护环境贡献力量，是一种利他主义的表现；另一方面也能通过消费绿色产品向外界展示自己的"社会地位"（Griskevicius et al.，2010）②。正因如此，在社会追求高效、节能、环保的背景下，一般居民消费者中拥有较高学历、较高收入水平的人会更容易接受制造业绿色产品，并持续消费绿色产品（Van Vugt，2009）③。消费者也有可能因为存在对环境的亏欠感而选择绿色产品（杜建国 等，2022）④。而消费一直与投资、出口共同被称为拉动经济增长的"三驾马车"，对国民经济有着显著的促进作用。绿色消费规模的扩大对中国绿色经济的发展有着直接作用。绿色经济需要在经济发展过程中兼顾环境责任，绿色消费正是消费者考虑环境责任之后，选择消费绿色产品而形成的新消费模式。只要消费者有制造业绿色产品的消费需求，就能带动相关产业、服务的发展，进而推动中国绿色经济的发展。

具体从供给端来看，经济发展的四大要素包括人力资源、自然资源、资本与技术⑤。人力资源与大量高素质人口的培养、科技创新以及产业升级关系密切。人力资源丰富的地区制造业产业结构高级化以及制造业产业绿色升级也会比其他地区有更好的表现。同样，自然资源对区域制造业产业的发展也有一定的影响。中国发展绿色经济，除了高素质人口、可持续利用的能源及技术，还有持续的绿色投资，尤其是对制造业绿色产业相关的投资。从市场供需关系来讲，市场上对制造业绿色产品的需求促使制造业企业生产、制造更多绿色产品，企业要生产绿色产品就需要更新、升级传统工业技术。制造业绿色产品不仅包含日常生活用品这类技术含量稍低、对资源及供应链要求不高的绿色产品，还包括新能源汽车、光伏组件等高技术含量且对供应链上下游企业要求高的产品。一方面，高技术制造业产业的发展能够带动其上下游企业的生产与技术升级，同时，高技术制造业产业的污染率远低于其他制造业产业。另一方

① GILG A, BARR S, FORD N. Green consumption or sustainable lifestyles? Identifying the sustainable consumer [J]. Futures, 2005, 37 (6): 481-504.

② GRISKEVICIUS V, TYBUR J M, VAN DEN BERGH B. Going green to be seen: status, reputation, and conspicuous conservation [J]. Journal of personality and social psychology, 2010, 98 (3): 392.

③ VAN VUGT M. Averting the tragedy of the commons: Using social psychological science to protect the environment [J]. Current Directions in Psychological Science, 2009, 18 (3): 169-173.

④ 杜建国，徐玉环. 环境亏欠感对绿色产品消费的影响研究 [J]. 西安交通大学学报（社会科学版），2022, 42 (4): 86-96.

⑤ 胡雪萍. 消费转型与经济发展 [M]. 北京：中国财政经济出版社，2002: 57.

面，有研究认为大约 72% 的温室气体排放与家庭消费有关（Hertwich et al.，2009）①，这意味着制造业绿色产品的市场占有率越高，越能够控制由居民家庭消费产生的温室气体与环境污染问题。制造业企业为生产绿色产品不断地进行技术创新能够有效助推当地绿色制造的发展，并且制造业产业绿色技术创新还可以促进区域经济发展传导到其他区域，从而从产品供给的角度推动中国绿色经济发展。

5.1.1.2 产业结构绿色转型的重要抓手

国家经济能否健康发展的关键之一在于产业结构是否合理。随着绿色消费的兴起，居民消费结构也在逐渐变化，消费结构的变化会使得产业结构发生变化。党的十九大报告指出，中国特色社会主义进入新时代，我国社会主要矛盾已经转化为人民日益增长的美好生活需要和不平衡不充分的发展之间的矛盾②。2018 年的政府工作报告也明确指出：增强消费对经济发展的基础性作用，推进消费升级，发展消费新业态新模式。其中，重点提及了对新能源汽车的支持③。消费升级不仅要提升消费品质量，还要扩大消费信息类产品的消费、增加新兴服务消费以及发展新消费模式。绿色消费正是下一阶段需要大力发展的新消费模式之一④。一方面，消费者需求直接关系到企业生产，为了满足人民群众对更优质、更环保的产品的需求，从事相应生产的产业，特别是制造业企业需要根据市场消费者的需求转变生产产品类型、设计更符合消费者心理的产品，这就要求制造业企业进行技术升级。另一方面，绿色消费理念进一步被消费者接受后，会引起消费结构的绿色转型。消费结构的绿色转型会进一步对市场主导产品类型产生影响，从而影响产业结构调整，使得绿色制造业企业、绿色工厂受益，进而使得产业结构进行绿色转型。因此，消费结构的绿色升级意味着消费者对制造业绿色产品的需求会增加，从而促使制造业企业技术升级，推动产业结构的绿色转型。

中国绿色经济发展不仅会减少经济发展过程中对环境产生的负外部性，还能增加居民消费者乃至企业、政府机构对绿色发展理念的认识，使得可持续发展、绿色发展等环境友好型发展理念深入人心。国家发展改革委等部门于

---

① HERTWICH E G，PETERS G P. Carbon footprint of nations：a global，trade-linked analysis. [J]．Environmental Science & Technology，2009，43（16）：6414-20.

② 决胜全面建成小康社会 夺取新时代中国特色社会主义伟大胜利［N］．人民日报，2017-10-19（002）.

③ 李克强．政府工作报告：2018 年 3 月 5 日在第十三届全国人民代表大会第一次会议上［J］．中华人民共和国国务院公报，2018（12）：9-24.

④ 郭道锋．增强消费对经济发展的基础性作用［M］．北京：中国言实出版社，2018.

2022 年 1 月共同出台的《促进绿色消费实施方案》也指出："……大力发展绿色消费，增强全民节约意识，反对奢侈浪费和过度消费，扩大绿色低碳产品供给和消费，完善有利于促进绿色消费的制度政策体系和体制机制，推进消费结构绿色转型升级，……"① 扩大绿色低碳产品供给，譬如绿色节能家电、新能源汽车及其相关配件等制造业绿色产品，需要相关企业先升级技术，设计符合绿色产品标准的产品，这使得相关产业需要进行产业绿色技术升级。产业绿色技术升级能够带动产业上下游各环节进行技术升级，从而实现产业结构的绿色转型。

5.1.1.3　制造业企业提升竞争力的新途径

全球经济可持续发展要求各国采取措施进行可持续发展，不过国家的监管措施对制造业企业绿色转型提出了更高的要求，为此，制造业企业需要在环境、经济以及社会的三重底线构建的框架内发展，并能够可持续发展（Garetti et al.，2012）②。不过对制造业企业发展来讲，这既是新时代发展的机遇，也是对传统制造业企业的大挑战。在这一背景下，制造业企业如何提升自身企业竞争力，应对各方面的压力与挑战就成为新时代企业经营的主要目标之一。一方面，对于传统制造业企业来讲，绿色低碳转型无论是对企业生产成本还是技术升级的要求都较高，如钢铁、冶炼等制造业行业；另一方面，对新型制造业企业来讲，从开始设厂到投入生产再到上市销售整个流程时间较长，中途需要花费的成本也不低，这使得地区直接发展新型制造业产业的难度较高。不过，有研究认为设计得当的环境标准可以引发创新，从而降低产品的总成本或提高其价值（Porter et al.，1995）③。因为在产品生产过程中，企业需要考虑整个供应链中制造和组装活动的环境和经济方面成本，从整体上保持成本竞争力（Kremer et al.，2016）④。另外，在此背景下，企业的一些利益相关者敦促企业

①　国家发展改革委. 国家发展改革委等部门关于印发《促进绿色消费实施方案》的通知 [EB/OL].（2022－01－18）[2022－07－12]. http://www.gov.cn/zhengce/zhengceku/2022－01/21/content_5669785. htm.

②　GARETTI M, TAISCH M. Sustainable manufacturing：trends and research challenges [J]. Production planning & control, 2012, 23（2-3）：83-104.

③　PORTER M E, VAN DER LINDE C. Green and competitive：Ending the stalemate [J]. Harvard business review, 1995, 73（5）：120-134.

④　KREMER G E , HAAPALA K , MURAT A, et al. Directions for instilling economic and environmental sustainability across product supply chains [J]. Journal of cleaner production, 2016, 112（3）：2066-2078.

减少对社会和自然环境的负面影响（Bansal，2005；Barnet，2007）[1][2]，使得制造业企业不得不采取相应措施，对自身生产技术进行绿色升级，降低生产过程中需要的能耗，同时提供低碳、环保的绿色产品。

企业竞争力有来自企业内部、外部的各种因素，如有来自内部的稀缺、独有的战略性资源、企业内部组合管理能力；也有来自企业外部的先进知识理论与市场结构[3]。随着现代化工业的发展，工业 4.0 技术革新的浪潮来袭，制造业企业要在新技术革命浪潮中站稳并拥有一席之地，就必须要根据自身情况进行技术升级，以获得更强的市场竞争力。同时，为实现经济发展的长期可持续性，需要通过技术变革和工业系统创新将经济增长与环境约束脱钩（Haas et al.，2015）[4]。在此过程中，制造业产业利用技术创新进行产业结构绿色升级以满足绿色制造的转型需求。制造业企业的竞争力与商品需求有关（Kuźmiński et al.，2020）[5]，为此，市场对制造业绿色产品长期的需求，能促使制造业企业不断进行产品设计、研发，利用先进技术降低生产成本，提升企业竞争力，使自身企业产品在市场上能够以合理价格获得比其他非绿色产品更多的青睐。由此可以认为，制造业绿色产品的长期发展是制造业企业持续提升自身竞争力的主要动力之一。

5.1.2 与绿色产品相关的国家政策与法规

自可持续发展成为世界经济发展的重要主题后，与制造业企业相关的环境法规、政策和标准已在全球范围内颁布（Gutowski et al.，2005）[6]。中国也根据自身情况制定并实施了可持续发展战略，推出了生态文明建设，形成了绿色发展理念等一系列与环境保护、社会可持续发展相关的战略举措与理论建设。

---

① BANSAL P. Evolving sustainably：A longitudinal study of corporate sustainable development ［J］. Strategic management journal，2005，26（3）：197-218.

② BARNET M L. Stakeholder influence capacity and the variability of financial returns to corporate social responsibility ［J］. Academy of management review，2007，32（3）：794-816.

③ 肖江平. 资源环境约束与中国钢铁企业竞争力研究 ［M］. 北京：中国地质大学出版社，2012.

④ HAAS W，KRAUSMANN F，WIEDENHOFER D，et al. How Circular is the Global Economy?：An Assessment of Material Flows，Waste Production，and Recycling in the European Union and the World in 2005 ［J］. Journal of industrial ecology，2015（19）.

⑤ KUZMINSKI Ł，JAŁOWIEC T，MASLOCH P，et al. Analysis of factors influencing the competitiveness of manufacturing companies ［J］. European research studies journal，2020，23（2）.

⑥ GUTOWSKI T，MURPHY C，ALLEN D，et al. Environmentally benign manufacturing：observations from Japan，Europe and the United States ［J］. Journal of cleaner production，2005，13（1）：1-17.

中国经济发展的未来道路既要符合人民对美好生活的追求，又要做到生态、环境各方面可持续，因此绿色发展成了中国经济发展的主要方式之一。绿色经济发展需要国民经济各部门相互配合，其中居国民经济支柱地位的制造业产业绿色升级就显得尤为关键。

为推动中国制造业产业早日实现绿色转型，绿色制造体系快速发展，中国出台了一系列政策，如《中国制造2025》《工业绿色发展规划（2016—2020年）》《绿色制造工程实施指南（2016—2020年）》对实施打造绿色制造体系进行了总体规划与布局。针对绿色制造体系中的绿色产品、绿色工厂、绿色园区以及绿色供应链的制定推出了相应标准，如《绿色产品评价通则》《绿色工厂评价通则》《绿色产业园区评价导则》《绿色制造 制造企业绿色供应链管理导则》，且工业和信息化部自2017年起按照绿色制造体系标准对制造业企业进行了国家级认证（具体信息见本书第二章）。从绿色产品的认证标准发展来看，2015年工业和信息化部先是出台了《生态设计产品评价通则》（GB/T 32161-2015），对生态产品的认证标准、范围、品类等都做了详细的说明。2016年出台了《绿色产品评价通则》，2017年5月，工业和信息化部又推出并实施了《工业节能与绿色标准行动计划（2017—2019年）》，催生了一大批绿色产品标准。截至2021年年底，我国已经制定了19项绿色产品评价国家标准，对标称"绿色产品"的资源属性、能源属性、环境属性、品质属性提出明确要求。

1989年，《中华人民共和国环境保护法》颁布，其中第二十五条对工业企业技术改造、资源利用及污染排放等做出了相应要求[1]，并在第二十四至第二十八条对相关单位生产活动中的污染排放等活动进行了法律意义上的规定[2]。2014年我国对《中华人民共和国环境保护法》进行了修订。1997年，我国颁布实施《中华人民共和国节约能源法》并在2007年进行了修订，其中规定奖励生产节能产品的生产商，并根据厂商自愿原则对其申请节能产品认证的产品进行相应认证[3]。2002年我国首次制定了《中华人民共和国清洁生产促进法》，于2003年1月1日正式实施，并于2012年进行了修订。该法律为促进我国生产活动中使用清洁能源，利用技术改进生产技术，实现可持续生产发展

---

[1] 《中华人民共和国环境保护法》（1989年版）第二十五条规定：新建工业企业和现有工业企业的技术改造，应当采用资源利用率高、污染物排放量少的设备和工艺，采用经济合理的废弃物综合利用技术和污染物处理技术。
[2] 中华人民共和国环境保护法 [J]. 中华人民共和国国务院公报, 1989 (26)：941-948
[3] 中华人民共和国节约能源法 [J]. 湖南政报, 2008 (1)：9-15.

提供了法律保障①。

综上可见，我国对环境保护、制造业技术创新与节能产品等方面一直以来都十分重视，不仅制定出台了各类具有针对性的政策以推动绿色产品的发展，而且在各类相关法规中对企业生产进行了规范。未来我国还会继续完善绿色产品相关认证标准，并且将来也会将绿色产品、绿色制造等相关部分纳入法律规范中。

5.1.3 制造业绿色产品长效促进机制的主要组成部分

制造业绿色产品的发展对国家绿色经济的发展、产业结构绿色转型与增强制造业企业竞争力都有积极影响的一面，为此，研究制造业绿色产品的长效促进机制对我国经济发展有着重要意义。从制造业绿色产品的设计、生产制造再到上市销售各个环节涉及多个部门，这些部门进行生产活动需要资源、技术、人力以及资金，因此，要理清制造业绿色产品的长效促进机制就需要明确机制中涉及的关键组成部分。

理性的经济观点表明环境保护主要是由经济原因驱动的（Cone et al., 1980）②。因此，有研究认为激励人们走向绿色的有效方法是使绿色产品更便宜、更高效，并为消费者提供购买它们的经济激励（例如税收减免）（Van Vugt et al., 1995; Matsukawa et al., 2000）。同时，有研究认为政府可以采取措施控制突发事件以减少工业对环境的破坏活动并增加环境保护计划，以此来弥补个人及企业行动上不能做到的对环境保护的行为（Geller, 1989）③。制造业绿色产品也需要持续更新、扩大生产规模与提升市场占有率，这就要求制造业企业不断投入生产所需的要素以及不断更新绿色产品的设计、制造技术。

从制造业绿色产品供给角度看，制造业企业是生产绿色产品的主要部门，是制造业绿色产品发展的主要承担者。商业和工业在提供向绿色经济过渡所需的经济上可行的产品、流程、服务和解决方案方面发挥着至关重要的作用④。不过，制造业企业在进行绿色产品生产活动时需要考虑多方面的因素。一方

---

① 中华人民共和国清洁生产促进法 [N]. 人民日报, 2012-04-19 (016).

② CONE J D, HAYES S C. Environmental problems/behavioral solutions [M]. Cambridge：Cambridge University Press, 1980.

③ GELLER E S. Applied behavior analysis and social marketing：An integration for environmental preservation [J]. Journal of social issues, 1989, 45 (1)：17-36.

④ International Chamber of Commerce. 10 Conditions for a Transition Toward a Green Economy[EB/OL]. https://iccwbo.org/content/uploads/sites/3/2012/07/ICC - Ten - Conditions - for - a - transition - towards-a-Green-Economy-.pdf.

面，制造业企业的绿色技术创新与绿色产品设计、生产不仅依靠企业自身资源，还需要来自外界的支持，如其他机构或企业的投资、技术开发合作，政府的资金支持等。尤其是高技术制造业绿色产品的生产，往往具有投资规模大、盈利时间长等特点，一般情况下靠企业自身融资、技术开发难以进行生产。另一方面，制造业企业的生产活动受到政府部门以及消费者的监督，尤其是政府部门出台的各项政策、法律等规定对制造业企业的绿色生产进行直接管理。同时，政府部门为促进制造业企业进行绿色生产还会对企业进行补贴或是给予税收减免优惠，让其自愿进行绿色转型。

从制造业绿色产品的需求角度看，推行绿色制造，开发推广绿色产品，是促进绿色消费的重要途径，是推动实现"碳达峰""碳中和"目标的有力举措。消费者对制造业绿色产品的需求直接促使制造业企业生产绿色产品，消费者又可以分为居民消费者、企业消费者与政府消费者三个主要部分。居民消费者对制造业绿色产品的需求能够有效地提升绿色产品的市场占有率，帮助制造业绿色产品形成良好的消费市场。企业对制造业绿色产品的消费体现在企业采购和供应链上下游产品的消费上。企业经营所需的生产材料与实体公司、厂房等所需用品不能全部依靠自身产出，必须要进行外向采购，企业为实现节能绿色生产与减少日常经营活动产生的环境污染就需要采购外界生产的绿色产品、清洁能源等来维持自身的可持续经营和绿色生产。另外，企业本身处于各类型产业供应链体系中，不论是为上游企业提供原料加工，还是为下游企业提供再加工产品，抑或是本身处于供应链末端将所有生产材料进行组装、再加工推向市场，这一过程中每个环节都需要做到绿色、环保、节能，这样才能被认为是绿色供应链企业，才有更高的效率产出绿色产品。政府对制造业绿色产品的需要主要体现在政府采购方面，国家对绿色制造的大力支持以及"30·60"双碳目标的提出，都需要政府在未来的运行过程中要采取低碳、节能的环保措施，为此，2004年财政部已经出台了《节能产品政府采购实施意见》，通过采购节能产品来促进企业技术进步。

通过上述分析可知，制造业绿色产品长效促进机制的构成需要考虑到制造业绿色产品的供需双方，制造业绿色产品需求能够帮助消费者形成绿色消费的意识，从而增加市场对制造业绿色产品的需求，促使制造业进行技术升级及产业结构绿色升级，从而帮助区域和国家实现绿色经济持续经济增长。整个过程需要国家、企业以及居民的共同参与，制造业生产各部门的协调配合，以及支撑制造业生产绿色产品的各类资源。为此，本书认为制造业绿色产品的长效促进机制主要包括以下几部分：

一是政府绿色采购。政府绿色采购既是政府采购的组成部分，又是绿色消费体系的主要构成部分之一。政府采购制造业绿色产品增加市场对其的需求，能够有助于制造业绿色产品的长期发展；政府绿色采购还能不断扩大绿色产品的范围，起到环保示范效应，带动企业、居民接受制造业绿色产品，进而促进制造业绿色产品的长期发展。市场政府补贴对于企业来讲，既是对生产绿色产品的鼓励，又是对生产绿色产品的奖励，只要企业认为生产绿色产品获得的补贴与营收相比单纯生产一般制造业产品收益高，企业就会持续生产绿色产品，从而增加了制造业绿色产品的市场供给。

二是国家或区域的各项与环境相关的政策、法规，包括环境税等。在可持续发展战略与绿色发展理念的指导下，不仅国家出台了各项环保政策、法规对制造业企业绿色产品生产进行管理，各区域也会根据自身情况出台一些政策措施与法规，以此来保障地区制造业绿色产品生产的有序、正常进行。同时，国家环境政策通过不同的政策工具对企业的生产进行调控，以达到鼓励企业积极参与绿色产品的供给与消费的目的。

三是绿色金融。绿色金融相比绿色产业投资更具有融资金额高，灵活性、针对性强的特点，绿色金融主要通过金融工具，如绿色债券、绿色保险、绿色产业投资等给相关产业内企业的绿色项目进行专项资金帮助，并且这类融资工具可以在专门的市场上进行流通，相对于产业投资对制造业企业的资助来讲更具优势。由于其可以在市场上进行交易、融资，绿色金融更能够帮助制造业企业获得大规模资金的注入，帮助其持续研发绿色技术，生产绿色产品。

本书接下来将对制造业绿色产品长效促进机制的主要构成部分进行详细分析。

5.2 政府绿色采购

5.2.1 政府绿色采购的定义

国家的正常运转需要各级政府部门与机构各司其职，共同处理各项国际、民生相关的事件。政府要履行职能，就需要购买商品和服务或进行采购（Thai，2000）①。政府采购的历史由来已久，随着世界各国经济、文化的发展，

---

① THAI K V，GRIMM R. Government procurement：past and current developments ［J］. Journal of public budgeting，accounting & financial management，2000.

现代政府采购与过去传统的政府采购有了明显不同的特征。政府采购是由集中采购发展而来的，美国俄克拉荷马州是第一个在 1810 年提供创建董事会的州政府，供所有州政府部门和机构集中采购（Page，1980）①。随着国家经济的发展，集中采购制度存在管理过于集中、灵活性较差的缺点，采购权开始逐级下放。世界贸易的繁荣，使得各国认为进行跨国政府采购能够更好地降低政府采购成本，同时有的国家还能借由跨国采购获得更多的收益。世界贸易组织（WTO）推出了《政府采购协议》（Agreement on Government Procurement，GPA），进一步推动各方之间相互开放政府采购市场②。

根据《中华人民共和国政府采购法》对政府采购所下的定义，政府采购是指各级国家机关、事业单位和团体组织，使用财政性资金采购依法制定的集中采购目录以内的或者采购限额标准以上的货物、工程和服务的行为。政府采购主体是各级国家机关、事业单位和团体组织，资金来源确定为财政性资金，采购商品需要依据相关规定进行。由此可见，政府采购具有采购主体确定、公共性资金来源、采购活动非商业营利性、采购具有严格的规制性的特点。政府采购的类型多样，有集中采购与分散采购、代理采购与自行采购以及公开招标性采购等多种形式。另外，在环境问题日益严峻的背景下，政府采购作为对经济发展有着重要支撑的部分之一，也开始关注采购过程中及采购对象的低碳、节能、环保等问题。由此，20 世纪 90 年代越来越多的国家开始推行政府绿色采购。发达国家最先开始推行政府绿色采购，如欧盟中的英国、德国等③，日本也是较早开展政府绿色采购的亚洲国家。20 世纪 90 年代中期，生态现代化（ecological modernization）理念从西方发达国家传入亚洲，先是被发展起来的"东亚四小龙"接受，之后又传入新兴工业化经济体，包括中国、马来西亚等（Mol，2006）④，并且越来越多的行业和政府都认识到亚洲各类绿色行业可以带来积极的经济和竞争利益（Geng et al.，2008）⑤，这使得中国政府也逐渐意识到需要发展政府绿色采购。

---

① PAGE H R. Public purchasing and materials management [M]. Toronto：Lexington Books，1980.

② WTO. Agreement on Government Procurement[EB/OL]. [2022-07-15]. https：//www.wto.org/english/tratop_e/gproc_e/gp_gpa_e.htm.

③ KUNZLIK P. Making the market work for the environment：acceptance of（some）'green'contract award criteria in public procurement [J]. Journal of environmental law，2003，15（2）：175-201.

④ MOL A P J. Environment and modernity in transitional China：Frontiers of ecological modernization [J]. Development and change，2006，37（1）：29-56.

⑤ GENG Y，DOBERSTEIN B. Greening government procurement in developing countries：building capacity in China [J]. Journal of environmental management，2008，88（4）：932-938.

结合可持续发展与绿色发展理念，以及政府采购的定义，可以将政府绿色采购（government green procurement 或 government green purchasing，GGP）定义为：在公共部门采购产品、服务和工作，考虑到环境标准以保护自然环境和资源，并尽量减少人类活动的负面影响①。有中国学者认为政府绿色采购是指政府利用自身大量采购需求，在采购过程中选择更符合绿色生态环保标准的产品和服务的行为，其目的是将生态消费理念贯穿于整个采购过程中以达到保护环境和节约资源的目的（秦鹏，2007）②。显然，政府绿色采购比普通政府采购多了生态环保的要求，更侧重于采购对象是否符合绿色标准，能否降低对环境的负外部性。政府绿色采购同样也拥有资金来源稳定、公共性资金来源、采购活动非商业营利性、采购具有严格的规制性的特点，不过其采购对象要求更细、更具体。

5.2.2 政府绿色采购发展阶段

政府绿色采购作为中国绿色消费体系的一部分，对制造业绿色产品的设计、制造与认证各个环节都有着积极作用。政府绿色采购对制造业绿色产品的推动作用也表现在其发展阶段中。中国政府绿色采购的发展可以追溯到 20 世纪 90 年代，迄今为止发展了近三十年。具体来看，中国绿色政府采购发展阶段大致可以划分为四个阶段。

（1）第一阶段：中国绿色采购起步阶段（20 世纪 90 年代初至 2002 年）

中国改革开放后经济发展迅速，国际交流也日渐频繁。随着国际上政府采购的相关理论的传入，中国政府采购规范化与法制化开始提上日程。中国政府采购制度在 20 世纪 90 年代是作为财政支出管理制度的一项内容提出来的，它是适应建立社会主义市场经济体制的公共财政管理制度的一项制度③。1996 年中国开始推行政府采购试点，1998 年全国试点城市范围扩大。同年，国务院根据建立政府采购制度的需要和国际惯例，明确财政部为政府采购的主管部门履行拟订和执行政府采购政策的职能。随后财政部在 1999 年 4 月 17 日颁布了中国《政府采购管理暂行办法》，对中国政府采购的主体、采购方式、招投标

---

① WALTER K，NORMA M，KHAIRUL N A. Government Green Procurement（GGP）Guidelines for Government Procurers［EB/R］.［2022 – 07 – 15］. https://hsgm. moh. gov. my/v3/uploads/pekeliling/ggp/GGP%20GUIDELINES%20 – %20FINAL.pdf#: ~ : text = Government%20Green%20Procurement%20% 28GGP% 29% 20refers% 20to% 20the% 20acquisition，minimises% 20and% 20reduces% 20negative% 20impacts%20of%20human%20activities.

② 秦鹏. 政府绿色采购：逻辑起点、微观效应与法律制度［J］. 社会科学，2007（7）：69-76.

③ 白志远. 政府采购政策研究［M］. 武汉. 武汉大学出版社，2016.

程序、政府采购监督等做了相应规定。2000 年我国政府采购全面铺开，各地区政府采购机构建设已基本完成，绝大多数地方政府设立了政府采购管理机构和执行机构①。随后在 2001 年，财政部和中国人民银行共同印发了《政府采购资金财政直接拨付管理暂行办法》，明确了政府向供应商支付采购资金的具体问题。2002 年我国正式颁布了《中华人民共和国政府采购法》（以下简称《政府采购法》），是中国政府采购的法制化进程的又一里程碑。

在此过程中，可持续发展、生态现代化等绿色发展相关理念相继传入中国。中国为推动工业化、现代化改革与发展，同时强调生态环境保护问题，制定并颁布了《中华人民共和国清洁生产促进法》《中华人民共和国环境保护法》等相关法律法规，这些法律法规与《中华人民共和国政府采购法》一起对中国政府在进行政府采购过程中环境保护、节能等相关问题提供了有力的法律支持，如《中华人民共和国政府采购法》中第九条规定"政府采购应当有助于实现国家的经济和社会发展政策目标，包括保护环境，……"。此时，政府绿色采购的概念已经开始引起中国各界的讨论与关注。

（2）第二阶段：中国政府绿色采购成长阶段（2003—2008 年）

2003 年 1 月《中华人民共和国政府采购法》正式开始实施。同年，为进一步改革、完善政府采购制度，财政部经国务院同意发布了《关于全面推进政府采购制度改革的意见》。并且财政部还制定了《政府采购货物和服务招标管理办法》等 13 个办法，对政府采购的物品要求、供应商要求、采购信息等各方面进行了规范。与此同时，其他地方政府也积极建设自身采购体系，因而2003 年也被称为"制度建设年"②。2004 年中国绿色政府采购有了新的成长。财政部与国家发展改革委共同印发了《节能产品政府采购实施意见》（以下简称《意见》），该《意见》明确指出"各级国家机关、事业单位和团体组织（以下统称"采购人"）用财政性资金进行采购的，应当优先采购节能产品，逐步淘汰低能效产品"。该《意见》对政府绿色采购产品的选择提供了参考，即"节能产品"，为促进制造业绿色节能产品认证，提高市场制造业绿色产品需求起到了一定效用。随后自 2006 年开始，财政部和国家环境保护总局（现生态环境部）共同开启了环境标志产品的政府采购工作。2006 年 10 月 24 日，财政部和国家环境保护总局共同发布了《关于环境标志产品政府采购实施的意见》，再次强调了"各级国家机关、事业单位和团体组织用财政性资金进行

---

① 楼继伟. 在《中国政府采购》杂志首发式上的讲话 [J]. 中国政府采购，2001 (3)：6-9.

② 中国政府采购年鉴编委会. 中国政府采购年鉴 [M]. 北京：中国财政经济出版社，2004.

采购的，要优先采购环境标志产品，不得采购危害环境及人体健康的产品"。并同时发布了第一期《环境标志产品政府采购清单》①。随后，国务院为加强政府对节能减排工作的导向性作用，在 2007 年发布了《国务院办公厅关于建立政府强制采购节能产品制度的通知》，强制政府采购节能效果显著、性能比较成熟的产品，首批政府强制采购节能产品有 9 大类，包括空调机、计算机、打印机等②。这直接保障了政府采购的"绿化"，并对市场生产制造业绿色产品起到了极大鼓励作用。2008 年财政部联合有关部门扩大了节能产品政府采购清单、环境标志产品政府采购清单范围，节能清单共计 30 种产品，包括 496 家企业的 14 423 个产品型号/系列。环境标志清单将产品由过去的 14 类 2 823 种增加到 21 类 6 876 种③。政府绿色采购制造业绿色产品的范围进一步扩大。

（3）第三阶段：中国绿色采购发展阶段（2009—2019 年）

中国政府绿色采购经过十多年的发展已经取得了较为可观的成果，尤其是在采购节能、环保产品方面。2009 年后中国政府绿色采购又进入下一个阶段，并逐渐走向成熟。

2009 年 4 月，国务院办公厅发布《关于进一步加强政府采购管理工作的意见》，提出要"加大强制采购节能产品和优先购买环保产品的力度"。2009 年年底，中国在哥本哈根气候大会上作出到 2020 年二氧化碳排放量下降 45% 的承诺。这意味着中国经济要加快脚步进行绿色低碳转型，政府采购也要进一步向绿色低碳迈进。2011 年出台的《中华人民共和国国民经济和社会发展第十二个五年规划纲要》，不仅强调了要建设资源节约型、环境友好型社会，还提出要推行政府绿色采购，逐步提高节能节水产品和再生利用产品的比重④。这进一步提高了节能、环保产品在政府采购中的位置，截至 2011 年年底，政府强制采购或优先采购的节能、环保产品规模分别达到 910.6 亿元和 739.8 亿元，占同类产品的 82% 和 60%，节能、环保产品采购规模占政府采购总规模的比例达到 14.5%⑤。2012 年是《政府采购法》颁布的第十年，也是党的十

<hr/>

① 中华人民共和国财政部，国家环境保护总局. 关于环境标志产品政府采购实施的意见 [EB/OL]. （2006 - 10 - 24）[2022 - 07 - 15]. http://www. gov. cn/zwgk/2006 - 11/17/content _ 445320. htm.

② 中广网. 政府公布强制节能采购范围首开 9 类产品清单[EB/OL]. （2007-12-14）[2022-07 -15]. http://hn.cnr.cn/hnit/200712/t20071214_504654045. html.

③ 中国政府采购年鉴编委会. 中国政府采购年鉴 [M]. 北京：中国财政经济出版社，2009.

④ 中华人民共和国国民经济和社会发展第十二个五年规划纲要 [N]. 人民日报，2011-03-17 （001）.

⑤ 完善我国政府绿色采购制度体系 [J]. 中国政府采购，2012 （12）：22-23.

八大开篇之年，中国政府采购无论是制度建设、采购规模还是其政策导向作用都比之前有了长足进步，政府绿色采购也进一步发展，全国强制和优先采购节能、环保产品的规模分别占同类产品的84.6%和68.3%。之后在党的十八大生态文明建设的精神指导下，政府绿色采购进一步发展。2014年，《中华人民共和国政府采购法实施条例》颁布实施，其中在保护环境的基础上，增加了节约能源的要求。2018年，中央全面深化改革委员会第五次会议审议通过的《深化政府采购制度改革方案》，进一步强化了政府采购作为财政政策工具的调控功能。2019年财政部联合国家发展改革委、生态环境部以及国家市场监督管理总局共同发布了《关于调整优化节能产品、环境标志产品政府采购执行机制的通知》，其中对采购产品清单管理、发布机构以及产品信息认证等各方面进行了明确要求，并在第五条直接提出"加大政府绿色采购力度"[①]。

截至2019年年底，全国政府采购规模为33 067亿元，占全国财政支出和GDP的比重分别为10%和3.3%。其中，全国强制和优先采购节能、节水产品633.7亿元，占同类产品采购规模的90%，全国优先采购环保产品718.7亿元，占同类产品采购规模的88%。中国政府绿色采购规模得到进一步扩大，发挥良好的环保示范效应[②]。

（4）第四阶段：中国绿色采购成熟阶段（2020年至今）

2020年9月中国在第75届联合国大会上正式提出"双碳"目标。为了实现"双碳"目标，使国家经济发展早日实现绿色低碳转型出台了不少政策，对政府绿色采购而言，更是进入新的发展阶段。

2021年3月12日，《中华人民共和国国民经济和社会发展第十四个五年规划和2035年远景目标纲要》正式发布，其中提出"生产生活方式绿色转型成效显著"，继续深入"实施可持续发展战略，完善生态文明领域统筹协调机制，构建生态文明体系，推动经济社会发展全面绿色转型，建设美丽中国"。之后于2021年7月1日发布的《"十四五"循环经济发展规划》明确提出"绿色低碳循环发展成为全球共识"，并且要"加大政府绿色采购力度，积极采购再生资源产品"[③]。并且在中央财经委员会第九次会议中明确了"十四五"

① 财政部，发展改革委，生态环境部，市场监管总局.关于调整优化节能产品、环境标志产品政府采购执行机制的通知[EB/OL].（2019-02-01）[2022-07-15].http://www.ccgp.gov.cn/zcfg/mof/201902/t20190213_11628855.htm.

② 数据来源：人民日报.政府采购 多方共赢[EB/OL].（2021-01-21）[2022-07-15].http://www.mof.gov.cn/zhengwuxinxi/caijingshidian/renminwang/202101/t20210121_3647321.htm.

③ 国家发展改革委."十四五"循环经济发展规划[R/OL].（2021-07-01）[2022-07-05].https://www.ndrc.gov.cn/xxgk/zcfb/ghwb/202107/P020210707324072693362.pdf.

期间重点要做好的七项工作，包括"完善有利于绿色低碳发展的财税、价格、金融、土地、政府采购等政策"。2021 年 9 月 22 日，《中共中央 国务院关于完整准确全面贯彻新发展理念做好碳达峰碳中和工作的意见》明确提出要"完善政府绿色采购标准，加大绿色低碳产品采购力度"①。2021 年 10 月 24 日，《中共中央 国务院关于完整准确全面贯彻新发展理念做好碳达峰碳中和工作的意见》发布。其中明确，要完善政府绿色采购标准，加大绿色低碳产品采购力度②。财政部于 2022 年 5 月印发了《财政支持做好碳达峰碳中和工作的意见》。其中提出要"完善政府绿色采购政策。……强化采购人主体责任，在政府采购文件中明确绿色低碳要求，加大绿色低碳产品采购力度"③。

由此可见，进入新的发展阶段后，政府绿色采购将继续完善制度建设，保持长期稳定发展趋势，政府绿色采购制度体系也会走向成熟。

5.2.3　政府绿色采购对制造业绿色产品长效促进机制的作用

中国政府绿色采购经过多年发展，制度框架越来越完善。政府绿色采购作为政府采购的一部分，其中全国强制和优先采购节能、节水产品与优先采购环保产品占全部采购的比例越来越高，带动了政府采购的绿色化转型。同时，中国政府绿色采购作为绿色消费的有机组成部分，对制造业绿色产品长效发展的促进作用就显得更为重要。

一是政策导向性作用。政府绿色采购制度对制造业绿色产品发展存在间接的政策导向性作用。自中国《政府采购管理暂行办法》颁布实施之后，中国政府采购的规范化就迈上了新台阶。随着《中华人民共和国政府采购法》的正式实施，政府采购变得有法可依、有规可循。2004 年财政部与国家环境保护总局共同出台了第一份《环境标志产品政府采购清单》，里面涉及的制造业绿色产品有轻型汽车、复印机等 14 类，同时也公布了相关产品的认证标准。这些法律法规及政策措施结合可持续发展理念促进了政府绿色采购的发展，从而对市场上的产品制造商来讲是一个明确的指引，如果制造商想要被政府采购自己的商品，获得更多效益，那儿就会按照公布的相关产品门类与标准进行生

---

① 新华社. 中共中央 国务院关于完整准确全面贯彻新发展理念做好碳达峰碳中和工作的意见 [EB/OL].（2021 - 09 - 22）[2022 - 07 - 15]. http://www.gov.cn/zhengce/2021 - 10/24/content_5644613. htm.

② 张舒慧. 2021 中国政府采购大事记 [N]. 中国政府采购报，2022-01-07（001）.

③ 财政部. 关于印发《财政支持做好碳达峰碳中和工作的意见》的通知[EB/OL].（2022-05-25）[2022-07-05]. http://www.gov.cn/zhengce/zhengceku/2022-05/31/content_5693162. htm.

产制造，打造自己企业的绿色产品。另外，政府绿色采购发挥了直接政策导向性作用。当《国务院办公厅关于建立政府强制采购节能产品制度的通知》《国务院办公厅关于进一步加强政府采购管理工作的意见》等政策出台之后，政府绿色采购对制造业绿色产品设计与生产的直接导向性作用就更为明显，越来越多的产品生产商主动参与节能、绿色环保产品的认证，产品种类、数量都获得了长足的进步。随着政府绿色采购制定框架的完善及"双碳"目标的实现，政府采购对绿色产品的需求量会持续增加，市场上绿色产品供应量也会随之增加，制造业绿色产品得以长期发展。

二是政府绿色采购能促进绿色产品生产技术的持续进步。从财政部各项绿色采购政策中可以了解到生产低碳节能、环保绿色产品有市场需求，并且绿色产品采购在政府采购中的比例逐渐走高，对产品生产商而言是无形中给予了市场需求的提示，从而促使它们开辟新的竞争市场；在此情形下，制造商如果不尽早升级生产技术，进行绿色转型，就有可能丢失更多的市场份额。加之绿色产品认证是有时间限制的，过期之后需要再次提交申请进行新一轮的认证。企业必须要持续保持产品的设计、生产依旧符合绿色产品标准。另外，制造业企业生产的绿色产品需要获得市场其他消费者的认可，毕竟政府绿色采购具有公开性，如果企业的产品不符合市场对其的认知，也不能获得政府绿色产品的认证。且随着"双碳"目标的提出，政府绿色采购对绿色产品的需求只增不减。为此，相关制造业企业为了持续获得政府订单，就需要持续保持自身产品的绿色竞争力，维持自身产品的环保质量。为此，可以认为政府绿色采购能够持续推动企业绿色产品生产技术的提升。

三是政府绿色采购能够推动产业结构绿色升级，从而增加制造业绿色产品的长效供给。制造业绿色产品的生产主体是企业，企业在政府绿色采购的标准要求下进行技术改进，进行绿色产品认证。企业绿色技术升级能够有效地推动制造业结构绿色升级，实现产业结构整体的绿色转型。由此，制造业绿色产品的供给能够稳定供应的前提是实现规模的扩大。另外，政府绿色采购能够帮助国家打造资源节约型、环境友好型的"两型社会"，还能在经济绿色发展的过程中起到环保示范效应，从而带动企业进行绿色采购，进一步增加绿色产品的需求，促进制造业绿色产品供给的长期发展。

5.3 环境规制

5.3.1 环境规制的定义及其分类

5.3.1.1 环境规制的定义

规制（regulation）又可以称为管制、规制、制度，是指政府为维护市场活动的正常进行，避免市场失灵而采取各种行动。政府是制定规制的主要部门，政府管制拥有强制力，是政府对微观经济活动主体参与者进行限制和监督的规制[①]。环境规制（environmental regulation）一般意义上是指政府以环境保护、节能减排为目的，为实现环境保护的目标，通过设计、制定各种政策、法规来规范微观市场中各主体行为，以期将市场主体的环境负外部性内部化，降低因环境问题导致的市场失灵风险，鼓励市场主体积极采取环境保护措施。外部性问题会导致市场失灵，环境问题外部性内部化是解决环境问题导致的市场失灵的主要办法。一方面，一般情况下靠市场机制自我调节市场失灵，而环境问题造成的市场失灵仅依靠市场机制无法解决，因而需要政府进行干预，看得见的手与看不见的手共同配合，且政府还应该起到主导作用，才能制定相关环境政策措施有效地规避环境问题导致的市场失灵[②]。另一方面，环境问题内部化也是解决因环境问题导致市场失灵的有效手段。环境问题内部化有两种主要观点：一是庇古的观点，即利用税收和补贴，对企业生产进行环境补贴或者征收环境税；二是科斯的观点，即明确产权归属，利用市场机制去解决外部性问题[③]。不过，企业生产的内部动力才应该是环境问题内部化的关键机制，为此，利用政府环境监管促进旨在降低环保增加成本的创新，从而提高资源效率，增加产品价值，抵消环保成本并提高公司的生产力[④]，这样才能更好地解决环境外部性问题。

从学界角度，不同学者基于不同研究背景对环境规制有自己的理解。赵玉民等（2009）认为环境规制是以环境保护为目的、个体或组为对象、有形制

[①] 余晖. 中国的政府管制制度 [J]. 改革，1998（3）：92-102.

[②] 宋国君，金书秦，傅毅明. 基于外部性理论的中国环境管理体制设计 [J]. 中国人口·资源与环境，2008（2）：154-159.

[③] 崔宇明，常云昆. 环境经济外部性的内部化路径比较分析 [J]. 开发研究，2007（3）：40-43.

[④] WANG Y, SHEN N. Environmental regulation and environmental productivity: the case of China [J]. Renewable and sustainable energy reviews, 2016（62）: 758-766.

度或无形意识为存在形式的一种约束性力量①。Rennings 和 Rammer（2011）认为可以把环境监管理解为有助于减轻环境负担和资源消耗的政府立法（法律、法案、指令）以及标准和行业承诺②。袁宝龙（2018）认为环境规制的实质是一种制度安排，是通过制度的设计和优化引导企业、个体等市场主体进行环境保护③。有学者认为环境规制还可以理解为环境监管中政府政治的象征性（symbolic politics）使用，因为某些时候国家出台环境政策是用来解决与环境相关的其他问题，例如英国和德国的某些绿色税收工具，本意是用来解决能源消耗导致的全球变暖问题，但是税收工具往往是作为一种易于沟通的平衡公共预算的方式，无法真正起到激励企业节能减排的作用④。

由此，在新时代我国制造业企业要继续发展，制造业绿色产品也需要更大的市场与长足的发展空间，这就需要制造业企业在我国各项环境政策与新时代发展理念的指导下，将自身生产产生的环境问题内部化，在完成制造业企业绿色转型的同时，使得产品绿色含量进一步提升。

5.3.1.2 环境规制的分类

环境规制是对政府制定的各项环境政策的总称，为此，不同环境政策也组成了不同类别的环境规制。按照环境规制的性质，环境规制有以下几种分类方式。

（1）环境规制的两种类型。首先有学者将环境规制分为正式环境规制与非正式环境规制（market-based regulation）（Pargal et al.，1996；原毅军 等，2014）⑤⑥。正式环境规制是指，政府以政策、法律等形式确定下来的以保护环境为目的的对微观经济市场主体活动的约束，即各种正式环境政策或法规。非正式环境规制则是指微观经济市场活动主体出于维护自身的利益而追求较高环境质量的行为，这类行为不受政府强制力约束，更依赖微观经济市场活动主体自身的环保意识、环保观念等无形约束。其次是将环境规制分为显性环境规制

---

① 赵玉民，朱方明，贺立龙. 环境规制的界定、分类与演进研究 [J]. 中国人口·资源与环境，2009，19（6）：85-90.

② RENNINGS K，RAMMER C. The impact of regulation-driven environmental innovation on innovation success and firm performance [J]. Industry and innovation，2011，18（3）：255-283.

③ 袁宝龙. 环境规制与制造业生态效率研究 [M]. 西安：西安交通大学出版社，2018：17.

④ MATTEN D. Symbolic politics in environmental regulation：corporate strategic responses [J]. Business strategy and the environment，2003，12（4）：215-226.

⑤ Pargal S，Wheeler D. Informal regulation of industrial pollution in developing countries：evidence from Indonesia [J]. Journal of political economy，1996，104（6）：1314-1327.

⑥ 原毅军，谢荣辉. 环境规制的产业结构调整效应研究：基于中国省际面板数据的实证检验 [J]. 中国工业经济，2014（8）：57-69.

和隐形环境规制（赵玉民 等，2009)[1]。显性环境规制是指以环保为目标，对个人和组织采用各种有形的法律、规定、协议等形式进行约束的强制性力量。如2003年开始正式实施的《排污费征收使用管理条例》，其中对排污者的定义为直接向环境排放污染物的单位和个体工商户，需要由排污者主动向县级以上地方人民政府环境保护行政主管部门进行申报，再由主管部门对其排污种类、数量进行核查。隐形环境规制是指内在于个体的、无形的对环保的认识、思想、观念、意识等。从定义上来看，隐形环境规制与非正式环境规制的划分近乎一致，都是以微观市场主体产生的环保意识、看法等无形的约束。有学者研究认为发展中国家普遍存在小规模工业（small-scale industries，SSIs）形式，这会产生大量污染源，并且小规模工业缺乏处理其污水的知识、资金、技术和技能，这会阻碍所应用的任何工具并导致整体失败，为此更需要非正式环境规制对企业生产行为加以约束（Kathuria，2007)[2]。

（2）环境规制的三种类型。多数学者在研究的过程中将正式的环境规制继续细分，分为命令控制型环境规制（command-and-control regulation）、市场型环境规制（market-based regulation），与非正式环境规制一起构成环境规制整体。命令控制型环境规制主要是指依靠行政命令的强制性对微观经济活动主体的生产、生活进行约束。中国环境规制目前主要是命令控制型的（Xie et al.，2017)[3]。市场型环境规制主要是指政府利用补贴、罚款、税收优惠等经济手段对微观经济活动主体进行环保生产激励，以环保为目的，用经济手段鼓励企业、个人的生产活动。对于市场型环境规制的具体政府工具，不同学者有不同的侧重点。Cleff 和 Rennings（1999）认为税收和交易许可证等基于市场的工具已被确定为具有最高动态效率（创新效率）的环境政策工具[4]。Wang（2002）认为排污费是中国工业污染监管体系重要的支柱之一[5]，能够帮助工业生产企业节能减排，减少对环境的污染。Zhao 等（2015）研究认为基

① 赵玉民，朱方明，贺立龙. 环境规制的界定、分类与演进研究 [J]. 中国人口·资源与环境，2009，19（6）：85-90.

② KATHURIA V. Informal regulation of pollution in a developing country：Evidence from India [J]. Ecological Economics，2007，63（2-3）：403-417.

③ XIE R，YUAN Y，HUANG J. Different types of environmental regulations and heterogeneous influence on "green" productivity：evidence from China [J]. Ecological economics，2017（132）：104-112.

④ CLEFF T，RENNINGS K. Determinants of environmental product and process innovation [J]. European environment，1999，9（5）：191-201.

⑤ WANG H. Pollution regulation and abatement efforts：evidence from China [J]. Ecological Economics，2002，41（1）：85-94.

于市场的法规包括税收抵消或减免、清洁发展机制（CDM）以及排放交易系统，并认为市场型环境规制有助于提高效率并减少 CO_2 的排放[1]。Blackman 等（2018）认为市场型环境规制的主要类型是排放费（每单位排放的费用）、可销售的许可证（可以在污染者之间交易的排放配额）和环境税（进口税或出口税）[2]。可见，多数学者认同市场型环境规制对企业生产效率有积极影响，且市场型环境规制又有众多细分类，如排污费、环境税、交易许可、碳排放交易机制等。

（3）其他分类。有学者将环境规制分为四类，如 Downing 和 White（1986）将环境规制分为排污费、补贴、上市许可和直接规制。张崇辉等（2013）将环境规制分为命令型环境规制、激励性环境规制、自愿性环境规制以及意识型环境规制，并利用 CHME 理论构建双向可比的动态指数测量了环境规制综合指数[3]。还有学者将环境规制进一步细分为五类，如 Magat（1979）将环境监管分为五种制度：收费或税收、非基于技术的排放标准、市场创造、基于技术的排放标准以及补贴或免税融资。Milliman 和 Prince（1989）将环境监管分为五种制度：直接控制、排放补贴、排放税、自由销售许可证和拍卖销售许可证。贾瑞跃和赵定涛（2012）将环境规制分为命令控制、市场激励、自愿性规制、信息披露和公众参与五类[4]。

5.3.2　中国环境规制的演变

中国与欧洲环境规制发展阶段有相似之处，欧洲作为较早开始关注经济发展中产生环境问题的地区，20 世纪 90 年代初期欧洲国家开始尝试以消费为中心的环境立法，因为与消费相关的环境问题变得更加尖锐，如国内固体废物日益增加，同时欧洲工业环境政策发展进入第三阶段（Murphy，2001）[5]。

5.3.2.1　中国环境规制发展起步阶段（1949—1978 年）

在此期间中国工业经济在计划中缓慢发展，制造业重工业化程度高（详

①　ZHAO X, YIN H, ZHAO Y. Impact of environmental regulations on the efficiency and CO2 emissions of power plants in China [J]. Applied energy, 2015, 149: 238-247.

②　BLACKMAN A, LI Z, LIU A A. Efficacy of command-and-control and market-based environmental regulation in developing countries [J]. Annual review of resource economics, 2018, 10: 381-404.

③　张崇辉, 苏为华, 曾守桢. 基于 CHME 理论的环境规制水平测度研究 [J]. 中国人口·资源与环境, 2013, 23（1）: 19-24.

④　贾瑞跃, 赵定涛. 工业污染控制绩效评价模型: 基于环境规制视角的实证研究 [J]. 系统工程, 2012, 30（6）: 1-9.

⑤　MURPHY J. From production to consumption: environmental policy in the European Union [M] //Exploring sustainable consumption. Pergamon, 2001: 39-58.

见本书第四章），且工业生产技术与生产效率不高，这也导致工业环境污染程度也在逐渐加深。1949—1970 年，我国政府也逐渐意识到需要对工业污染进行监管，1956 年，中国确立了"综合利用工业废物"的方针，发起变废为宝的运动。1963 年全国掀起了"三废"综合利用热潮，15 个城市被确立为工业废水处理和利用实验研究基地。1970 年之后中国环境政策发展迈上新台阶。1972 年，我国首次参加了世界性环境保护大会——在瑞典斯德哥尔摩举行的人类环境会议。之后 1973 年我国举行了第一次全国环境保护会议，在此次会议上审议通过了我国第一部环境保护的法规性文件——《关于保护和改善环境的若干规定（试行草案）》，将"全面规划，合理布局，综合利用，化害为利，依靠群众，大家动手，保护环境，造福人民"确定为我国第一个环境保护工作方针，并提出了"三同时"制度①。同年，我国《工业"三废"排放试行标准》开始正式实施，对工业生产废弃物排放进行了规范。为此 1973 年是中国环境保护起步之年②。1974 年 10 月，国务院环境保护领导小组成立，此后中国有了全国统一负责制定环境保护的方针、政策和规定的机构。随后中国陆续出台了一些环境相关政策，如《中华人民共和国防止沿海水域污染暂行规定》《关于环境保护十年规划意见》等。并在"五五"计划中提出"大中型工矿企业和污染危害严重的企业，都要搞好'三废'（废水、废气、废渣）治理，按照国家规定的标准排放"。可见这一阶段我国环境政策尚处于起步阶段，环境政策较为零散，不成体系。

5.3.2.2　中国环境规制整合与规范阶段（1978—1991 年）

中国环境规制发展的第二阶段为改革开放后（1978 年）至 1991 年，该阶段中国的环境政策主要是进行规范与整合，环境保护法律体系开始形成，并且奠定了环境保护基本国策，并对监管机构不断进行改革。

改革开放后，我国环保领域第一次出现高规格的文件是中共中央批转了《国务院环境保护领导小组办公室环境保护工作汇报要点》（1978 年 12 月 31 日），其中明确指出"消除污染、保护环境是进行经济建设、实现四个现代化的重要组成部分"。之后 1979 年中国环境保护法的雏形《中华人民共和国环境保护法（试行）》正式出台，从法律上对环境保护各项工作、规定进行了系统的梳理，为中国环境保护工作提供了法律依据。《中华人民共和国环境保

---

① "三同时"制度具体是指建设项目（包含新建、改建、扩建项目和技术改造项目）需要配套建设的环境保护设施，必须与主体工程同时设计、同时施工、同时投产使用。

② 中央政府门户网站.1973 年：环境保护开始起步［EB/OL］.（2009-08-30）［2022-07-18］.http://www.gov.cn/jrzg/2009-08/30/content_1404821.htm.

护法（试行）》明确提出："在制定发展国民经济计划的时候，必须对环境的保护和改善统筹安排，并认真组织实施"，为今后制定中国国民经济和社会发展规划提出了要求。为此，在"六五"计划中，我国首次将"环境保护"这一主题作为单独的篇章进行阐述。1989年中国颁布了正式的环境保护法——《中华人民共和国环境保护法》，标志着我国环境保护法律体系的开始，并与《中华人民共和国森林法》（1984年）、《中华人民共和国水污染防治法》（1984年）、《中华人民共和国大气污染防治法》（1987年）、《中华人民共和国水法》（1988年）等法律构成了早期中国环境保护法律体系。1990年5月，国务院办公厅转发国务院环境保护委员出台的《关于积极发展环境保护产业的若干意见》，其中提出"在产业结构调整中把环境保护产业列入优先发展领域"，以"在治理整顿和深化改革中，提高环保产品和环境工程的质量，为保护和改善环境、防治污染和其他公害提供物质和技术保障"作为环保产业发展指导方针①。同年12月5日国务院发布了《国务院关于进一步加强环境保护工作的决定》，明确指出"保护和改善生产环境与生态环境、防治污染和其他公害，是我国的一项基本国策"②。随后12月30日通过的《中共中央关于制定国民经济和社会发展十年规划和"八五"计划的建议》再次明确指出："环境保护是一项基本国策，也是提高人民生活质量的一个重要方面，要使环境保护与国民经济和社会发展相协调。"③ 1979年11月12日，中国环境监测总站获得原国家计划委员会的批准建设，并于1980年开始全面建设，这表明国家层面的环境监测工作正式开启，在"六五"计划和"七五"计划期间建设了64个重点监测站，并以此为骨架组建并完善了全国环境监测网络④。

在此期间，我国主管环境保护工作的机构从国务院环境保护领导小组办公室（1974年），到1982年与其他部门合并组建了城乡建设环境保护部，其间历经变化，到1988年环境保护工作从城乡建设部分离出来，成立国家环境保护局，升格为国家直属局（副部级）⑤。这说明此时中国国家环境保护工作已

---

① 关于积极发展环境保护产业的若干意见 [J]. 中华人民共和国国务院公报, 1990（26）: 11.

② 国务院关于进一步加强环境保护工作的决定（国发〔1990〕65号）[EB/OL].（2010-12-17）[2022-07-18]. http://www.gov.cn/zhuanti/2015-06/13/content_2878958.htm.

③ 中共中央关于制定国民经济和社会发展十年规划和"八五"计划的建议 [J]. 中华人民共和国国务院公报, 1991（2）: 37-65.

④ 周生贤在中国环境监测总站成立30周年大会上的讲话[EB/OL].（2010-12-17）[2022-07-18]. http://www.gov.cn/gzdt/2010-12/17/content_1768063.htm.

⑤ 你知道生态环境部的"前世今生"吗？[EB/OL].（2021-06-18）[2022-07-18]. https://baijiahao.baidu.com/s? id=1702833320400160404&wfr=spider&for=pc.

经有了独立国家级机构进行制定、执行，环境保护工作效率得到进一步提升，机构体系得到进一步完善。

5.3.2.4　中国环境规制快速成长阶段（1992—2001 年）

中国环境规制发展的第三阶段为 1992—2001 年，在此期间可持续发展观念逐渐深入人心，环境保护法律体系进一步完善，环境保护制度建设也进入新阶段。中国经济随着改革开放进入快速发展阶段，与此同时，工业发展带来的环境问题也在进一步考验中国。

1992 年召开的联合国环境与发展会议上，中国向世界宣告了中国坚定不移地走可持续发展道路的决心①。同年，党的十四大提出要"要增强全民族的环境意识，保护和合理利用土地、矿藏、森林、水等自然资源，努力改善生态环境"②。1994 年 3 月，中国政府批准发布《中国 21 世纪议程——中国 21 世纪人口、环境与发展白皮书》（以下简称《议程》），该《议程》与联合国《21 世纪议程》相呼应，并根据中国国情进行制定，同时还制定了《中国 21 世纪议程优先项目计划》，这体现了中国对坚持可持续发展道路的决心和信心③。1996 年中国出台了《中华人民共和国国民经济和社会发展"九五"计划和 2010 年远景目标纲要》，其中提出要"健全环境保护的管理体系和法规体系。"同年，国务院发布《关于环境保护若干问题的决定》，对中国当时处理环境问题的主体及其承担的责任、未来发展目标等进行了规定④。到 2000 年10 月 11 日"十五"规划正式出台时，中央继续强调了环境保护，并将"生态建设"与环境保护放在一起，形成一个独立篇章，强调"合理使用、节约和保护资源，提高资源利用率""加强生态建设，遏制生态恶化"，以及"加大环境保护和治理力度"⑤。

1995 年《中华人民共和国固体废物污染环境防治法》正式发布，指出

①　各国首脑郑重承诺 共同推进可持续发展［EB/OL］.［2022-07-18］. http://news.cctv.com/lm/522/41/47723.html.

②　江泽民.加快改革开放和现代化建设步伐夺取有中国特色社会主义事业的更大胜利［M］.北京：人民出版社，1992.

③　中国 21 世纪议程：中国 21 世纪人口、环境与发展白皮书［M］.北京：中国环境科学出版社，1994.

④　国务院关于环境保护若干问题的决定［J］.中华人民共和国国务院公报，1996（23）：901-906.

⑤　中共中央关于制定国民经济和社会发展第十个五年计划的建议［N］.人民日报，2000-10-19（001）.

"国家鼓励、支持清洁生产，减少固体废弃物产生量"①。1997 年 11 月 1 日《中华人民共和国节约能源法》获得通过，并于 1998 年 1 月 1 日起施行。《中华人民共和国节约能源法》明确指出"节能是国家发展经济的一项长远战略方针"。在这一时期还出台或修订了其他相关法律，如 1994 年的《水污染防治法》、1996 年的《噪声污染防治法》、2000 年的《大气污染防治法》等。一系列环境法规陆续生效，进一步扩充和完善了中国环境保护法律体系。

在此期间，环境监管机构继续进行了优化改革。1993 年全国人大设立了环境保护委员会，1994 年更名为环境与资源保护委员会，其主要工作任务：一是防治环境污染立法与监督工作；二是生态环境保护立法与监督工作；三是自然资源保护立法与监督工作②。1998 年，第九届全国人大会议批准，将原国家环境保护局重新设置为国家环境保护总局，并将其由副部级提升为正部级单位。同时全国各地区不同层级政府、机构等都逐渐设立了环保局相关单位，我国环境保护监管体系进一步得到完善。

5.3.2.5　中国环境规制成熟阶段（2002—2011 年）

中国环境规制发展的第四阶段为 2002—2011 年，即大力发展生态文明建设时期。进入 21 世纪，经济全球化发展趋势势不可挡，2001 年中国加入世界贸易组织（WTO）后，中国经济进入新时期的发展阶段。不过中国经济早期的粗放型发展带来的能源消耗与环境问题也愈发突出，再加上国际上对环境问题的态度越来越严格，尤其是欧美国家为主导的贸易体系中加大了对发展中国家的"绿色"要求。因此，我国必须要转变经济发展方式，环境规制也进入成熟发展阶段。

2002 年党的十六大报告指出我国"生态环境、自然资源和经济社会发展的矛盾日益突出"，在此背景下全面建设小康社会的目标之一就是到 2020 年中国"可持续发展能力不断增强，生态环境得到改善，资源利用效率显著提高，促进人与自然的和谐，推动整个社会走上生产发展、生活富裕、生态良好的文明发展道路"。这不仅是对中国未来发展的规划，也是对中国社会蓝图的美好描绘③。同年召开了第五次全国环境保护会议，会后国家环境保护总局又召开

---

①　中华人民共和国固体废物污染环境防治法 [J]. 中华人民共和国全国人民代表大会常务委员会公报, 1995（7）：62-74.

②　中国人大网. 委员会职责[EB/OL]. （2020-09-22）[2022-07-18]. http://www.npc.gov.cn/npc/c34469/202009/1a754b662a7f4b11bda1326fc00b48d0. shtml.

③　江泽民. 全面建设小康社会, 开创中国特色社会主义事业新局面：在中国共产党第十六次全国代表大会上的报告 [J]. 理论与实践, 2002, 0（11）：3-16.

了全国环境保护工作会议，对第五次全国环境保护会议和《国家环境保护"十五"计划》进行了深入解读。会议认为要实现环保"十五"计划发展目标，就需要"以'三个代表'重要思想为指导，坚持可持续发展战略，以改善环境质量为根本出发点，依靠环境法治、社会监督、科技创新和市场手段，努力完成污染物总量控制、重点地区环境治理、生态环境保护三大任务"①。2003年召开了党的十六届三中全会，会议明确提出了"坚持以人为本，树立全面、协调、可持续的发展观，促进经济社会和人的全面发展"的"科学发展观"。这也为接下来加快中国经济方式转型做出了指导。另外，由于之前我国在环境监管方面主要依靠政府命令式的环境政策，大多数时候忽略了经济手段对微观市场活动参与主体的积极作用②。为此，2005年，《国务院关于落实科学发展观加强环境保护的决定》指出当前"环境保护的法规、制度、工作与任务要求不相适应"，需要"把环境保护摆上更加重要的战略位置"。考虑到市场机制对环境保护的作用，提出要"推行有利于环境保护的经济政策"，并且"建立健全有利于环境保护的价格、税收、信贷、贸易、土地和政府采购等政策体系"③。2006年国务院发布了《关于国民经济和社会发展第十一个五年规划纲要》，其中要求在"十一五"时期，加快建设"两型社会"。同年，召开了第六次全国环境保护大会，会议强调要加快实现"三个转变"，即从重经济增长轻环境保护转变为保护环境与经济增长并重；从环境保护滞后于经济发展转变为环境保护和经济发展同步；从主要用行政办法保护环境转变为综合运用法律、经济、技术和必要的行政办法解决环境问题④。2007年党的十七大召开，强调"深入贯彻落实科学发展观"，要"建设生态文明"同时"加强能源资源节约和生态环境保护，增强可持续发展能力"⑤。同年，国家发展改革委制定了《节能减排综合性工作方案》（以下简称《工作方案》）并获得国务院批准，该《工作方案》是为加快推进"十一五"规划期间节能减排工作进度，加快推动中国环境保护工作。在此之后，国务院又批准了《2007年各部门节能减排工作安排》《2007年各部门应对气候变化工作安排》《单位GDP能

---

① 解振华. 努力开创"十五"自然生态保护新局面 [J]. 环境保护，2002（4）：3-7.

② 杨朝飞. 转变政府管理职能 创新环境经济政策 [J]. 环境保护，2008（13）：4-10.

③ 国务院关于落实科学发展观加强环境保护的决定 [J]. 中华人民共和国国务院公报，2006（3）：10-17.

④ 中华人民共和国生态环境部. 第六次全国环境保护大会 [EB/OL]. (2018-07-13)[2022-07-18]. https://www.mee.gov.cn/zjhb/lsj/lsj_zyhy/201807/t20180713_446642.shtml.

⑤ 胡锦涛. 高举中国特色社会主义伟大旗帜 为夺取全面建设小康社会新胜利而奋斗：在中国共产党第十七次全国代表大会上的报告 [J]. 求是，2007（21）：3-22.

耗统计指标体系监测体系和考核体系实施方案》等一系列补充工作安排，进一步推动节能减排工作的顺利进行。2008 年，国家环境保护总局再次升级，成为中国环境保护部（正部级）。2011 年"十二五"规划纲要正式发布，其中首次提出了"绿色发展"，并继续提出"两型社会"的建设。同年，召开了第七次全国环境保护会议，会议重点提出了"坚持在发展中保护，在保护中发展"，以及"基本的环境质量是一种公共产品，是政府必须确保的公共服务"。并且要"把环境保护作为稳增长转方式的重要抓手，把解决损害群众健康的突出环境问题作为重中之重，把改革创新贯穿于环境保护的各领域各环节，积极探索代价小、效益好、排放低、可持续的环境保护新道路"①。依据"十二五"规划的指导，2011 年起，中国首批碳排放权交易试点工作在北京、天津、上海、重庆、湖北、广东及深圳七个省份正式启动，这有利于利用市场机制来调节经济发展，实现可持续发展与绿色发展的目标。

2002 年《中华人民共和国环境影响评价法》正式发布，主要是为了对各类项目、规划建设产生的环境影响进行合法评价，利用法律规范建设过程中与建设结束后产生对生态环境的影响，进一步促进中国经济的可持续发展。同年，《中华人民共和国清洁生产促进法》发布，这是以法律的形式促进工业生产技术的进步，从源头减少环境污染的产生，进一步推进中国经济社会可持续发展②。为加强对排污费征收、使用的管理，2002 年国务院批准《排污费征收使用管理条例》，之后又陆续出台了《中华人民共和国放射性污染防治法》《中华人民共和国可再生能源法》等法律，中国的环境法律体系在此阶段进一步得到完善。

5.3.2.6 中国环境规制深入发展阶段（2012 年至今）

中国环境规制发展的第五阶段为 2012 年至今，在这一阶段环境规制的发展进入深化时期，与中国经济发展绿色低碳转型相适应，为此，这一时期中国环境政策主题应为"坚持生态文明建设，树立绿色发展理念"。

在党的十八大召开之前，我国经济一直高速发展，但经济发展质量还有待提升，同时环境污染问题依旧不容乐观。2012 年，党的十八大召开，在党的十八大报告中，明确提出要"把生态文明建设放在突出地位，融入经济建设、政治建设、文化建设、社会建设各方面和全过程"，并将"生态文明建设"与

---

① 中华人民共和国生态环境部. 第七次全国环境保护大会［EB/OL］. （2018-07-13）［2022-07-18］. https://www.mee.gov.cn/zjhb/lsj/lsj_zhyh/201807/t20180713_446643.shtml.

② 中华人民共和国清洁生产促进法［J］. 中华人民共和国全国人民代表大会常务委员会公报，2002，0（4）：291-295.

"经济建设、政治建设、文化建设、社会建设"共同列为中国特色社会主义的总体布局①。2013年9月国务院发布《大气污染防治行动计划》（简称"大气国十条"），主要针对可吸入颗粒物（PM10）、细颗粒物（PM2.5）等大气污染物的治理。2014年4月国务院办公厅印发《大气污染防治行动计划实施情况考核办法（试行）》主要是对各省（自治区、直辖市）人民政府"大气国十条"实施情况的年度考核和终期考核。2015年4月，中共中央、国务院印发《关于加快推进生态文明建设的意见》，明确提出"坚持把节约优先、保护优先、自然恢复为主作为基本方针""坚持把绿色发展、循环发展、低碳发展作为基本途径"以及"坚持把培育生态文化作为重要支撑"等，还提出了到2020年的生态建设目标，要与全面建成小康社会相适应②。同年9月，《生态文明体制改革总体方案》公布，其中对生态文明体制改革的指导思想、理念、原则、目标做了详细阐述，并且提出了建立、健全各项有关的市场型环境规制，如健全自然资源资产产权制度、健全资源有偿使用和生态补偿制度、建立健全环境治理体系等。③同年10月，党的十八届五中全会通过了"十三五"规划，提出了全面建成小康社会的新目标，首次提出创新、协调、绿色、开放、共享五大发展理念。2016年"十三五"规划纲要正式发布，提出要"创新环境治理理念和方式，实行最严格的环境保护制度，强化排污者主体责任，形成政府、企业、公众共治的环境治理体系，实现环境质量总体改善"④。为接下来中国环境政策制定与实施进行了顶层设计。2017年党的十九大报告再次明确提出"加快生态文明体制改革，建设美丽中国"，要"推进绿色发展、着力解决突出环境问题、加大生态系统保护力度以及改革生态环境监管体制"⑤。2021年1月，生态环境部发布了《关于统筹和加强应对气候变化与生态环境保护相关工作的指导意见》，2月，国务院发布了《关于加快建立健全绿色低碳循环发展经济体系的指导意见》，以及3月《中华人民共和国国民经济和社会发展第十四个五年规划和2035年远景目标纲要》的正式发布，都在

---

① 胡锦涛. 坚定不移沿着中国特色社会主义道路前进　为全面建成小康社会而奋斗：在中国共产党第十八次全国代表大会上的报告 [J]. 求是，2012（22）：3-25.

② 中共中央国务院关于加快推进生态文明建设的意见 [N]. 人民日报，2015-05-06（001）.

③ 新华网. 中共中央 国务院印发《生态文明体制改革总体方案》[EB/OL].（2015-09-21）[2022-07-18]. http://www.xinhuanet.com/politics/2015-09/21/c_1116632159.htm.

④ 中华人民共和国国民经济和社会发展第十三个五年规划纲要 [J]. 中华人民共和国全国人民代表大会常务委员会公报，2016，0（2）：243-322.

⑤ 习近平. 决胜全面建成小康社会 夺取新时代中国特色社会主义伟大胜利：在中国共产党第十九次全国代表大会上的报告 [J]. 求是，2017，0（21）：3-28.

不断地从政府顶层设计方面完善我国环境规制体系。2022年4月《中共中央国务院关于加快建设全国统一大市场的意见》正式发布，明确提出要"培育发展全国统一的生态环境市场"，包括"建设全国统一的碳排放权"等①。5月国务院印发《新污染物治理行动方案》，其中提出要"加强产品中重点管控新污染物含量控制""将重点管控新污染物限值和禁用要求纳入环境标志产品和绿色产品标准、认证、标识体系"以及"加强清洁生产和绿色制造"等②。

这一阶段环境法律体系建设又有了重大进展。2016年，我国环境法律史上又一部重要法律《中华人民共和国环境保护税法》正式发布，随后2017年《中华人民共和国环境保护税法实施条例》作为《中华人民共和国环境保护税法》的补充说明也正式出台，并于2018年1月1日起同步施行，《排污费征收使用管理条例》同时废止。《中华人民共和国环境保护税法》有利于我国"绿色税制"的进一步完善，能够以税收的方式对企业的生产经营活动和个人的消费方式产生有益影响，促进企业向绿色生产转型，促使消费者更多消费绿色产品。2018年年底，国家发展改革委、财政部、自然资源部等九部门印发了《建立市场化、多元化生态保护补偿机制行动计划》，其中提出"到2020年，市场化、多元化生态保护补偿机制初步建立，全社会参与生态保护的积极性有效提升，受益者付费、保护者得到合理补偿的政策环境初步形成。到2022年，市场化、多元化生态保护补偿水平明显提升，生态保护补偿市场体系进一步完善，生态保护者和受益者互动关系更加协调，成为生态优先、绿色发展的有力支撑"③。2019年，生态环境部为贯彻《中华人民共和国环境保护税法》出台了多项环保国家标准，如《环境空气 降水中有机酸（乙酸、甲酸和草酸）的测定 离子色谱法》《铜冶炼废水治理工程技术规范》《铜冶炼废气治理工程技术规范》等，进一步丰富了我国环境规制体系。2019年8月《中华人民共和国资源税法》（以下简称《资源税法》）正式发布，并于2020年9月1日起施行。与此前《中华人民共和国资源税暂行条例》（1993年）相比，《资源税法》的实施能够进一步规范纳税主体的行为，更好地引导纳税企业进行绿色发展，鼓励企业绿色转型，并且丰富了"绿色税制"体系。

---

① 中共中央 国务院关于加快建设全国统一大市场的意见 [J]. 中华人民共和国国务院公报，2022（12）：24-30.

② 国务院办公厅关于印发新污染物治理行动方案的通知（国办发〔2022〕15号）[J]. 中华人民共和国国务院公报，2022（16）：34-39.

③ 国家发展和改革委员会. 建立市场化，多元化生态保护补偿机制行动计划[EB/OL].（2019－09－09）[2022－07－18]. https://www.ndrc.gov.cn/fzggw/jgsj/kfs/sjdt/201901/W020190909680839854298.pdf.

环境监督管理体系方面，2018 年 4 月，新组建的自然资源部、生态环境部（原国家环境保护总局）先后挂牌。我国环境监督管理机构体系进一步完善，与各地区生态环境部及相关机构共同组成了良好的环境监督管理体系。

这一阶段我国碳排放交易市场建设取得了里程碑式的进展。2016 年，福建省作为国内第八个碳交易试点，也启动了碳交易市场。2017 年，国家发展改革委经国务院批准发布了《全国碳排放权交易市场建设方案（发电行业）》，标志着全国碳排放交易体系正式启动[1]。2020 年 12 月，生态环境部出台《碳排放权交易管理办法（试行）》，并于 2021 年 2 月 1 日正式实施。并印发《2019—2020 年全国碳排放权交易配额总量设定与分配实施方案（发电行业）《纳入 2019—2020 年全国碳排放权交易配额管理的重点排放单位名单》，这意味着自 2021 年 1 月 1 日起，全国碳市场发电行业第一个履约周期正式启动，2 225 家发电企业将分到碳排放配额[2]。2021 年 7 月 16 日，全国碳排放权交易市场启动上线交易。截至 2022 年 7 月 15 日，全国碳排放权交易市场碳排放配额累计成交量达 1.94 亿吨，累计成交额达 84.92 亿元。

5.3.3 环境规制对制造业绿色产品长效促进机制的作用

制造业绿色产品的长效发展与消费需求紧密相关。有学者认为与消费相关的环境问题可以被理解为技术问题，主要与产品生产技术有关，解决环境问题的方法则可以通过为所有关联方增加经济收益的方式来解决（Murphy，2001）[3]。另外，环境法规能够在法律上明确企业责任、责任和期望水平等方面的参数。与此同时，企业为更好地发展而积极地根据法律与市场的需求制定企业战略、生产计划（D'Souza et al.，2006）[4]。不过由于企业生产需要消耗资源，生产过程中还会产生废弃物，因此企业会尽可能避免超过环境法规的限制，同时政府等相关单位还会采取监督措施并对违法违规行为施以惩罚（Lyon，2003）[5]。也有研究从"干中学"的角度认为，在制造业企业边干边学

---

① 生态环境部应对气候变化司. 全面推进碳减排 积极探索低碳化发展 [J]. 环境保护，2018，46（15）：12-14.

② 全国碳市场第 1 个履约周期正式启动 [EB/OL]. (2021-01-06) [2022-07-18]. http://www.gov.cn/xinwen/2021-01/06/content_5577348.htm.

③ MURPHY J. From production to consumption: environmental policy in the European Union [M] //Exploring sustainable consumption. Pergamon, 2001: 39-58.

④ D'SOUZA C, TAGHIAN M, LAMB P, et al. Green products and corporate strategy: an empirical investigation [J]. Society and business review, 2006.

⑤ LYON T P. Green firms bearing gifts [J]. Regulation, 2003 (26): 36.

的过程中，新开发的绿色产品和相关环境政策的实施有助于减少制造商对环境造成的总损害（Zhu et al.，2021）①。综合来看，环境规制能够对企业生产行为进行约束，促使其采取更为环保的方式进行市场活动，同时，生产过程中可能产生的环境问题又能够通过产品生产技术绿色升级的方式来解决，从而使得企业提供更多环保、绿色产品。

为此，本书认为环境规制对制造业绿色产品长效促进机制的作用可以从以下几点来看：

一是环境规制能够影响企业发展战略，使企业以更为环保的方式进行商业活动，积极采取应对措施，转变生产方式避免接受惩罚，从而投入资金技术改善生产、经营活动，提供更为绿色环保的产品。企业经营方式直接关系到企业的效益与竞争力，在环境规制的要求下，企业会考虑将环境影响加入自己的经营战略中（Rugman et al.，1998）②。有的企业会倾向于主动将社会环境责任加入未来发展战略，采取环保生产、开展经营活动，以此来与市场其他企业进行竞争（Henriques et al.，1996；Hart，2005）③④。另外，环境规制虽然会使得企业增加管理成本，但是随着环保概念与绿色发展的理念的传播，企业主动改变自身经营战略，有可能将这一成本转化为投资，反而比其他企业更具市场竞争力（张红凤，2008）⑤。从中国企业的表现看，有学者通过实证研究发现，中国上市企业管理者越认为环境问题是商业机会以及管理者的环境意识越强，这样的企业越有可能实行前瞻型环境战略（杨德锋 等，2012）⑥。Zhu 等（2014）认为中国沿海地区的高污染企业会受到更为严格的环境规制限制，从而采取各种措施生产重组，不断向绿色环保生产靠拢⑦。Zhao 等（2015）认为中国的环境规制对企业竞争力的提升有积极影响，同时市场化环境规制更能推动企业战

① ZHU X, CHIONG R, LIU K, et al. Dilemma of introducing a green product: impacts of cost learning and environmental regulation [J]. Applied mathematical modelling, 2021 (92): 829-847.

② RUGMAN A M, VERBEKE A. Corporate strategies and environmental regulations: an organizing framework [J]. Strategic management journal, 1998, 19 (4): 363-375.

③ HENRIQUES I, SADORSKY P. The determinants of an environmentally responsive firm: an empirical approach [J]. Journal of environmental economics and management, 1996, 30 (3): 381-395.

④ HART S L. Capitalism at the crossroads: the unlimited business opportunities in solving the world's most difficult problems [M]. Pearson education, 2005.

⑤ 张红凤. 制约、双赢到不确定性：环境规制与企业竞争力相关性研究的演进与借鉴 [J]. 财经研究，2008 (7): 16-26.

⑥ 杨德锋，杨建华，楼润平，等. 利益相关者、管理认知对企业环境保护战略选择的影响：基于我国上市公司的实证研究 [J]. 管理评论，2012, 24 (3): 140-149.

⑦ ZHU S, HE C, LIU Y. Going green or going away: Environmental regulation, economic geography and firms' strategies in China's pollution-intensive industries [J]. Geoforum, 2014 (55): 53-65.

略的绿色转型①。Wang 和 Shen（2016）认为环境规制能够提升部分产业的环境生产力，有助于其加快绿色转型，因此需要加强对通用设备制造、工艺品制造、交通运输设备制造、废物资源加工、非金属矿产品、化工产品和医药制造等制造业行业企业的监督管制②。高翔和何欢浪（2021）通过对中国制造业企业产品质量的研究发现，清洁生产环境规制长期来看能够促进制造业企业产品质量显著提升③。可见，环境规制在一定程度上有利于制造业企业转型，促进制造业企业绿色产品的生产。

二是环境规制能够促进制造业企业绿色技术创新，促使制造业企业实施产品生产技术的绿色转型，为制造业绿色产品发展提供不竭动力。理论上，"波特假说"（Porter Hypothesis）认为良好的环境规制策略能够倒逼企业进行技术创新，进而通过"创新补偿效应"增强企业产品竞争力（Porter et al.，1995）④。Cleff 和 Rennings（1999）认为环境规制与企业绿色技术创新是"双赢"，不过企业绿色技术创新与电子技术创新等创新发展存在显著不同，绿色创新靠技术推动和市场拉动的程度不高，因而需要监管力度支持⑤。Jaffe 等（2005）认为在环境政策薄弱或不存在的情况下，对开发和推广新的环境有益的技术的投资很可能低于社会期望的水平⑥。黄德春和刘志彪（2006）用海尔集团创新的实例验证了环境规制对企业创新存在积极作用，印证了"波特假说"⑦。Rennings 和 Rammer（2011）在"波特假说"的前提下，对环境规制与企业绿色技术创新之间的关系进行了研究，他们认为不同类型的环境规制对企业绿色技术的影响存在不同，一方面环境规制有可能增加企业创新成本，减少企业盈利；另一方面环境规制可以帮助企业规避部分市场风险，促进企业绿色

① ZHAO X, ZHAO Y, ZENG S, et al. Corporate behavior and competitiveness: impact of environmental regulation on Chinese firms [J]. Journal of Cleaner Production, 2015（86）: 311-322.

② WANG Y, SHEN N. Environmental regulation and environmental productivity: The case of China [J]. Renewable and Sustainable Energy Reviews, 2016（62）: 758-766.

③ 高翔，何欢浪. 清洁生产、绿色转型与企业产品质量升级 [J]. 统计研究，2021，38（7）: 64-75.

④ PORTER M E, VAN DER LINDE C. Toward a new conception of the environment - competitiveness relationship [J]. Journal of economic perspectives, 1995, 9（4）: 97-118.

⑤ CLEFF T, RENNINGS K. Determinants of environmental product and process innovation [J]. European environment, 1999, 9（5）: 191-201.

⑥ JAFFE A B, NEWELL R G, STAVINS R N. A tale of two market failures: technology and environmental policy [J]. Ecological economics, 2005, 54（2-3）: 164-174.

⑦ 黄德春，刘志彪. 环境规制与企业自主创新：基于波特假设的企业竞争优势构建 [J]. 中国工业经济，2006（3）: 100-106.

技术创新①。沈能和刘凤朝（2012）通过研究认为中国环境规制对技术创新存在倒 U 形的影响，当环境规制对技术创新的影响超过门槛值时，"波特假说"才能实现②。Rubashkina 等（2015）则是通过研究环境规制对欧洲制造业企业创新能力与竞争力的影响验证了"波特假说"③。Borsatto 和 Bazani（2021）通过对 2011—2019 年相关文献的分析研究，认为环境规制是促使公司进行绿色创新的主要因素之一，因为大多数研究结果都证实环境规制与企业绿色技术创新具有正相关关系④。另外，在环境规制的影响下，企业绿色技术创新依旧能有效地提升产品的绿色含量，促进制造业绿色产品的长期发展。从企业产品管理角度看，产品管理环境导向需要考虑从产品设计和开发到制造、储存、包装、使用和处置的环境影响的"生命周期"（Beaumont et al.，1993)⑤。陈劲等（2002）通过实证研究认为企业绿色产品创新能够更好地作用于企业环境绩效⑥。同时，Pujari 等（2003）研究发现环境政策对绿色产品创新的生态绩效水平能够产生积极影响⑦。Wong 等（2012）认为企业从拥有良好环境管理能力的供应商处采购产品时，企业产品管理对减少企业污染有积极作用⑧。梁敏等（2021）研究发现市场型环境规制对企业绿色产品创新有显著影响，有利于企业绿色产品的进步⑨。可见，环境规制能够有效促进企业绿色技术创

① RENNINGS K, RAMMER C. The impact of regulation-driven environmental innovation on innovation success and firm performance [J]. Industry and innovation, 2011, 18 (3)：255-283.

② 沈能，刘凤朝. 高强度的环境规制真能促进技术创新吗?：基于"波特假说"的再检验 [J]. 中国软科学，2012 (4)：49-59.

③ Rubashkina Y, Galeotti M, Verdolini E. Environmental regulation and competitiveness：empirical evidence on the Porter Hypothesis from European manufacturing sectors [J]. Energy policy, 2015 (83)：288-300.

④ BORSATTO J M L S, BAZANI C L. Green innovation and environmental regulations：a systematic review of international academic works [J]. Environmental science and pollution research, 2021, 28 (45)：63751-63768.

⑤ BEAUMONT J R, PEDERSEN L, BRIAN W. Managing the environment [M]. Elsevier Science, 1993.

⑥ 陈劲，刘景江，杨发明. 绿色技术创新审计实证研究 [J]. 科学学研究，2002 (1)：107-112.

⑦ PUJARI D, WRIGHT G, PEATTIE K. Green and competitive：influences on environmental new product development performance [J]. Journal of business research, 2003, 56 (8)：657-671.

⑧ WONG C W Y, LAI K, SHANG K C, et al. Green operations and the moderating role of environmental management capability of suppliers on manufacturing firm performance [J]. International journal of production economics, 2012, 140 (1)：283-294.

⑨ 梁敏，曹洪军，陈泽文. 环境规制、环境责任与企业绿色技术创新 [J]. 企业经济，2021, 40 (11)：15-23.

新，并且有利于企业绿色产品创新，这能够促进制造业企业绿色产品的长期发展。

三是环境规制能够推动产业结构绿色升级，加速制造业产业绿色转型，用产业整体转型来带动制造业产业内部企业绿色转型，从而促进制造业企业绿色产品的生产。谭娟和陈晓春（2011）研究认为中国政府环境规制能够促进产业结构调整，从而有利于低碳经济发展[①]。Okuma（2012）利用 Kaleckian 模型分析了环境政策成本对供需机制的影响，认为环境措施提高了企业利润率，从而推动绿色生态产业的发展[②]。李强（2013）研究认为环境规制的存在会提高产业中服务业部门的比重，使得其相对于产业中工业部门的比重更高，从而促进产业结构调整[③]。钟茂初等（2015）研究认为环境规制在达到门槛值后能够促使污染采用转移与本地产业结构升级，有利于产业绿色低碳转型[④]。薛曜祖（2016）认为环境规制强度能够拉大企业间的利益差距，促使劳动力流向高利润企业，进而促进产业结构的优化升级[⑤]。童健等（2016）则认为环境规制对不同工业行业转型有不同的影响，当环境规制实施之后降低了工业企业经济产出，清洁（绿色）生产工业行业的经济产出低于污染密集工业行业的经济产出时，环境规制有利于工业行业的转型，从而促进产业结构转型；反之，则不利于产业结构转型[⑥]。谢云飞等（2021）通过研究认为中国环境规制对产业结构的影响呈现倒 U 形，当环境规制强度过高时，企业反而会因为环境成本过高而放弃进行绿色技术改进[⑦]。另外，不能忽视的是产业结构的超前发展通常

① 谭娟，陈晓春. 基于产业结构视角的政府环境规制对低碳经济影响分析 [J]. 经济学家，2011（10）：91-97.

② OKUMA K. An analytical framework for the relationship between environmental measures and economic growth based on the régulation theory: key concepts and a simple model [J]. Evolutionary and institutional economics review, 2012, 9（1）：141-168.

③ 李强. 环境规制与产业结构调整：基于 Baumol 模型的理论分析与实证研究 [J]. 经济评论，2013（5）：100-107，146.

④ 钟茂初，李梦洁，杜威剑. 环境规制能否倒逼产业结构调整：基于中国省际面板数据的实证检验 [J]. 中国人口·资源与环境，2015, 25（8）：107-115.

⑤ 薛曜祖. 环境规制的产业结构效应：理论与实证分析 [J]. 统计与信息论坛，2016, 31（8）：39-46.

⑥ 童健，刘伟，薛景. 环境规制、要素投入结构与工业行业转型升级 [J]. 经济研究，2016, 51（7）：43-57.

⑦ 谢云飞，黄和平，徐斌. 环境规制对产业结构升级的影响研究：以我国 2005—2017 年省际面板数据为例 [J]. 城市与环境研究，2021（3）：56-76.

表现在商品市场的产品升级上，隐含在内部结构的优化升级中（Yu et al.,2021）①，为此制造业产品的绿色升级也蕴含在产业结构绿色升级中。综合而言，环境规制能够有助于产业结构升级，并进行绿色转型。工业行业产出也会受到环境规制的影响，适度的环境监管有助于增加绿色工业企业的经济产出在整体工业中的比例，使得市场上制造业绿色产品得到充足供应。

5.4　绿色金融

5.4.1　绿色金融的定义及其组成部分

5.4.1.1　绿色金融的定义

金融对国家经济发展与稳定至关重要，随着可持续发展理念的传播与深入，金融体系也需要根据国家经济发展需求以及企业生产转型需求进行革新。绿色金融正是诞生在这一背景下的新金融形式。可以预见的是，中国要实现可持续发展、"双碳目标"以及经济发展方式的绿色转型，就需要发展"绿化"后的金融，以应对企业生产的环境风险，乃至国家经济风险。

联合国环境署（ENUP）认为绿色融资（green financing）是为了提高公共、私营和非营利部门的资金流动水平（来自银行、小额信贷、保险和投资），用于可持续发展的优先事项②。世界经济论坛（World Economic Forum）认为绿色金融是结构化的一种产品或服务，旨在确保更好的环境结果的金融活动。它包括一系列贷款、债务机制和投资，用于鼓励绿色项目的发展，尽量减少更常规项目对气候的影响或者前两者的结合③。英国绿色金融研究所（Green Finance Institute，GFI）认为绿色金融是资助任何减少碳排放或提高资源效率的手段④。德国政府认为绿色金融是一种将金融部门纳入低碳和资源节约型经济转型过程以及适应气候变化的战略方法。孟加拉银行认为绿色金融作

---

① YU X, WANG P. Economic effects analysis of environmental regulation policy in the process of industrial structure upgrading: evidence from Chinese provincial panel data [J]. Science of the total environment, 2021 (753): 142004.

② UNEP. Green financing[EB/OL]. [2022-07-18]. https://www.unep.org/regions/asia-and-pacific/regional-initiatives/supporting-resource-efficiency/green-financing.

③ World Economic Forum. What is green finance and why is it important? [EB/OL]. (2020-12-09)[2022-07-18]. https://www.weforum.org/agenda/2020/11/what-is-green-finance/.

④ GOV. UK. Green finance[EB/OL]. (2017-09-18)[2022-07-18]. https://www.gov.uk/guidance/green-finance.

为绿色银行的一部分，其对社会经济向资源节约型和低碳产业的转型（绿色产业和绿色经济）做出了巨大贡献。中国人民银行等七部委联合发布《关于构建绿色金融体系的指导意见》中，将绿色金融定义为：绿色金融是指为支持环境改善、应对气候变化和资源节约高效利用的经济活动，即对环保、节能、清洁能源、绿色交通、绿色建筑等领域的项目投融资、项目运营、风险管理等所提供的金融服务①。香港绿色金融协会（HKGFA）认为绿色金融比气候金融更广泛，气候融资通过促进减缓行动，特别是减少温室气体排放，促进基础设施以及一般社会和经济资产的气候适应能力的适应行动，支持向气候适应型经济过渡。绿色金融还涉及其他环境目标，如自然资源保护、生物多样性保护和污染防治②。

由此可见，绿色金融是一个综合性的概念，发达国家或地区和发展中国家或地区在"绿色金融"的定义上存在差别。发达国家更关注气候，将未来的气候变化和相应的技术调整作为金融机构的主要风险因素；发展中国家更关注绿色金融能够对国家经济绿色转型产生的作用，更多的发展中国家对绿色金融还没有确切的定义，如印度、巴基斯坦等。这是由于发达国家现代化工业发达，工业化早期阶段经常出现的环境污染问题已基本解决，为此在评价一项投资是否"绿色"时，比起发展中国家而言，其通常不够重视治污和防污作用。

综合资料来看，本书认为绿色金融是指能够运用贷款、债券等金融手段或产品来鼓励企业发展绿色项目、减少企业经营活动对环境带来的负外部性。其既有金融对宏观经济绿色转型的直接推动作用，又能通过其中各种绿色金融工具对经济活动主体产生的环境问题进行抑制，在此过程中，绿色金融工具能够通过金融机构作用到国民经济的各个环节，对企业技术绿色升级、产业结构绿色转型以及居民生活绿色低碳都有积极作用。这也说明绿色金融是金融业一种全新的业态，代表金融业未来发展的方向和改革的核心。

5.4.1.2 绿色金融体系的组成部分

根据绿色金融的定义，绿色金融服务包含的内容广泛，既有常见的金融服务，如绿色债券、绿色等，也有专门针对特定项目、对象设定的绿色金融工具，如绿色产业投资、绿色保险等。绿色金融体系就是由各种不同的绿色金融工具有机构成的，具体来讲，绿色金融能够在市场提供的价格信号激励和流动性保证下，促使政策性金融机构、商业性金融机构、互联网金融机构等市场主

---

① 关于构建绿色金融体系的指导意见 [J]. 环保工作资料选，2016，0（9）：28-31

② HKGFA. Green Finance Glossary [EB/OL].（2020 - 07 - 10）[2022 - 07 - 18]. https://www.hkgreenfinance.org/wp-content/uploads/2020/07/Green-Finance-Glossary.pdf.

体，对与能耗污染、土地、健康、安全、移民安置、生态保护、气候变化等相关的产业，有效地提供绿色信贷、绿色债券、绿色保险、绿色风险投资基金等金融产品的一种体系。绿色金融体系既有助于减少对环境有负面影响的实体经济活动或资产的融资，又有助于增加能够节能减排、污染治理等对环境有积极的资产或活动的融资。

（1）绿色信贷

信贷是常见的金融工具之一，绿色信贷在某种意义上可以说是信贷的"绿色化"，或者说是"绿色化"在信贷上的体现。对绿色信贷内涵的研究中，国外学者 Patricia 等（2007）通过事件研究法认为银行可以通过对相应情况下有效的环境风险监控来达到对绿色信贷的完善处理。可以认为，绿色信贷由可持续金融、环境风险管理和企业社会责任三部分构成。Aizawa 和 Yang（2010）认为绿色信贷的概念与可持续金融的概念相似，因为这两个概念都强调了金融部门通过金融工具应对全球环境和社会挑战的潜力。国内的相关研究主要是从 2007 年 7 月国家环境保护总局与银监会（现银保监会）、中国人民银行联合出台了《关于落实环保政策法规防范信贷风险的意见》后开始的。国内有学者认为绿色信贷的核心部分是将环境风险引入商业银行信贷风险评价中（蔡海静 等，2011），发放绿色信贷既是提高银行核心竞争力和经营能力的重要手段（Duan et al.，2011），也是银行在考虑环保信息及企业应承担的社会责任等因素的前提下，决定是否向企业提供贷款或其他的信贷支持的举措（李普玲，2019）。

（2）绿色债券

从绿色经济的发展角度看，绿色债券相比其他债券具有更强的融资便利性，能够改善绿色融资环境并促进绿色创新，在绿色经济中发挥着重要作用（Gianfrate et al.，2019）。更多学者利用市场数据研究绿色债券，尤其是环保标签对债券价格的影响（Zerbib，2019；Kapraun et al.，2021）。Tang 和 Zhang（2020）认为发行绿色债券的公司积极承担社会责任，具备可持续发展的特性，长期来看有利于公司价值的提升。另外，Flammer（2021）认为通过发行绿色债券，公司会拥有更高的环境评级和更低的二氧化碳排放，由此展现自己对环保的承诺。我国学者马骏（2015）指出，由于绿色债券期限短、风险低，在二级市场上流动性强，且体现了一定的社会价值，在构建中国绿色金融体系中是值得借鉴的金融工具。然而，绿色债券在蓬勃发展的同时，也暴露出风险及制度上的不完善。金佳宇、韩立岩（2016）对绿色债券的风险特征进行了总结，指出绿色债券不仅具有普通债券的违约风险和利率风险，其绿色属性也与环境风险、政治风险、流动性风险相关联；而中国工商银行与清华大学"绿色带路"项目联合课题组（2019）认为全球缺乏环境信息披露体系，对评估环境风险和社会风险带来挑战。因此，为促进中国绿色债券市场的不断发展和成熟，应当完善绿色监督和第三方认证评估，进而提供统一的"绿色标准"（万志宏 等，2016；王遥 等，2016）。同时，也应加强环境信息的披露，营造公开、透明的绿色投资环境（高扬 等，2021）。

（3）绿色保险

绿色保险是绿色金融的重要组成部分，主要是因为在支持环境改善、应对气候变化和资源节约高效利用等方面，其能够提供市场化保险风险管理服务和保险资金支持。从学界研究来看，Mills（2005，2009）、Zona 等（2014）认为保险业应该针对环境问题做出改变，并且这也是未来保险行业的发展趋势。随着世界各国对可持续发展的需求逐渐增加，企业面临更多与环境相关的诉讼（以及相关的保险支出），其中的原因既有企业是温室气体的排放者，也有企业自身不遵守新法规的行为而被起诉（Allen，2004）。因此，保险业作为影响每个承保领域和投资的气候风险的全球信息中心，开发和推出绿色保险就表明了基于市场的机制是可以支持温室气体减排和适应其他不可避免的影响的（Mills，2012）。2015 年中国保监会发布了《关于保险业履行社会责任的指导意见》，"要求全行业坚持绿色发展思路，保护环境，建设生态文明"。此后，中国保险行业对绿色保险的关注日渐增加。国内有学者认为保险资金也可以参与绿色投资，能对绿色经济的发展起到助推作用（俞春江 等，2017）。许珍（2018）认为未来保险应进一步争取发展绿色保险的良好政策环境，尽快在环境风险治理的事前、事中和事后等关键技术领域取得突破，构建完善的绿色产品体系，促进传统产业的绿色转型，培育绿色发展动能，为绿色产业提供全面的金融服务。并且随着中国经济的发展，绿色保险在影响中国企业海外投资决策方面正发挥着越来越重要的作用（Chen et al.，2021）。

（4）绿色基金与绿色产业投资

绿色基金是指包括绿色产业基金、绿色债券基金等所有支持保护环境类基金的总称。绿色基金可以作为专注于环境支持业务公司的投资工具的形式出现，例如替代能源、绿色交通、水和废物管理以及可持续生活（James Chen，2021）。绿色投资是指对各类能够产生环境效益、能够降低企业环保成本的企业或项目进行投资的行为。有学者认为绿色投资主要有三种类型，即环境保护投资、环境产业投资与循环经济投资①。绿色投资的范围较广，一切与绿色经济发展，尤其能推动"绿色 GDP"增长的都可以被纳入其中②。有分析报告认为绿色产业投资主要是通过绿色产业投资基金来实现大规模对绿色产业的支持。有学者认为绿色基金的市场表现优于碳排放量较高的同类基金，这表明绿色基金发展潜力大，且投资回报效益更好（Ji et al., 2021）。

根据我国发布的《绿色产业指导目录（2019 年版）》，绿色产业具体可以划分为六大部分，包括节能环保产业、清洁生产产业、清洁能源产业、生态环境产业、基础设施绿色升级以及绿色服务。在节能环保产业、清洁生产产业以及清洁能源产业中包括了大部分装备制造制造业中对环境损害较小、节能效果较好的细分制造业部门。我国绿色产业是从节能、环保等产业发展而来的③。

5.4.2 中国绿色金融发展概况

中国绿色金融的发展与自身经济发展方式转型紧密相关，早期中国工业粗放式高能耗的发展模式既给环境带来了巨大的污染压力，也给中国环境污染治理工作带来了巨大难题。随着新金融模式——绿色金融的兴起，我国早在改革开放后就开始着手准备建设绿色金融体系，经过多年的铺垫我国绿色金融体系于 2016 年初步建成④。近年来绿色金融迅速发展，对中国经济绿色转型起到了重要的推动作用，在此，本书对绿色金融体系中主要的金融工具发展情况进行简要介绍。

5.4.2.1 绿色信贷

我国对绿色信贷的关注可以追溯到 2007 年。2007 年 7 月，国家环境保护总局和中国人民银行、银监会联合发布了《关于落实环保政策法规防范信贷风险的意见》（以下简称《意见》），其中明确提出"要依照环保法律法规的要求，严格新建项目的环境监管和信贷管理""要依照环保法律法规的要求，严格现有企业的环境监管和流动资金贷款管理"等。《意见》明确提出了"绿色"信贷要求，也标志着绿色信贷政策体系正式开始构建。绿色信贷政策体系发展至今已有 15 年。根据相关研究报告，绿色信贷政策体系的构建可以大

---

① 孟耀. 绿色投资问题研究 [M]. 大连：东北财经大学出版社，2008.
② 田江海. 绿色经济与绿色投资 [M]. 北京：中国市场出版社，2010.
③ 高翔，何欢浪. 清洁生产、绿色转型与企业产品质量升级 [J]. 统计研究，2021，38（7）：64-75.
④ 国务院发展研究中心"绿化中国金融体系"课题组. 发展中国绿色金融的逻辑与框架 [J]. 金融论坛，2016，21（2）：17-28.

致分为三个阶段①：

一是绿色信贷起步阶段（2007—2011年）。自《关于落实环保政策法规防范信贷风险的意见》（以下简称《意见》）正式发布后，我国就开始正式搭建绿色信贷政策体系。该《意见》发布后，江苏、浙江、河南、黑龙江、陕西、山西、青海、深圳、宁波、沈阳、西安等20多个省份的环保部门与所在地的金融监管机构联合陆续出台了有关绿色信贷的实施方案和具体细则。银监会相继于2007年7月和11月发布了《关于防范和控制耗能高污染行业贷款风险的通知》和《节能减排授信工作指导意见》，进一步完善银行等金融机构对相关企业按照环保局要求进行审核与发放贷款的机制②。2009年12月，中国人民银行联合中国银监会、中国证监会和中国保监会发布《关于进一步做好金融服务支持重点产业调整振兴和抑制部分行业产能过剩的指导意见》，明确提出"禁止对国家已明确为严重产能过剩的产业中的企业和项目盲目发放贷款"，以及"对符合国家节能减排和环保要求的企业和项目按照'绿色信贷'原则加大支持力度"。据统计，截至2007年年底，中国工商银行、中国农业银行、中国建设银行、中国银行和交通银行五家银行共发放节能减排重点项目贷款1 063.34亿元、支持节能减排技术创新贷款38.78亿元及节能减排技改贷款209.41亿元③。截至2011年年末，仅国家开发银行、中国工商银行、中国农业银行、中国银行、中国建设银行和交通银行六家银行业金融机构的相关贷款余额已逾1.9万亿元④。绿色信贷在此期间增长迅速。

二是绿色信贷发展阶段（2012—2015年）。2012年1月，中国银监会制定了《绿色信贷指引》，提出"银行业金融机构应当从战略高度推进绿色信贷"，"银行业金融机构应当建立有利于绿色信贷创新的工作机制，……推动绿色信贷流程、产品和服务创新"⑤，并且提出了绿色信贷的三大框架体系。这份文件也成为绿色信贷建设的纲领性文件。之后中国银监会陆续出台了《中国银监会关于印发绿色信贷指引的通知》（2012年1月）、《中国银监会办公厅关于绿色信贷工作的意见》（2013年2月）、《中国银监会办公厅关于报送绿色信贷

① 中央财经大学绿色金融国际研究院.《地方绿色金融发展指数与评估报告》摘编：绿色信贷[EB/OL].（2020-06-24）[2022-07-18].http://iigf.cufe.edu.cn/info/1012/1496.htm.

② 中央政府门户网站.国家环保总局向新闻界通报绿色信贷第一阶段进展[EB/OL].（2008-02-13）[2022-07-18].http://www.gov.cn/gzdt/2008-02/13/content_888607.htm.

③ 2007年五家银行发放绿色信贷逾千亿元[J].中国信用卡，2008（6）：75-76.

④ 绿色信贷初现成效6家银行相关贷款余额近2万亿[EB/OL].（2012-02-24）[2022-07-18].http://finance.sina.com.cn/china/jrxw/20120224/111911447634.shtml.

⑤ 银监会关于印发绿色信贷指引的通知[J].中华人民共和国国务院公报，2012（17）：78-81.

统计表的通知》（2013 年 7 月）和《绿色信贷实施情况关键评价指标》（2014年 6 月），并在 2015 年 1 月联合国家发展改革委共同发布了《中国银监会、国家发展和改革委员会关于印发能效信贷指引的通知》。这一系列文件的发布与实施都在推进银行等金融机构加大力度开展绿色信贷工作，支持国家产业结构绿色升级与企业生产、技术等方面的绿色创新与进步。在此阶段绿色信贷规模也得到了进一步扩大，数据显示，截至 2012 年第三季度末，国内 19 家主要银行机构节能环保、新能源和新能源汽车等战略新兴产业贷款余额分别为 4 209亿元、4 514 亿元和 540 亿元，分别较上年年末增长 11.5%、22.2% 和 20.1%；贷款余额占全部战略性新兴产业贷款的比重分别为 30.6%、32.8% 和 3.9%①。到 2015 年年末，我国银行业金融机构绿色信贷余额为 8.08 万亿元，21 家主要银行机构绿色信贷约为 70 066.13 亿元，贷款所支持项目预计可节约标准煤2.21 亿吨，节约水 7.56 亿吨，减排二氧化碳当量 5.50 亿吨、二氧化硫 484.96万吨、化学需氧量 355.23 万吨、氮氧化物 227.00 万吨、氨氮 38.43 万吨②。

三是绿色信贷成熟阶段（2016 年至今）。2016 年中国人民银行、财政部等七部委联合印发了《关于构建绿色金融体系的指导意见》（以下简称《意见》），这标志着中国将成为全球首个建立了比较完整的绿色金融政策体系的经济体③。该《意见》对绿色金融体系进行了详细阐述，其中提出要"大力发展绿色信贷"。此后，2018 年 7 月，中国人民银行印发了《关于开展银行业存款类金融机构绿色信贷业绩评价的通知》，对银行授信企业情况进行规范和评价，并在 2021 年 5 月发布了新的《银行业金融机构绿色金融评价方案》（以下简称《评价方案》）。《评价方案》对绿色金融业务、评价变量等进行了规范，绿色信贷在绿色金融评价变量中占主要地位。自 2016 年以来，中国绿色信贷范围、规模都得到了长足发展，据央行统计，截至 2021 年年末，我国绿色贷款余额 15.9 万亿元，同比增长 33%，存量规模居全球第一。据中国银保监会的统计，截至 2021 年年末，国内 21 家主要银行绿色信贷余额达 15.1 万

① 绿色信贷"增"与"减"［EB/OL］.（2013-10-21）［2022-07-18］. http://politics.people.com.cn/n/2013/1021/c70731-23266356. html.

② 《2015 年度中国银行业社会责任报告》发布［EB/OL］.（2016-06-24）［2022-07-18］. http://china.cnr.cn/gdgg/20160625/t20160625_522494942. shtml.

③ 新华社. 七部委发布《关于构建绿色金融体系的指导意见》［EB/OL］.（2016-09-01）［2022-07-18］. http://www.gov.cn/xinwen/2016-09/01/content_5104132. htm.

亿元，占其各项贷款的 10.6%①。

5.4.2.2　绿色债券

绿色债券政策体系在我国的起步要晚于绿色信贷，绿色债券政策体系起步于 2015 年。

具体看来，2015 年 7 月 16 日，中国第一只绿色债券由新疆金风科技股份有限公司在香港联交所发行，2015 年年底中国农业银行在伦敦发行了绿色债券，这标志着我国绿色债券的起步。随后，中国人民银行出台了《关于在银行间债券市场发行绿色金融债券有关事宜公告》，对金融机构申请发行绿色金融债券需要的条件等各方面要求进行了明确的规定，并配套发布《绿色债券支持项目目录》②。这表明绿色债券政策体系建设正式启动，也标志着中国的绿色债券市场正式启动。2015 年 12 月 31 日，国家发展改革委发布《绿色债券发行指引》，对起步阶段绿色债券重点支持产业进行了详细列示，并"鼓励上市公司及其子公司发行绿色债券"③。2016 年，上交所（3 月）和深交所（4月）分别发布《关于开展绿色公司债券试点的通知》，正式接受公司发行绿色债券。为吸引更多非金融性机构参与企业绿色债券融资，2017 年 3 月 22 日，中国银行间市场交易商协会发布《非金融企业绿色债务融资工具业务指引》，适用对象包括但不限于企业、主承销商、信用评级机构、律师事务所、会计师事务所和第三方认证机构④。至此，绿色债券的相关政策实现了债券市场的全覆盖。

随着绿色发展理念的进一步深入与"双碳"目标的提出，绿色债券政策体系得到了更多的发展。2020 年中国人民银行联合国家发展改革委、中国证监会共同发布《关于印发〈绿色债券支持项目目录（2020 年版）〉的通知（征求意见稿）》向社会征集意见，收到意见修改后，于 2021 年 4 月正式发布《绿色债券支持项目目录（2021 年版）》（以下简称《目录》）。新《目录》

---

① 21 世纪经济报道. 银行财报里的绿色金融：12 家上市银行绿色贷款破千亿 6 大行碳减排贷款占七成以上［EB/OL］.（2022－04－06）［2022－07－18］. https://baijiahao. baidu. com/s？id＝1729350412862207416&wfr＝spider&for＝pc.

② 中国人民银行. 中国人民银行公告〔2015〕第 39 号［EB/OL］.（2015－12－22）［2022－07－18］. http://www.pbc.gov.cn/tiaofasi/144941/144959/2993398/index.html.

③ 国家发展改革委. 国家发展改革委办公厅关于印发《绿色债券 发行指引》的通知［EB/OL］.（2015－12－31）［2022－07－18］. https://www.ndrc.gov.cn/xxgk/zcfb/tz/201601/t20160108_963561.html？code＝&state＝123.

④ 中国银行间市场交易商协会. 中国银行间市场交易商协会公告［EB/OL］.（2017－03－22）［2022－07－18］. http://www.nafmii.org.cn/ggtz/gg/201703/t20170322_60431.html.

采用了"无重大损害"（DNSH）原则，与国际标准进一步接轨，其还拥有三大突破：绿色项目界定标准更加科学准确、债券发行管理模式更加优化，并且为我国绿色债券发展提供了稳定框架和灵活空间①。2022年7月29日，经中国人民银行和中国证监会同意，绿色债券标准委员会及相关机构发布《中国绿色债券原则》（以下简称《原则》），该《原则》充分尊重国际绿色债券标准，与国际市场接轨，提出"结合国际惯例和国内实际，明确了绿色债券的四项核心要素，提出对绿色债券发行人和相关机构的基本要求"②。这表明我国绿色债券发行不是"自娱自乐"，而是与国际标准相适应的、具有中国特色的债券发行方式。

在此期间，中国绿色债券经历了从无到有再到壮大的过程。数据显示，2016年绿色债券占全球债券市场的比重不到0.2%（中国绿色债券比例为2%），中国2016年共发行2 380亿元绿色债券，占全球发行规模的39%，不过其中有831亿元未符合国际市场绿色定义，占总发行量的34%。截至2021年年底，中国在境内外市场发行贴标绿色债券约7 063亿元，其中符合气候债券倡议组织（CBI）绿色定义的发行量约为4 401亿元。截至2021年年底，中国绿色债券发行量累计为1 992亿美元（近1.3万亿元），仅次于美国（3 055亿美元）。从发行主体来看，2021年非金融企业的绿债发行量首次超过金融企业，占总体绿色债券发行量的46%，共有76家非金融企业参与，比2020年的35家多出一倍多③。可见中国绿色债券发展迅速，无论是从政策体系建设、债券发行规模还是发行主体多元化都处于飞速发展时期。

5.4.2.3 绿色保险

我国绿色保险发展较为缓慢，最初是考虑到经济发展产生的环境污染问题日渐严重，且进入千禧年后我国环境污染事故高发，尤其是地方工业企业容易出现严重污染，在此背景下，国家环境保护总局和中国保险监督管理委员会于2007年12月共同发布了《关于环境污染责任保险工作的指导意见》，提出

---

① 中国人民银行.中国人民银行、发展改革委、证监会印发《绿色债券支持项目目录（2021年版）》［EB/OL］.（2021-04-22）［2022-07-18］. http://www.gov.cn/xinwen/2021-04/22/content_5601285.htm.

② 绿色债券标准委员会.《中国绿色债券原则》发布（附全文）［EB/OL］.（2022-07-29）［2022-08-01］. https://www.cenews.com.cn/news.html? aid=994488.

③ 数据来源：中央结算公司中债研发中心、《中国绿色债券市场报告2016》与《中国绿色债券市场报告2021》。

"利用保险工具来参与环境污染事故处理"①，先期环境污染责任保险工作在
"环境危害大、最易发生污染事故，且损失最容易确定"的三大行业开始试
行②。2008 年起，江苏、浙江、湖北、宁波和沈阳这 5 个地区开始环境污染责
任保险试点。2013 年 1 月环境保护部与中国保监会共同发布了《关于开展环
境污染强制责任保险试点工作的指导意见》，明确了环境污染强制责任保险的
试点企业范围，并对保险的条款、理赔、企业信息强制公开等各方面提出了要
求③。2016 年中国人民银行、财政部等七部委联合印发了《关于构建绿色金融
体系的指导意见》（以下简称《意见》），其中对绿色保险进行了详细描述，
并鼓励发展绿色保险。至此"绿色保险"一词正式进入大众视野。2017 年环
境保护部办公厅和中国保监会办公厅共同研究制定了《环境污染强制责任保
险管理办法（征求意见稿）》向社会公开征求意见，到 2018 年生态环境部召
开部务会议，审议并原则通过《环境污染强制责任保险管理办法（草案）》
（以下简称《草案》），《草案》进一步完善了环境污染强制责任保险赔偿范围
的具体规范，对第三者人身损害、财产损害、生态环境损害等做了更详细的规
定，并扩大了强制保险企业范围④。另外，在《关于构建市场导向的绿色技术
创新体系的指导意见》（2019 年）、《关于推动银行业和保险业高质量发展的
指导意见》（2020 年）、《国务院关于加快建立健全绿色低碳循环发展经济体
系的指导意见》（2021 年）等相关文件中都提及了积极发展绿色保险，但中国
至今尚未形成完善的绿色保险政策体系，绿色保险也还处于起步阶段。

从绿色保险的规模发展来讲，2010 年环境污染责任保险试点地区增加至 9
个，新增湖南、上海、重庆、云南、广东 4 个省份，截至目前，全国 31 个省
份（除港、澳、台地区）基本都已开展了环境污染责任保险工作。据保险业
协会统计，2018—2020 年保险业累计为全社会提供了 45.03 万亿元保额的绿色
保险保障，支付赔款 533.77 亿元，用于绿色投资的余额从 2018 年的 3 954 亿

---

① 国家环保总局. 关于环境污染责任保险工作的指导意见[EB/OL]. (2007-12-04)[2022-08
-01]. https://www.mee.gov.cn/gkml/zj/wj/200910/t20091022_172498.htm.

② 周国熠，万里虹. 我国环境污染责任保险试点及相关问题探析 [J]. 保险研究，2009
（5）：95-98.

③ 环境保护部，中国保险监督管理委员会. 关于开展环境污染强制责任保险试点工作的指导
意见[EB/OL]. (2013-01-21)[2022-08-01]. https://www.mee.gov.cn/gkml/hbb/bwj/201302/
t20130221_248320.htm.

④ 张珍旭，李小苹. 浅析环境污染强制责任保险制度优化路径：以《环境污染强制责任保
险管理办法（草案）》为视域 [J]. 长春理工大学学报（社会科学版），2019，32（4）：37-43，
48.

元增加至 2020 年的 5 615 亿元，有力发挥了绿色保险的风险保障功效①。在绿色保险创新方面，近年来新增了针对清洁能源行业的产品质量风险和利润波动风险，保险行业对清洁能源行业上下游企业提供了多种类型保险，打破了外国保险企业的垄断，2020 年，绿色保险为清洁能源产业提供 1.96 万亿元保险保障，比 2018 年增加了 0.57 万亿元，年均增速 20.5%②。

5.4.2.4 绿色基金与绿色产业投资

2011 年 4 月，中国第一支绿色基金——兴全绿色投资基金正式公开发售。该基金是国内首只明确提出绿色投资理念的基金，投资领域将主要涵盖三个层次：清洁能源产业、环保产业，以及其他产业中积极履行环境责任、致力于向绿色产业转型或在绿色相关产业发展过程中做出贡献的公司或行业③。

为了推动绿色基金在中国的发展，国家从 2010 年开始出台各项政策大力推行绿色基金，尤其是绿色产业基金。如 2010 年 4 月发布《关于支持循环经济发展的投融资政策措施意见》、10 月发布《国务院关于加快培育和发展战略性新兴产业的决定》、《关于加强环境保护重点工作的意见》等。2012 年 6 月国家发展改革委公布了《"十二五"节能环保产业发展规划》，明确提出要设立绿色产业发展基金，通过政府和社会资本合作（PPP）模式动员社会资本。2016 年 8 月中国人民银行等七部委联合发布的《关于构建绿色金融体系的指导意见》，同年 11 月发布的《中共中央关于制定国民经济和社会发展第十三个五年规划的建议》，均明确提出"发展绿色金融，设立绿色发展基金"等。2015 年 12 月，中国人民银行发布《中国人民银行公告〔2015〕第 39 号》，也称《绿色金融债券公告》，对银行间债券市场发行绿色金融债券的相关事宜进行了明确规定，并随同发布了《绿色债券支持项目目录（2015 年版）》，对绿色债券支持的产业范围进行了初步规定④。这也是我国第一份绿色债券的规范性指导文件。2018 年，中国证券投资基金业协会发布了《绿色投资指引（试行）》，对绿色投资的定义、投资范围、投资原则以及监督措施等进行了阐述，以对市场私募基金投资者进行指导和鼓励。

---

① 数据来源：《2020 中国保险业社会责任报告》。

② 中国保险行业协会. 保险业聚焦碳达峰碳中和目标助推绿色发展蓝皮书［R/OL］.（2021-06-11）［2022-08-01］. http://www.iachina.cn/module/download/downfile.jsp？classid=0&filename=71fe3c6f7b36451bb51f9c33ad104aff.pdf.

③ 兴全绿色投资基金发行［EB/OL］.（2011-04-07）［2022-08-01］. http://news.10jqka.com.cn/20130723/c522304393.shtml.

④ 中国人民银行公告〔2015〕第 39 号［EB/OL］.（2015-12-22）［2022-08-01］. http://www.pbc.gov.cn/goutongjiaoliu/113456/113469/2993398/index.html.

2021 年中国人民银行、国家发展改革委和中国证监会又新印发了《绿色债券支持项目目录（2021 年版）》，这是以《绿色产业指导目录（2019 年版）》为基础制定的，统一了各类绿色债券定义和分类标准，其中一级分类与《绿色产业指导目录（2019 年版）》一致，这也方便之后对接其他绿色金融业务；二、三级分类延续了《绿色债券支持项目目录（2015 年版）》的分类方法，与国际主流绿色资产分类标准和节能环保行业常用统计分类方式保持一致，并将三级分类继续细分为四类。另外，《绿色债券支持项目目录（2021 年版）》扩大了绿色债券支持范围，加入了绿色农业、绿色建筑、可持续建筑等新时期国家重点发展的绿色产业领域类别并删除了涉及煤炭等化石能源生产和清洁利用的项目类别，更好地实现了与国际标准的接轨[①]。可见，我国绿色债券政策体系也在逐渐形成，国家也在随着绿色经济发展采取措施修改、完善，并积极与国际接轨。

从绿色基金中国绿色基金相关企业注册量来看，2010 年中国仅有 6 家绿色基金相关企业注册，2015 年增长至 27 家，2021 年增长至 52 家。这表明中国企业对绿色基金的态度越来越积极[②]。根据气候债券倡议组织（CBI）的统计，中国 2016 年绿色债券发行量为 2 380 亿元，2017 年发行量为 2 486 亿元，2018 年发行量为 2 826 亿元，2019 年前三季度发行量为 2 482 亿元。可见，中国绿色债券发行规模也在逐渐扩大。

另外，绿色产业基金是政府出资的针对节能减排、致力于低碳经济发展、环境优化改造项目而建立的专项投资基金。根据中国人民银行研究局的统计，2018 年年末，16 只绿色政府出资产业投资基金，实际出资规模为 91.61 亿元。2020 年 7 月 15 日，国家绿色发展基金股份有限公司在上海市揭牌运营，首期募资规模 885 亿元。国家绿色发展基金股份有限公司是由中央财政和长江经济带沿线的 11 个省份的地方财政共同出资，同时也吸引社会资本参与成立的，以公司制形式参与市场化运作。绿色基金在首期存续期间主要投向长江经济带沿线上海、江苏、浙江、安徽、江西、湖北、湖南、重庆、四川、贵州、云南 11 省份[③]。在中央政府的指导下，各地方政府也积极参与了绿色产业投资基金

[①] 中国人民银行. 人民银行有关部门负责人就《绿色债券支持项目目录（2021 年版）》有关问题答记者问 [EB/OL]. （2021-04-21）[2022-08-01]. http://www.pbc.gov.cn/rmyh/3963412/3963426/4236398/index.html.

[②] 2021 年中国绿色产业基金发展现状及推动行业发展的建议分析 [图] [EB/OL]. （2022-01-20）[2022-08-01]. https://www.chyxx.com/industry/202201/993460.html.

[③] 国家绿色发展基金. 公司概况 [EB/OL]. [2022-08-01]. https://www.ngd-fund.com/about.

创建，目前北京、广东、辽宁、甘肃、海南等省份都已建立起地方政府主导的绿色产业投资基金。数据显示，2021年中国各省份绿色基金相关企业注册量排在前十的省份共有206家，其中仅广东省就有49家，遥遥领先其他省份①。

5.4.3　绿色金融对制造业绿色产品长效促进机制的作用

随着中国绿色金融政策体系的不断完善，各个主要绿色金融工具在国内发展规模的逐渐扩大，绿色金融对中国绿色经济发展所起的作用越来越重要。在绿色金融发展期间，中国可持续发展战略、绿色发展理念与"双碳"目标的提出都在逐渐影响着中国产业结构的绿色升级、企业生产的绿色转型与居民理念的绿色转变。消费者对环境保护认识的不断提高，推动了消费者对绿色产品的需求（Leonidou et al.，2013）②。制造业企业作为生产者，可以接触到愿意为生产环保绿色产品产生的相关额外成本付款的客户（Tsai et al.，2012）③，同时，根据"波特假说"可知，环保实践可以提高效率并同时降低成本。在此基础之上，绿色金融对制造业绿色产品长效促进机制的作用可以从以下两个方面进行分析。

一是绿色金融能够通过影响制造业企业的可持续经营来促进绿色产品的长期发展。企业可持续经营的目的在于创造可持续价值，这既是为了使股东获得更多收益也是帮助企业自身走向世界。企业为了达到这一目的，需要进行内部和外部的绿色实践。企业内部绿色实践主要是指采取污染预防措施和企业清洁技术升级，外部绿色实践则是指通过产品管理和树立可持续发展愿景（Hart et al.，2003）④。有研究认为绿色信贷政策也能够作用于企业内、外部绿色实践，尤其是对环境规制强度较高的地区和高管教育背景较好的企业来讲，绿色信贷政策更有利于其发挥环境社会责任（斯丽娟 等，2022）⑤。另外，企业为进行绿色实践不仅需要依靠自有资金，还需要来自外界的投资或是进行市场融资。

---

① 2021年中国绿色产业基金发展现状及推动行业发展的建议分析［EB/OL］.（2022-01-20）［2022-08-01］. https://www.chyxx.com/industry/202201/993460. html.

② LEONIDOU C N, KATSIKEAS C S, MORGAN N A. "Greening" the marketing mix：Do firms do it and does it pay off?［J］. Journal of the academy of marketing science, 2013, 41（2）：151-170.

③ TSAI M T, CHUANG L M, CHAO S T, et al. The effects assessment of firm environmental strategy and customer environmental conscious on green product development［J］. Environmental monitoring and assessment, 2012, 184（7）：4435-4447.

④ HART S L, MILSTEIN M B. Creating sustainable value［J］. Academy of management perspectives, 2003, 17（2）：56-67.

⑤ 斯丽娟, 曹昊煜. 绿色信贷政策能够改善企业环境社会责任吗：基于外部约束和内部关注的视角［J］. 中国工业经济, 2022（4）：137-155.

Rouf（2012）认为绿色金融能够在地方和国家层面为地方经济、绿色发展和可持续生计做出贡献。这就意味着绿色小额信贷在帮助企业绿色经营、帮扶贫困人群拥有更好的生活环境等方面有重要作用，也意味着绿色小额信贷和绿色微型企业正在平衡社会经济和环境需求与社会发展①。同时，企业为保护环境和开发绿色产品而进行融资可以显著减少环境退化（Miroshnychenko et al.，2017）②。另外，绿色金融可以通过购买绿色产品和开发可减少 CO_2 排放的绿色设施等以绿色投资为目的的活动实现对绿色的企业支持，同时可有力地促进制造业绿色产品的供应（Zakari et al.，2021）③。

二是绿色金融通过促进企业绿色技术进步降低企业经营产生的环境成本，保持企业产品的竞争性，增强企业产品的"绿色"程度。"波特假说"认为有关环境的技术创新能够形成"创新补偿"，这不仅可以降低企业满足环境法规的净成本，甚至还可以优于没有受到类似法规约束的外国公司。越来越多的学者研究认为资本市场和金融部门在提供必要的低碳技术投资以实现绿色结构变革方面发挥着至关重要的作用，如 Wang 和 Zhi（2016）、Ang 等（2017）、陈志恒和纪希春（2019）。经济结构的绿色转型会影响企业发展方式转型，从而提高对企业绿色技术创新的要求。企业要进行技术研发需要大量资金支持，绿色信贷能够在一定程度上解决这一问题。有研究认为绿色信贷政策能够有效地抑制重污染企业新增投资，从而引导企业进行绿色技术升级，促进经济结构的转变（苏冬蔚 等，2018；Hu et al.，2021）④⑤。王馨和王营（2021）认为绿色信贷政策能够激发被限制绿色信贷行业的绿色技术创新，促进非绿色企业进行技术升级，进行绿色转型。这得益于绿色信贷政策的代理成本降低作用和投资效率提升作用⑥。另外，学者实证研究结果也多认为绿色金融发展对绿色技术

---

① ROUF K A. Green microfinance promoting green enterprise development [J]. Humanomics, 2012, 28 (2)：148-161.

② MIROSHNYCHENKO I, BARONTINI R, TESTA F. Green practices and financial performance：a global outlook [J]. Journal of cleaner production, 2017 (147)：340-351.

③ ZAKARI A, KHAN I. The introduction of green finance：a curse or a benefit to environmental sustainability? [J]. Energy research letters, 2021 (3)：29977.

④ 苏冬蔚，连莉莉. 绿色信贷是否影响重污染企业的投融资行为？ [J]. 金融研究，2018 (12)：123-137.

⑤ HU G, WANG X, WANG Y. Can the green credit policy stimulate green innovation in heavily polluting enterprises? Evidence from a quasi-natural experiment in China [J]. Energy economics, 2021 (98)：105134.

⑥ 王馨，王营. 绿色信贷政策增进绿色创新研究 [J]. 管理世界，2021, 37 (6)：173-188，11.

创新有显著促进作用（孙炎林 等，2019；赵娜，2021；朱向东 等，2021），企业绿色技术的提升能够有效地促进企业绿色转型，从而增加绿色产品产出。

5.4.4 绿色金融对制造业产品长效促进机制发生作用的实证分析

根据 5.4.3 节的研究分析，本书认为绿色金融能够通过促进企业绿色转型来有效地推动绿色产品的长期稳定发展。为此，本书在此小节对绿色金融对制造业产品长效促进机制的作用进行简单的实证检验，以验证前文研究分析。

5.4.4.1 模型构建

从绿色金融发展现状来看，中国绿色金融发展自 2016 年起步入正轨，有了较为完整的框架体系，并且部分地区绿色金融发展较早，能够对周边地区绿色金融发展产生带动作用。另外，制造业绿色产品的生产与制造业企业工厂所在地息息相关，地区绿色工厂数量越多，生产的产品符合绿色标准的可能性就会越大，并且产品的销售会以本地区为中心向外界扩散，对周边地区乃至国外市场产生影响。为此，本书认为中国绿色金融对制造业产品的长效发展还存在空间上的影响。因而在此构建空间面板模型来研究绿色金融对制造业产品的长效发展的作用。模型设定如下：

SAR：

$$GP_{it} = \alpha_t + \rho \mathrm{W} GP_{it} + \beta_1 GF_{it} + \beta_2 \ln GT_{it} + \beta_3 \ln I_{it}$$
$$+ \beta_4 \mathrm{human}_{it} + \beta_5 \mathrm{lnfdi}_{it} + \beta_6 \mathrm{gov}_{it} + \beta_7 \mathrm{ER}_{it} + \nu_t + \varepsilon_{it} \qquad (5-1)$$

SDM：

$$GP_{it} = \rho W * GP_{it} + \beta_1 GF_{it} + \beta_2 \ln GT_{it} + \beta_3 \ln I_{it} + \beta_4 \mathrm{human}_{it}$$
$$+ \beta_5 \mathrm{lnfdi}_{it} + \beta_6 \mathrm{gov}_{it} + \beta_7 \mathrm{ER}_{it} + \sigma W X_{it} + \alpha_t + \nu_t + \varepsilon_{it} \qquad (5-2)$$

SEM：

$$GP_{it} = \alpha_t + \beta_1 GF_{it} + \beta_2 \ln GT_{it} + \beta_3 \ln I_{it} + \beta_4 \mathrm{human}_{it}$$
$$+ \beta_5 \mathrm{lnfdi}_{it} + \beta_6 \mathrm{gov}_{it} + \beta_7 \mathrm{ER}_{it} + \nu_t + u_{it}$$
$$u_{it} = \lambda W u_{it} + \varepsilon_{it}, \quad \varepsilon \sim N(0, \sigma^2 I_n) \qquad (5-3)$$

式（5-1）、（5-2）及（5-3）中，GP_{it} 为被解释变量，为制造业绿色工厂数量；GF_{it} 为解释变量，表示 i 地区在 t 年绿色金融水平。$\ln GT_{it}$ 为各地区制造业上市企业绿色实用专利数量，表示各地区制造业企业绿色技术创新。$\ln I_{it}$ 为各地区制造业固定资产投资，表示地区制造业基础设施建设水平。human_{it} 表示各地区大专以上学历就业人员占总就业的比例，表示各地区人力资源储备。lnfdi_{it} 为各地区国际资本流入，gov_{it} 表示政府财政支出程度；ER_{it} 表示各地区环境规制强度。W 表示 30×30 的空间权重矩阵，α_t 为个体固定效应，ν_t 为时间固定效应；λ、ρ、σ 是对应模型中的空间相关系数。式（5-2）中 X_{it} 为集中控制变量的向量，以上变量时间段（t）为 2017—2019 年。

5.4.4.2 指标选取与数据来源

（1）指标选取

①被解释变量：制造业绿色工厂数量（GP）。目前，国内还没有专门统计制造业绿色产品产出数量、销售情况等资料数据，制造业绿色产品来源于制造业企业的生产，也就是各地的制造业工厂。地区制造业绿色工厂的数量越多，该地区制造业绿色产品的占比也会相应提升。因此，本书选取制造业绿色工厂的数量作为制造业绿色产品具体情况的指代，并在实证中将其对数化。中国绿色工厂的详情，见本书第二章。

②解释变量：绿色金融发展水平（GF）。

本书采用了绿色信贷、绿色投资、绿色保险与政府对环保项目的支持四个指标来构建地区绿色金融发展水平指数，由于各地区绿色债券发行时间不一致，且各地政府绿色产业投资基金数据不易获得，因此本书在构建指标时，没有将绿色债券指标纳入。本书参考之前学者的研究对各指标进行测度，并采用熵值法来测算绿色金融发展程度的综合指标，具体指标构建内容见表 5-1，计算方法详见本书第四章 4.2.3 小节，其中 2018 年、2019 年的数据由灰色预测法基于 2000—2017 年数据预测得出。

表 5-1 绿色金融指标构建

指标名称	表征指标	指标计算
绿色信贷	高能耗产业利息支出占比	六大高能耗工业产出利息/工业利息总支出
绿色投资	环境污染治理占 GDP 的比重	环境污染治理/GDP
绿色保险	农业保险深度	农业保险收入/农业总产值
政府支持	财政环境支出占比	财政环境保护/财政一般预算支出

③控制变量。

A. 绿色技术创新（GT）。通过本章 5.4.3 小节的分析可知，绿色金融可以通过影响企业可持续经营与绿色技术创新来促使企业进行绿色转型，进而促进制造业绿色产品的生产与发展。为此，本书选择各省份上市制造业企业绿色实用专利数量来表示制造业企业绿色技术创新水平，并在实证中将其对数化。

B. 制造业基础设施建设水平（I）。制造业企业落地，尤其是高技术制造业企业对基础设施要求较高，各地区为吸引高技术制造业来自己区域落户就需要加强自身的基础设施建设。为此本书以各地区制造业固定资产投资来表示地区制造业固定设施建设水平，并在实证中将其对数化。

C. 地区人力资源储备（human）。绿色工厂的发展需要更多的高素质人才，制造业企业的绿色升级与人才的投入息息相关，因此本书在此选择就业人数中大专以上学历的人数占总就业人数的比重来表示各地区的人力资源储备情况。

D. 国际资本流入（fdi）。国际资本投资对区域制造业绿色技术进步有积极影响，因而考虑到制造业企业绿色产品的生产与制造业绿色技术进步有紧密联系，在此本书将各地区国际资本流入对制造业绿色工厂的影响也加入考虑。本书选取各地区外国直接投资金额来表示国际资本流入，并在实证中将其对数化。

E. 工业煤炭使用量（IC）。要建立绿色工厂，提高工厂能源使用效率，减少使用化石能源进行生产才能从源头上减少工厂的污染排放。同时，工业生产对煤炭的消耗侧面反映了一个地区制造业绿色转型情况。

变量描述性统计见表 5-2。

表 5-2　变量描述性统计

变量	样本数	均值	标准差	最小值	最大值
lnGP	90	2.150	1.104	0.000	4.317
GF	90	0.217	0.127	0.088	0.793
lnGT	90	3.591	2.009	0.000	7.716
lnI	90	7.747	1.381	3.985	9.809
human	90	0.219	0.104	0.095	0.622
lnfdi	90	12.286	1.997	5.500	16.151
lnIC	90	7.602	1.055	3.713	8.863

（2）数据来源

本书此处指标选取了 30 个省份 2017—2019 年的相关数据（不含港、澳、台地区及西藏自治区）。制造业绿色工厂数量（GP）来自工业和信息化部节能与综合利用司发布的绿色工厂名单。制造业上市企业绿色实用专利数据（GT）来自国家知识产权局与 WIPO 绿色专利清单。其余指标数据来源于各地区统计年鉴、《中国统计年鉴》、《中国环境统计年鉴》、EPS 数据库（中国能源数据库）、马克数据网以及国家统计局网站。

5.4.4.3 实证及结果分析

（1）空间自相关检验

本书在此利用 Moran's I 指数与空间权重矩阵对制造业绿色工厂及绿色金融发展程度指标进行了空间相关性检验，具体 Moran's I 指数与空间权重矩阵构建参见第四章 4.3.4.1 小节。

从表 5-3 中可见绿色金融发展水平（GF）的空间相关性在不同空间权重条件下基本上都显著，尤其是在空间地理权重（W_1）的影响下，绿色金融在全域空间相关性最为明显，在空间经济权重（W_2）条件下，绿色金融发展水平空间相关性较弱。

从表 5-4 可见制造业绿色工厂的空间相关性。显然，制造业绿色工厂在空间相邻权重（W_0）条件下不具有显著的空间相关性，在空间地理权重（W_1）权重的影响下，在 2018 年和 2019 年，制造业绿色工厂有显著空间相关性，在空间经济权重（W_2）条件下制造业绿色工厂仅有 2019 年空间自相关显著。这与绿色工厂地区分布差异较大有关，2017 年绿色工厂刚开始进行国家认证，地区之间绿色工厂数量、布局差别较为明显。各地区绿色工厂建设在之后都有了一定进展，不过地区间空间差距较大，空间关系紧密的地区少于空间上关系较弱甚至没有关系的地区数量，致使全域空间相关性不显著。随着绿色制造战略的推行，从空间地理距离角度看，空间关系紧密地区在增加，使得在空间地理权重（W_1）的影响下，在 2018 年和 2019 年，制造业绿色工厂出现显著空间相关性。

表 5-3 绿色金融发展水平空间自相关检验

年份	W_0		W_1		W_2	
	Moran's I 值	Z 值	Moran's I 值	Z 值	Moran's I 值	Z 值
2017	0.126*	1.289	0.158**	1.999	0.108	1.122
2018	0.175**	1.683	0.195***	2.38	0.137*	1.349
2019	0.160*	1.567	0.195***	2.388	0.136*	1.34

注：*、**、***分别表示在 10%、5%、1%的条件下显著。

表 5-4 制造业绿色工厂数量空间自相关检验

年份	W_0		W_1		W_2	
	Moran's I 值	Z 值	Moran's I 值	Z 值	Moran's I 值	Z 值
2017	−0.178	−1.164	−0.054	−0.207	−0.126	−0.725

表5-4(续)

年份	W_0		W_1		W_2	
	Moran's I 值	Z 值	Moran's I 值	Z 值	Moran's I 值	Z 值
2018	0.010	0.366	0.164**	2.096	0.054	0.709
2019	0.076	0.915	0.114*	1.582	0.133*	1.351

注：*、**、*** 分别表示在10%、5%、1%的条件下显著。

从局部自相关的结果看，2019年大多数地区绿色金融发展水平都集中在第三象限，说明大多数地区绿色金融发展水平尚处于较低水平，并且其周围区域绿色金融发展水平也较低，从而形成了低值聚集。同时，北京、天津、上海、浙江以及山东绿色金融发展水平较高，且与周围地区形成了高值聚集。而江苏、广东两地则是由于绿色金融发展水平高于周围其他地区，位于第四象限。同理，安徽、河北、内蒙古与福建则是由于低于周围地区的绿色金融发展水平而位于第二象限。由图5-1可见，2019年地区绿色金融发展水平空间分布出现明显的"高-高""低-低"聚集情况，且东部区域各省份绿色金融发展水平明显高于其他地区。

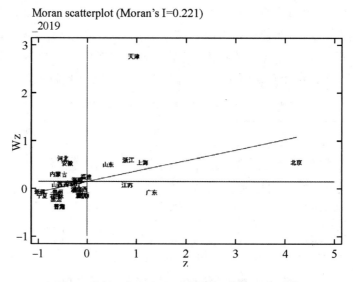

图5-1 2019年绿色金融发展水平局部自相关①

从2019年制造业绿色工厂局部空间相关性（见图5-2）来看，第一象限

---

① 注：在空间地理权重（W_1）权重条件下。

与第三象限分布地区明显比其他象限多。东部区域有八个地区位于第一象限，西部区域除四川、广西位于第四象限外，其他地区全部位于第三象限，中部区域省份制造业绿色工厂数量差距较大，河南、安徽位于第一象限，山西、湖北与江西位于第二象限，湖南位于第四象限。河南、安徽地理距离更近的东部各地区形成了高值聚集，西部区域大部分地区与东北部区域形成了低值聚集。综合来看，制造业绿色工厂局部空间相关性存在"高-高""低-低"聚集情况，东部区域绿色工厂数量整体上多于其他区域，西部与东北部区域的绿色工厂数量整体较少，与实际情况相符。

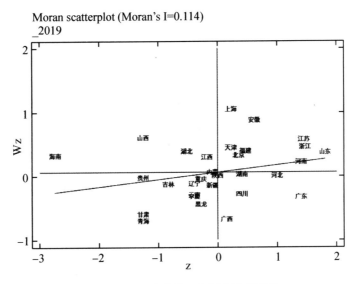

图 5-2 2019 年绿色工厂局部自相关①

（2）模型选择

本书根据 Anselin（1998）② 的研究，对本书所使用的模型进行确认，主要是对 SAR、SDM、SEM 等空间模型进行区分。本书对模型进行 LM 检验，检验后的结果如表 5-5 所示，在三种空间权重影响下，LM-lag 检验的结果 P 值小于 0.05 的置信水平，LM-error 检验的结果不显著，该结果表明模型应选择 SEM。之后经过 LR 检验（表 5-6），发现模型应选取 SAR 或 SEM，再经过 Wald 检验，最终确认研究绿色金融对制造业绿色工厂发展的影响作用所需模

---

① 注：在空间地理权重（W_1）权重条件下。

② ANSELIN L. Spatial Econometrics：Methods and Models [M]. Dordrech：Kluwer Academic Press，1998：81-133.

型应该是 SEM。经过 Hausman 检验，确认模型应选择包含双固定效应的空间面板固定效应模型①。

表 5-5　空间模型 LM 检验

指标	W_0			W_1			W_2		
	统计值	自由度	P值	统计值	自由度	P值	统计值	自由度	P值
Spatial error：									
Moran's I	2.017	1	0.044	1.00E+05	1	0.000	1.771	1	0.077
Lagrange multiplier	49.443	1	0.000	36.520	1	0.000	46.110	1	0.000
Robust Lagrange multiplier	36.948	1	0.000	30.182	1	0.000	34.897	1	0.000
Spatial lag：									
Lagrange multiplier	12.667	1	0.000	6.563	1	0.010	11.609	1	0.001
Robust Lagrange multiplier	0.171	1	0.679	0.225	1	0.635	0.396	1	0.529

表 5-6　空间模型 LR 检验

指标	W_0	W_1	W_2
lrtest sdm sar			
Likelihood-ratio test	LR chi2 (6) = 10.24	LR chi2 (6) = 3.37	LR chi2 (6) = 9.67
（Assumption：sar nested in sdm）	Prob > chi2 = 0.114 8	Prob > chi2 = 0.761 3	Prob > chi2 = 0.139 0
lrtest sdm sem			
Likelihood-ratio test	LR chi2 (6) = 7.67	LR chi2 (6) = 3.45	LR chi2 (6) = 7.55
（Assumption：sem nested in sdm）	Prob > chi2 = 0.263 7	Prob > chi2 = 0.751 1	Prob > chi2 = 0.273 2

（3）实证及结果分析

①基准回归。

表 5-7 为模型整体回归结果。模型（1）为普通面板模型回归结果，可见绿色金融发展水平（GF）能显著地促进制造业绿色工厂建设（lnGP）的增加。加入空间矩阵回归后，空间误差模型（SEM）在不同空间矩阵的条件下，空间相关性有所不同。在空间地理矩阵（W_1）的条件下，模型 λ 不显著，在空间相邻矩阵（W_0）与空间经济矩阵（W_2）的条件下具有显著的空间相关性，λ 在 5% 显著性水平下显著。说明在不同空间距离影响下，绿色金融发展水平（GF）对制造业绿色工厂建设（lnGP）的增加的空间影响存在差异，在空间相邻矩阵（W_0）与空间经济矩阵（W_2）的条件下绿色金融发展水平（GF）对周围其他地区制造业绿色工厂建设（lnGP）存在显著的空间相关性，且绿色金融发展水平（GF）对制造业绿色工厂建设（lnGP）的发展起到了显著正

---

① Hausman 检验的结果（Prob>chi2）为 0.000 1，拒绝原假设，则模型选择固定效应。

向的空间溢出效应。这能印证本书在前文中的分析，绿色金融能够在空间视角下对制造业绿色产品正向发展提供有效的促进作用，且周围地区绿色金融发展水平还能对本地区制造业绿色产品正向发展起到良好的影响。

从回归系数看，模型（1）GF系数为14.723，在5%显著性水平下显著；模型（2）、（3）、（4）的回归系数分别为14.899、15.270以及14.993，且在1%显著性水平下显著，说明空间视角下绿色金融发展水平（GF）对制造业绿色工厂建设（lnGP）的促进作用更为显著，不仅显著性水平明显比普通面板模型要求要高，回归系数也比普通面板模型回归结果要高一些。另外，从模型（2）、（3）、（4）的AIC与BIC情况看，模型（2）的AIC与BIC明显比另外两个模型回归结果更优，即在空间相邻视角下观察绿色金融发展水平（GF）对制造业绿色工厂数量（GP）的促进作用会更佳。

从控制变量角度看，绿色技术（lnGT）对制造业绿色工厂建设（lnGP）的作用在观察期不显著，且回归系数的符号存在不一致，这有可能是观察期较短且空间视角的差异导致的，因此，绿色技术创新对制造业绿色工厂建设的作用还需要进一步研究。制造业固定资产投资（lnI）对制造业绿色工厂建设（lnGP）有显著的促进作用，并且在空间视角下其作用比普通面板回归更为显著，说明地区制造业固定资产投资能够有效地促进制造业绿色工厂的建立，从而推动当地制造业绿色产品的发展。人力资源储备（human）对制造业绿色工厂建设（lnGP）的作用在观察期不显著为正，说明人力资源对制造业绿色工厂的建设有一定促进作用，但在观察期不显著。国际资本流入（lnfdi）对制造业绿色工厂建设（lnGP）的作用在观察期为负，说明在此期间国际资本流入的方向可能与制造业绿色工厂建设有差异，且由于观察期时间短，无法明确地反映国际资本流入对绿色工厂建设的作用是否显著。工业用煤（lnIC）对制造业绿色工厂建设（lnGP）的作用在观察期不显著为负，说明随着制造业绿色工厂的建立能起到减少工业用煤从而达到节能减排的目的，有利于产业绿色转型带动制造业绿色产品的生产，不过在观察期内该作用不显著。

表 5-7　模型整体回归结果

变量	（1）	（2）W_0	（3）W_1	（4）W_2
GF	14.723 ** (2.11)	14.899 *** (3.37)	15.270 *** (2.94)	14.993 *** (3.26)
lnGT	−0.020 (−0.13)	0.017 (0.14)	0.007 (0.05)	−0.018 (−0.15)

表5-7(续)

变量	(1)	(2) W_0	(3) W_1	(4) W_2
lnI	0.910** (2.04)	0.924*** (3.13)	0.870*** (2.61)	0.943*** (3.01)
human	5.695 (0.84)	2.801 (0.59)	5.759 (1.13)	3.389 (0.70)
lnfdi	−0.165 (−1.16)	−0.195* (−1.86)	−0.152 (−1.39)	−0.208* (−1.88)
lnCI	−0.304 (−0.54)	−0.560 (−1.34)	−0.310 (−0.72)	−0.523 (−1.22)
常数项	−5.453 (−0.81)			
Spatial:				
λ		−0.459** (−2.53)	−0.181 (−0.80)	−0.360** (−2.02)
Variance:				
sigma2_e		0.115*** (6.51)	0.127*** (6.68)	0.120*** (6.61)
AIC	88.887 65	80.923 65	86.236 21	83.022 13
BIC	111.385 9	100.922 1	106.234 7	103.020 6
N	90	90	90	90
R^2	0.732	0.186	0.202	0.182

注:括号内为 t 检验值,*、**、*** 分别表示在10%、5%、1%的条件下显著。

②区域异质性。

从整体回归中可见绿色金融发展水平对制造业绿色工厂建设的空间作用在空间相邻矩阵(W_0)的条件下显著且 AIC 与 BIC 值最低,为此,本书用空间相邻矩阵(W_0)再对区域差异进行分析。由于东北区域样本数据较少,根据其局部空间相关性分析发现,东北部地区与西部地区大部分地区制造业绿色工厂数量、绿色金融发展水平都处于低值聚集区,为此本书将西部区域与东北部区域合并进行分析。

由表5-8的结果可知,模型(1)(普通面板回归结果)与(模型(2)(空间误差模型结果)都显示东部区域绿色金融发展水平(GF)对制造业绿色工厂建设（lnGP）有显著的促进作用，不过东部区域绿色金融发展水平（GF）对制造业绿色工厂建设（lnGP）的影响不存在显著的空间效应（λ不显著）。同时，绿色技术创新（lnGT）能够显著地推动东部区域制造业绿色工厂建设的发展。除国际资本流入（lnfdi）对东部区域制造业绿色工厂（lnGP）的建设影响存在方向上的差异外，其余控制变量对东部区域制造业绿色工厂建设的影响与预期一致。

中部区域绿色金融发展水平（GF）对制造业绿色工厂建设（lnGP）有不显著的促进作用，且中部区域绿色金融发展水平（GF）对制造业绿色工厂影响（lnGP）存在显著的空间效应（λ在1%的显著性水平下显著）。从模型（3）（中部区域普通面板回归结果）看，各变量对制造业绿色工厂建设（lnGP）的影响皆不显著，从模型（4）（空间误差模型结果）结果看，绿色技术创新（lnGT）、人力资源储备（human）对中部区域制造业绿色工厂建设（lnGP）都有显著的正向推动作用，且随着制造业绿色工厂的发展，中部区域工业用煤（lnIC）的数量会减少。不过，空间视角下中部区域制造业基础设施建设（lnI）与国际资本流入（lnfdi）对制造业绿色工厂建设（lnGP）存在显著的负向作用，不利于制造业绿色工厂的发展。

西部及东北部区域绿色金融发展水平（GF）对制造业绿色工厂建设（lnGP）存在不显著为负的影响，说明在西部及东北部区域绿色金融对制造业绿色工厂的发展没有起到应有的正向推动作用，不过西部及东北部区域绿色金融发展水平（GF）对制造业绿色工厂建设（lnGP）的影响存在显著的空间效应（λ在5%的显著性水平下显著）。其余控制变量对制造业绿色工厂建设（lnGP）的影响基本上不显著，这需要今后进一步探讨。

表 5-8　区域异质性检验

变量	东部区域		中部区域		西部及东北部区域	
	（1）	（2）	（3）	（4）	（5）	（6）
GF	26.526 ** (2.37)	19.675 *** (2.83)	32.208 (0.46)	28.633 (0.70)	−3.542 (−0.26)	−0.201 (−0.02)
lnGT	1.509 ** (2.28)	1.043 ** (2.13)	0.438 (0.20)	1.683 ** (1.99)	−0.112 (−0.75)	−0.160 (−1.44)
lnI	1.071 (1.39)	1.715 *** (2.97)	−8.218 (−0.96)	−13.838 *** (−3.32)	0.463 (0.68)	0.235 (0.60)
human	6.971 (0.62)	7.473 (1.22)	119.625 (1.17)	132.355 *** (3.34)	2.854 (0.30)	3.495 (0.62)

表5-8(续)

变量	东部区域		中部区域		西部及东北部区域	
	(1)	(2)	(3)	(4)	(5)	(6)
lnfdi	0.201 (0.42)	−0.313 (−0.63)	−2.441 (−1.25)	−1.645*** (−3.19)	−0.145 (−1.04)	−0.171* (−1.84)
lnIC	−0.829 (−0.61)	−0.894 (−0.97)	−2.145 (−0.46)	−4.580** (−2.38)	0.119 (0.19)	−0.076 (−0.17)
常数项	−21.059 (−1.60)		−21.059 (−1.60)		−1.319 (−0.16)	
Spatial：						
λ		−0.420		−1.165***		−0.527**
		(−1.53)		(−7.36)		(−2.26)
Variance：						
sigma2_ e		0.069***		0.038**		0.062***
		(3.56)		(2.20)		(4.41)
N	30	30	18	18	42	42
R^2	0.849	0.328	0.860	0.148	0.778	0.026

注：括号内为 t 检验值，*、**、*** 分别表示在10%、5%、1%的条件下显著。

综合上述分析，本书认为绿色金融能够有力地推动制造业绿色工厂建设，从而增加制造业绿色产品市场供给，为制造业绿色产品的长期发展提供不竭动力。不过目前来看，区域间绿色金融发展水平与制造业绿色工厂建设进程差异较大。东部区域绿色金融发展较好，同时该区域制造业绿色工厂数量最多，从实证结果看虽然东部区域绿色金融发展水平对制造业绿色工厂建设的影响不存在显著的空间效应，但东部区域绿色金融发展水平能显著促进制造业绿色工厂建设。而其他区域绿色金融发展水平对制造业绿色工厂建设的影响有显著的空间效应，但中部区域绿色金融发展水平对制造业绿色工厂建设的正向影响不显著，西部与东北部区域绿色金融发展水平对制造业绿色工厂建设的影响不显著为负，在这些区域没有充分体现出绿色金融发展水平对制造业绿色工厂建设的促进作用。

5.5 本章小结

制造业绿色产品是制造业企业绿色转型后的最终产出，制造业绿色产品的长期稳定发展关系到中国经济的绿色转型与稳定。为此，本章主要对制造业绿色产品的长效促进机制进行了分析研究。

本章第一节对制造业绿色产品长效促进机制的基本思路进行梳理。一是明确了建立制造业绿色产品长效促进机制的重要性。制造业绿色产品的发展是中国绿色经济发展的重要助推力、产业结构绿色转型的重要抓手，还是制造业提升竞争力的新途径。二是从国家出台的相关法律与政策能够看出国家对制造业绿色产品设计、生产、消费的重视。三是对制造业绿色产品长期促进机制的组成部分进行了分析，从经济学视角看，制造业绿色产品主要受到市场供需驱动，同时需要政府相关政策的引导与支持。基于此，本书认为目前制造业绿色产品长期促进机制主要包括政府绿色采购、环境规制以及绿色金融三个部分。

本章第二、三、四节分别分析研究了政府绿色采购、环境规制以及绿色金融对制造业绿色产品长期发展的促进作用。

政府绿色采购是政府采购的组成部分之一，是指各级国家机关、事业单位和团体组织在采购产品、服务以及相关工作中考虑到环境保护、节能减排与可持续发展理念。政府绿色采购自 20 世纪 90 年代开始至今历经四个发展阶段，中国政府绿色采购规模也在逐年扩大，对制造业绿色产品的发展起到了不小的推动作用。一是政府绿色采购对制造业绿色产品发展有政策导向性作用，用政策与绿色产品标准来引导企业生产绿色产品。二是通过引导企业进行绿色技术持续更新来推动制造业绿色产品的长期发展。三是政府绿色采购能够通过影响产业结构绿色升级来推动制造业绿色产品的长期发展。

环境规制是伴随中国经济发展的各项与环境保护、节能减排相关的政策、法规等的集合。由于环境规制是由不同类型的政策、法规组合而成的，为此学者们对环境规制的分类有不同的看法。从中国环境规制的发展演变来看，中国环境规制可以分为五个阶段，从新中国成立初期到改革开放，再到跨入可持续发展战略时期以及目前所处的新时代发展阶段，中国的环境规制是根据中国环境污染状况与经济发展需求相适应的，也是随着经济发展目标不断调整的。环境规制能够通过影响企业发展战略、促进制造业企业绿色技术创新以及推动产业结构绿色升级的方式来推动制造业绿色产品的进步。

绿色金融是一个综合性的概念，能够运用贷款、债券等金融产品来鼓励企业发展绿色项目、减少企业经营活动对环境带来的负外部性。绿色金融的金融工具主要包括绿色信贷、绿色债券、绿色保险、绿色基金与绿色产生投资。中国绿色金融发展时间不长，目前中国初步建立了绿色金融体系，各绿色金融工具也得到了快速的发展。绿色金融对制造业绿色产品长期发展的促进作用可以通过影响制造业企业的可持续经营、促进企业绿色技术进步及降低企业经营产生的环境成本方面来分析。在此基础上，本书选取各地区制造业绿色工厂建设情况来指代各地区制造业绿色产品发展情况，来研究绿色金融对制造业绿色产品发展的影响作用。从实证结果看，绿色金融能够有力地推动制造业绿色工厂建设，且绿色金融能够通过推动制造业绿色工厂建设具有显著的空间效应。可以认为绿色金融能够对制造业绿色工厂建设与增加制造业绿色产品市场供给，为制造业绿色产品的长期发展提供不竭动力。不过，各区域绿色金融发展水平与制造业绿色工厂建设进程差异较大，使得各区域绿色金融对制造业绿色工厂建设的作用存在较明显的差异。

6 区域制造业绿色转型发展模式与途径

制造业影响着国民经济的方方面面，关系到中国社会的繁荣稳定。在百年未有之大变局下，中国经济亟须发展转型；"30·60"双碳目标也需要中国进一步推进经济的绿色低碳转型发展，这对制造业绿色转型发展提出了更高的要求。我国区域制造业绿色技术进步水平与制造业产业结构绿色升级的情况存在差异，直接影响全国制造业绿色技术进步与制造业产业结构绿色升级，因而区域制造业绿色转型发展不仅关系到区域的未来，更是中国能否实现经济发展绿色转型的关键。为此，本书对区域制造业绿色转型发展模式进行分析，并在区域制造业转型发展驱动因素的基础上对其未来发展途径进行解析，以期为今后相关研究提供有益的参考。

6.1 中国区域制造业发展特点

6.1.1 制造业产业规模多级化发展

随着中国工业经济的发展，区域制造业规模在不断扩大，区域间制造业产业多极化差异也愈发明显。从区域制造业主营业务收入占比来看，2000年以来，东部区域制造业主营业务收入占据全国制造业主营业务收入的绝大部分；中部区域制造业主营业务收入近几年来增长较快，整体规模上比西部区域略高；西部区域制造业主营业务收入整体上呈现上升趋势，不过整体规模依旧较低；东北部区域制造业主营业务收入整体上比其他区域都要低，东北部区域长期以重工业为主的产业结构使得当地制造业产业近年来技术升级较为困难，难以同其他区域制造业企业竞争，使得其制造业主营业务收入占比还存在下降趋势（详见本书第四章4.2.4.1小节）。可见，东部区域制造业产业规模独占鳌头，中西部区域差别不大，制造业产业规模居中等位置，东北部区域制造业规模最小，区域制造业产业多级化发展状态明显。

从地区具体情况看，2005年广东制造业主营业务收入占全国制造业主营业务总收入的15.06%，高于其他地区占比，居全国第一。占比排名前十的地区中，东部区域中有九个地区排在前列，仅广东、江苏、山东三个地区制造业主营业务收入就已经占全国的40%以上。2010年时，辽宁、四川制造业主营业务收入占比进入全国前十，东部区域有七个地区继续保持较高主营业务收入占比。2015年四川制造业主营业务收入获得较大提升，一跃成为全国制造业主营业务收入最高的地区，不过与排名第二的江苏差距不大。到2020年，广东又重新回到全国第一的位置，此时中部区域的河南、湖北与西部区域的四川，制造业主营业务收入仍旧排在全国前十的位置。综合看来，地区间制造业产业规模多极化现象更加突出，东部区域的广东、江苏、山东、浙江以及福建地区的制造业主营业务收入一直以来都能排进全国前十，且整体规模高于其他前十地区。一方面，中部区域河南主营业务收入相比其他中部区域省份要高，且在全国范围内也是较高水平；另一方面，中部区域制造业规模在逐渐增加，2015年后中部区域湖北、安徽等地区制造业规模增加较快，尤其是湖北地区制造业规模有显著提升。西部区域仅有四川制造业规模能够进入全国前十，整体规模有待提升。东北部区域整体规模不大，且仅辽宁制造业规模在早期相对其他地区略高。可见，地区间制造业规模多极化趋势也较为显著，尤其是东部区域广东、江苏、山东、浙江以及福建制造业规模一直稳居全国前十（见表6-1）。

表6-1　主要年份地区制造业主营业务收入占比排名（前十）① 单位:%

排名	地区	2005年	地区	2010年	地区	2015年	地区	2020年
1	广东	15.06	江苏	14.42	四川	13.03	广东	14.60
2	江苏	14.36	广东	12.87	江苏	12.95	江苏	12.35
3	山东	12.47	山东	12.47	山东	12.45	山东	8.19
4	浙江	9.90	浙江	7.76	广东	10.12	浙江	7.57
5	上海	7.42	辽宁	5.34	河南	6.01	福建	5.58
6	河北	4.17	上海	5.03	浙江	5.32	河南	4.43
7	福建	4.16	河南	4.88	湖北	3.69	四川	4.24

① 数据来源：各省份统计局年鉴，经整理计算所得。

表6-1(续)

排名	地区	2005 年	地区	2010 年	地区	2015 年	地区	2020 年
8	天津	3.65	河北	4.27	河北	3.58	河北	3.94
9	河南	3.63	福建	4.05	安徽	3.23	上海	3.93
10	北京	2.93	四川	3.18	福建	3.14	湖北	3.86

6.1.2 制造业产业绿色转型初见成效

经过多年的结构调整与技术升级，我国制造业产业结构有了明显变化，由新中国成立初期重工业占比居主要地位，到改革开放后，制造业重工业化程度开始逐渐降低。自改革开放后，我国开始重视调整经济发展与工业结构，同时对环境保护问题也越来越重视。自邓小平南方谈话后，中国对改革开放有了更深的认识，在党的十四大成功召开后，中国确立了经济体制改革目标，此后对工业结构进一步进行了调整，制造业产业更是借助技术创新的蓬勃发展，进行了产业结构技术升级。1995 年，中国首次明确提出可持续发展战略，认为经济发展需要注意对环境的保护与可持续性。2001 年我国成功加入世界贸易组织（WTO），进一步融入世界贸易体系。在这一时期，随着可持续发展、环境保护等观念在大众心中的逐渐深入，制造业产业结构绿色升级也就成了制造业产业新的发展方向。党的十八大后，中国生态文明建设进入新的阶段。随着党的十九大提出要"加快生态文明体制改革，建设美丽中国"，并在其中提到"推进绿色发展"，还要求"构建市场导向的绿色技术创新体系，发展绿色金融，壮大节能环保产业、清洁生产产业、清洁能源产业"[1]。此后，中国进入新的发展阶段，制造业也步入绿色转型发展的新时期。2021 年，国务院发布《关于加快建立健全绿色低碳循环发展经济体系的指导意见》，其中明确提出要"推进工业绿色升级""壮大绿色环保产业"以及"提升产业园区和产业集群循环化水平"，为新时期制造业绿色转型提供了政策支持与指导[2]。

一方面，目前看来，中国制造业产业结构绿色升级已经初见成效。经过本书测算（具体见本书第四章），综合来看，区域制造业产业结构绿色升级水平东部区域最高，中部区域在逐渐崛起，东北部区域有下降的可能，西部区域则

---

① 习近平. 决胜全面建成小康社会 夺取新时代中国特色社会主义伟大胜利［N］. 人民日报，2017-10-28（001）.

② 国务院关于加快建立健全 绿色低碳循环发展经济体系的指导意见［EB/OL］.（2021-02-02）［2022-07-18］. http://www.gov.cn/zhengce/content/2021-02/22/content_5588274.htm.

几乎是稳定发展。从地区差异来看，广东、江苏、山东及浙江的制造业产业结构绿色升级水平高于其他地区，而内蒙古、山西、黑龙江、新疆等地区制造业产业绿色升级水平在全国居倒数；河南、安徽、重庆等地区后来居上，自2015年后地区制造业产业绿色升级水平超过了大多数地区，得到显著提升。可见东部沿海地区的制造业产业绿色升级水平高于其他内陆地区，以资源型产业为主的地区制造业产业绿色升级水平较低，中部区域地区制造业产业绿色升级水平综合来看未来增长潜力较大，尤其是河南与安徽。

另一方面，高技术制造业企业对外界产生的污染效应较低，因此，高技术制造业的发展也能从侧面反映我国制造业产业绿色转型发展。从各区域高技术制造业企业数量变化情况看，东部区域高技术制造业企业数量在全国的占比较高，这与东部区域制造业绿色转型程度高于其他区域相符合。中部区域高技术制造业企业数量与东部区域差距较大，略高于西部区域，尤其是2012年后，中部区域高技术企业数量增长速度加快，与西部区域差距拉大。这印证了中部区域制造业绿色转型的步伐正在加快。西部区域高技术制造业企业数量相较于东北部区域高，但低于东部、中部区域。可见西部区域制造业绿色转型水平保持稳定可能与高技术企业增长速度较慢有关。东北部区域高技术企业数量在2011年以前增长趋势明显，不过近几年来该区域高技术企业数量出现减少趋势。可知东北部区域高技术制造业企业增长乏力，对高技术制造业的吸引力不足，该区域制造业绿色转型的动力不如其他区域，其制造业绿色转型还有待发展（见图6-1）。

综上所述，可知目前中国制造业绿色转型发展取得了一定成果，不过区域差异较大。高技术制造业聚集在东部区域，该区域制造业绿色转型成效也最为明显；中部区域高技术制造业企业增加速度较快，该区域制造业绿色转型水平也在快速提升；西部区域制造业绿色转型有一定进步，东北部区域制造业绿色转型难度较大，有待进一步提升。

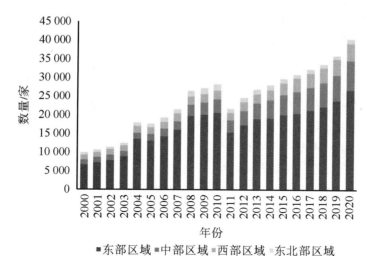

图 6-1　各区域高技术企业数量①

6.1.3　持续推进制造业高质量发展

制造业发展至今无论是规模还是产业门类都有了较大提升，在全球产业链遭到疫情冲击的背景下，我国制造业需要进一步夯实基础，实现技术突破，继续走高质量发展道路才能为国民经济的高质量发展提供更多支持，突破国际"技术壁垒"与"绿色壁垒"，提升我国制造业在全球产业链上的地位，进而提高中国在国际市场上的话语权。

2018 年 12 月，中央经济工作会议正式提出"制造业高质量发展"。在新发展格局下，中国需要进一步提升国民经济发展质量，为接下来参与国际竞争、获得更大发展空间打下基础。经济高质量发展需要满足民生需求，要满足人民对日益增长的美好生活的向往，生态文明建设也需要以环境保护为目的实现经济增长，并提供更多的生态产品，绿色发展更是经济高质量发展的重要指导理念之一。经济高质量发展的核心是质量第一、效率优先②。为满足经济高质量发展的需求，就需要推动制造业实现高质量发展，促进制造业产业结构绿色升级。制造业高质量发展就需要完善制造业创新体系，加快发展先进制造业，打造制造业高质量品牌，并且打破区域限制，推动区域制造业协同发展，

---

① 数据来源：《中国高技术统计年鉴》。
② 国家发展改革委经济研究所课题组. 推动经济高质量发展研究 [J]. 宏观经济研究，2019
（2）：5-17，91.

同时营造有利于制造业高质量发展的良好环境，进一步提升制造业对外开放水平（苗圩，2018）①。制造业高质量发展还需要以供给侧结构性改革作为突破口，加快制造业产业的转型升级，并着力发挥信息化驱动引领的新引擎作用，深化信息技术与制造业融合发展（辛国斌，2018）②。由此可知，制造业高质量发展的内涵是一个综合概念，它包含了制造业生产制造产品质量的提升与产业结构的优化、转型，以技术创新为核心，以高端制造、智能制造、优质制造与绿色制造为主要抓手③。在绿色发展理念下提升制造业产业自身竞争力，推动制造业绿色转型，实现制造业绿色发展。

为更好地推动制造业高质量发展，从中央到地方各级政府都制定并推出了相应的政策措施。2012 年 2 月，国务院发布《质量发展纲要（2011—2020年）》，提出到 2015 年，"制造业产品质量水平显著提升"，并且要"强化企业质量主体作用"，包括"提高企业质量管理水平""加快企业质量技术创新""推动企业履行社会责任"等。④ 党的十八大提出"把推动发展的立足点转到提高质量和效益上来"。党的十八届五中全会再次提出了"以提高发展质量和效益为中心，加快形成引领经济发展新常态的体制机制和发展方式"⑤。2017年 9 月，《中共中央 国务院关于开展质量提升行动的指导意见》发布，明确提出"加快装备制造业标准化和质量提升，提高关键领域核心竞争力"，在 2020年实现"产业发展质量稳步提高""区域质量水平整体跃升"等方面的目标⑥。随后在党的十九大报告中明确指出"我国经济已由高速增长阶段转向高质量发展阶段"，要推动"经济发展质量变革、效率变革、动力变革"，建设"现代化经济体系"，并且"把提高供给体系质量作为主攻方向，显著增强我国经济质量优势"⑦。2018 年 11 月，中共中央国务院印发《关于建立更加有效的区域协调发展新机制的意见》，提出要"促进区域协调发展向更高水平和更

① 苗圩. 加快制造业高质量发展的六大任务 [J]. 商用汽车新闻，2018（13）：2.

② 辛国斌. 以制造业高质量发展引领建设制造强国 [J]. 中国科技产业，2018（8）：12-13.

③ 江小国，何建波，方蕾. 制造业高质量发展水平测度、区域差异与提升路径 [J]. 上海经济研究，2019（7）：70-78.

④ 国务院办公厅. 国务院关于印发质量发展纲要（2011—2020 年）的通知 [EB/OL].（2012-02-09）[2022-07-18]. http://www.gov.cn/zwgk/2012-02/09/content_2062401.htm.

⑤ 中共十八届五中全会在京举行 [N]. 人民日报，2015-10-30（001）.

⑥ 新华社. 中共中央 国务院关于开展质量提升行动的指导意见 [EB/OL].（2017-09-12）[2022-07-18]. http://www.gov.cn/zhengce/2017-09/12/content_5224580.htm.

⑦ 决胜全面建成小康社会 夺取新时代中国特色社会主义伟大胜利 [N]. 人民日报，2017-10-19（002）.

高质量迈进"①。在"十四五"规划中明确指出"我国已转向高质量发展阶段"，要"形成强大国内市场，构建新发展格局"。为此，2022年3月，中共中央国务院发布了《关于加快建设全国统一大市场的意见》，提出"打破地方保护和市场分割，打通制约经济循环的关键堵点"，这是构建新发展格局的坚强支撑，也是推动经济高质量发展的重要保障②，同时，构建全国统一大市场也能够推进制造业高质量发展。另外，国家层面对区域制造业高质量发展也做出了相应的政策支持。如2020年10月，国务院办公厅发布《关于推进对外贸易创新发展的实施意见》，其中要求各区域发挥比较优势，利用外资提升地区贸易质量，尤其是中部区域要"实施黄河流域生态保护和高质量发展战略"，东北部区域要"发挥装备制造业基础优势，积极参与承揽大型成套设备出口项目"③。2021年中共中央、国务院发布了《关于新时代推动中部地区高质量发展的意见》，其中提出要"坚持创新发展，构建以先进制造业为支撑的现代产业体系"，同时还需要坚持绿色发展④。

从各地方政策来看，首先，各地方为响应《质量发展纲要（2011—2020年）》，陆续结合自身地区情况实施质量强（兴）省战略，推动地方经济高质量发展、制造业产业结构升级以及制造业企业技术创新，目前，开展质量强市（县）活动的市县达到2877个，覆盖超过全国90%的市县行政区域⑤。其次，各地区为进一步推进地区制造业高质量发展，出台了各项支持政策，如《北京市"十四五"时期高精尖产业发展规划》（2021年8月）、《浙江省新一轮制造业"腾笼换鸟、凤凰涅槃"攻坚行动方案（2021—2023年）》（2021年10月）、《重庆市制造业高质量发展"十四五"规划（2021—2025年）》（2021年8月）、《湖南省装备制造业"十四五"发展规划》（2022年3月）等。基本上全国各地区对制造业高质量发展都有所重视，其中出台直接支持制造业高质量发展相关政策最多的区域是湖南与浙江，广东、安徽、四川与河南

---

① 新华社. 中共中央 国务院 关于建立更加有效的区域协调发展新机制的意见［EB/OL］.（2018-11-29）［2022-07-18］. http://www.gov.cn/zhengce/2018-11/29/content_5344537. htm.

② 国家发展改革委. 加快建设全国统一大市场 为构建新发展格局提供坚强支撑 ［J］. 求是，2022（11）：50-55.

③ 国务院办公厅. 国务院办公厅关于 推进对外贸易创新发展的实施意见［EB/OL］.（2020-10-25）［2022-07-18］. http://www.gov.cn/zhengce/content/2020-11/09/content_5559659. htm.

④ 新华社. 中共中央 国务院关于新时代推动中部地区高质量发展的意见［EB/OL］.（2021-07-22）［2022-07-18］. http://www.gov.cn/xinwen/2021/07/22/content_5626642. htm.

⑤ 新华社. 瞭望·治国理政纪事｜质量，中国经济由大到强的关键之举［EB/OL］.（2021-08-28）［2022-07-18］. https://baijiahao.baidu.com/s? id=1709304258792564980&wfr=spider&for=pc.

四个地区出台的相关政策相对较多，山西、青海、新疆、吉林与海南等地仅有几条政策，西藏与港、澳、台地区暂时为 0。综合而言，东部区域与中部区域整体上对制造业高质量发展重视程度高于东北部区域与西部区域，不过各区域对在新发展格局下持续推进制造业高质量发展持积极态度，并希望借此推动当地经济实现高质量发展。

6.1.4　对外开放促进制造业产业结构绿色升级

中国自改革开放后就持续推进对外开放战略。随着对外开放步伐的迈进，中国经济也得到了快速发展。对外开放对我国制造业产业结构绿色升级有着重要的作用。外资流入在一定程度上不会导致环境污染，还有可能起到维护中国环境保护成果的作用（盛斌　等，2012；李金凯　等，2017），给中国带来绿色生产技术和治理经验，在一定程度上缓解国内环境污染治理投资压力，促进国内环境污染治理效率的提高（Ayamba et al.，2019）。

国家和地区一直在鼓励进行对外开放，引进外资企业发展地区制造业，促进制造业的绿色转型。最初对外开放就是从设立经济特区开始，1980 年深圳、珠海、汕头、厦门四个经济特区正式成立，成为我国首批对外开放的地区。随后海南在 1988 年成为经济特区，也是我国唯一的省级经济特区。2010 年，为促进新疆地区经济发展，中央批准喀什、霍尔果斯为经济特区。目前，深圳无疑是其中发展最为突出的经济特区，2020 年深圳市共有 2 236 家规模以上港澳台商投资和外商投资工业企业，其中制造业企业有 2 218 家，约占总体的 99.2%，高技术制造业企业约占 50.54%；规模以上港澳台商投资和外商投资制造业企业工业总产值占全部规模以上工业企业的 27.2%，可见外来资本对深圳地区制造业发展起到了极大的推动作用。同时，深圳地区高技术制造业的发展有利于该地区制造业产业结构的绿色升级，这可以从深圳市单位工业增加值能耗的变化上得到印证，自 2005 年以来深圳市单位工业增加值能耗都呈现下降趋势，单 2020 年就下降了 6.29%①。正因如此，2019 年 8 月，中共中央、国务院就发布了《关于支持深圳建设中国特色社会主义先行示范区的意见》（以下简称《意见》），希望进一步提高深圳地区的对外开放水平，打造中国特色社会主义先行示范区，为其他地区做出良好示范。《意见》中提出深圳的战略定位是"高质量发展高地""可持续发展先锋"，既要高质量发展又要践行"绿水青山就是金山银山"的理念，其中还提出要"大力发展战略性新兴

---

①　数据来源：《深圳统计年鉴 2021》。

产业，在未来通信高端器件、高性能医疗器械等领域创建制造业创新中心"。可见，深圳在今后的发展过程中还会持续推进绿色发展，打造高技术制造业，进一步利用外资推动地区制造业产业结构绿色升级①。同时，国家也推出了其他政策以帮助各地区推进制造业产业绿色转型。如 2018 年 6 月，国务院印发《关于积极有效利用外资推动经济高质量发展若干措施的通知》，明确指出"优化外商投资导向""积极吸引外商投资以及先进技术、管理经验，支持外商全面参与海南自由贸易港建设"以及"引导外资更多投向现代农业、生态建设、先进制造业、现代服务业，投向中西部地区"。2020 年 10 月，国务院办公厅发布《关于推进对外贸易创新发展的实施意见》，其中提出要"推动产业转型升级"，并"鼓励企业实施绿色化、智能化、服务化改造"。

从各区域"三资"企业分布情况看（见图 6-2），东部区域遥遥领先其他区域，拥有最多的外资企业；中部区域"三资"企业数量较为稳定，中部区域比西部及东北部区域对外资的吸引力更大。西部区域"三资"企业数量在 2013 年以前少于东北部区域，不过东北部区域"三资"企业数量持续减少，在 2013 年后已经成为全国最低。结合本书第三章各区域国际资本流入对于制造业产业结构绿色升级的影响分析，可见，外资的进入对我国区域制造业绿色技术进步有显著的推动作用，中国各区域国际资本流入对制造业绿色技术进步的影响存在显著的区域差异，并存在一定程度上的非线性特征，能够在一定程度上对当地制造业产业绿色升级产生积极影响。另外，对外开放有利于制造业企业引进先进的生产技术，促进制造业产业结构绿色升级。中国制造业通过利用外资流入带来的物质资源，获取与绿色创新能力提升相关的绿色创新资源（Bi et al.，2014）。这也是各区域在推动制造业产业结构绿色升级的过程中也积极利用对外开放战略的重要原因之一。当前与未来，我国都会持续推进绿色制造战略。各区域要打造自身的绿色制造体系，不仅需要依靠对自身制造业产业进行调整，还应该借用外资及外资企业的能力，并以绿色技术创新为抓手，全面构建绿色制造体系（刘瑾，2022）②。

① 新华社. 中共中央 国务院关于支持深圳建设中国特色社会主义先行示范区的意见[EB/OL]. (2019-08-18)[2022-07-18]. http://www.gov.cn/zhengce/2019-08/18/content_5422183.htm.
② 刘瑾. 以创新技术引领绿色制造 [N]. 经济日报，2022-03-17（011）.

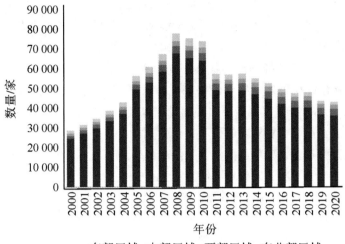

图 6-2　各区域"三资"企业分布情况①

6.2　区域制造业绿色转型发展模式

"模式"一般是指具有可推广性、稳定性等特点的主体行为。发展模式（development mode）一般是指国家、地区在经济方面形成的在自身社会、经济、文化背景下，综合各方面发展特征形成的发展形式。区域制造业发展模式影响、形成了各区域制造业发展的特点。在区域制造业产业绿色转型的过程中，制造业产业也逐渐形成了其绿色转型的发展模式，为此对制造业绿色转型发展模式的分析有利于之后探索制造业绿色转型发展的途径。

各区域为促进制造业发展，采取了多种措施，如利用地区比较优势，调整地区制造业产业布局，引进外部先进技术与人才等。从市场角度分析，由于区域间差异较大，各区域间比较优势的存在会使得资源在区域间流动，制造业产业也会根据自身情况选择合适的区域进行落户生产，再与地区原有制造业产业进行融合从而影响当地产业结构。地区政府会为促进本地制造业企业进行技术升级主动推进自身企业绿色转型而发布相关支持政策。另外，外部资本、技术、人才的输入对本地区制造业产业绿色转型有促进作用。基于此，本书对区

---

① 数据来源：国泰安数据库。

域制造业绿色转型发展模式进行归类分析。

6.2.1 承接产业转移型发展模式

产业转移主要有两种类型，一是指发达国家将其过剩产业或是效率较低的产业转移到发展中国家或地区。刘易斯（Lewis）的"劳动密集型产业转移"理论认为发达国家会由于劳动力成本上升将劳动密集型产业转移至发展中国家。二是指国内产业较发达地区为了进一步实施产业技术升级与结构调整，将当地的部分产业转移至产业发展程度较低的地区。国内首先从政策层面上对产业转移进行支持，鼓励中部、西部及东北部区域承接东部区域转移的相关产业。如 2020 年，国务院办公厅发布的《关于推进对外贸易创新发展的实施意见》中也明确提出"鼓励中西部和东北重点地区承接产业转移平台建设，完善基础设施，建设公共服务平台，提升承接产业转移能力"。

20 世纪 60 年代后，日本等国家迅速发展，由于自身国土狭小，国内市场有限，又需要进行产业结构升级，因此这些发达国家将国内的劳动密集型产业转移至中国台湾、东南亚等地区或国家，之后也逐渐将资本密集型制造业产业转移至亚洲几个主要国家和地区，直接促使亚洲四小龙的诞生（刘友金 等，2021）①。改革开放后，东部沿海地区最先承接来自发达国家转移来华的制造业企业，这些企业最初是以劳动密集型为主，随着东部区域经济实力的增长，劳动力素质的提升，制造业产业也需要进行技术升级与结构调整。再加上可持续发展与生态文明建设的要求，东部区域各地区需要率先进行制造业绿色转型发展。为此，从国家到地方各级政府开始加快推进区域制造业结构调整，积极引进外来先进技术和制造业产业。东部区域也将部分产业转移到国内其他区域或是转移到其他发展中国家或地区。东部区域制造业绿色转型取得一定成效后，也开始与中、西部及东北部区域进行产业合作，转移绿色制造业到国内其他区域。

东部沿海地区最早以承接国际产业转移促进当地制造业结构绿色转型，其中又以长三角地区、珠三角地区以及环渤海地区这三个经济圈为主。本书在此以珠三角地区为例，详细介绍承接国际产业转移型制造业绿色转型发展模式。珠江三角洲地区是国务院最先批准的经济开放区，包括广州、深圳、佛山、东莞、中山、珠海、江门、肇庆、惠州九个城市。珠江三角洲地区地理位置靠近

---

① 刘友金，周健. 变局中开新局：新一轮国际产业转移与中国制造业的未来 [J]. 湖南科技大学学报（社会科学版），2021，24（2）：63-70.

港澳，方便承接从港澳地区转移来的制造业产业，同时还能通过港澳吸引来自中国台湾、日本等地区或国家的产业投资。早期珠江三角洲地区吸引的外资集中在劳动力较密集、出口倾向较大的制造行业，对当地的经济结构与产业结构都产生了较大影响，该地区更是成为当时全国五大城市密集区之一（薛凤旋等，1997)①。不过，珠江三角洲地区的土地资源有限，要想持续推进地区的可持续发展，就必须调整制造业产业结构，发展高技术制造业产业，促使制造业产业结构绿色升级。于是1999年广东省印发《广东省加快高新技术产业开发区及珠江三角洲高新技术产业带建设方案》，不仅对珠三角地区高技术制造业发展的各方面进行了详细规划，还提出了要"坚持高起点引进国外先进技术和关键技术，促进高新技术产业走国际化道路"。进入21世纪后，珠三角地区抓住了新一轮国际产业转移浪潮，吸引了来自日、韩、欧美等国家、地区的高技术制造企业，包括电子通信设备制造、交通设备制造、邮电通信产业等，极大地促进了当地制造业结构升级。同时，长期发展劳动密集型制造业，对当地环境造成极大的污染，2005年广东省政府出台了《珠江三角洲环境保护规划纲要（2004—2020年）》，为下一阶段珠江三角洲"发展循环经济、推行清洁生产，倡导生态文明"提供了支持。经过多年发展，珠江三角洲地区绿色制造企业发展迅速，截至2021年年底，惠州累计创建国家绿色工厂22家，绿色园区2个，绿色设计产品246种，绿色供应链管理示范企业3家；仅2021年，广州共有绿色工厂7家、绿色设计产品68项、绿色供应链管理企业2家获得国家认证；深圳获得国家级认证的绿色工厂有62家、绿色设计产品82项、绿色供应链管理企业6家、绿色园区2个②。到2022年，珠三角地区率先开展全国首个国家级森林城市群建设，目前已通过国家林草局专家组验收。为此，珠江三角洲地区劳动密集型制造业开始向周边地区与中西部区域转移，为发展高技术制造业腾挪空间，以此来促进本地区制造业整体的绿色转型。在此过程中，中、西部及东北部地区除了引进国际资本和技术，还从东部区域获得了引进技术、调整制造业产业结构、进行制造业绿色转型发展的机会。

近年来，中国内陆区域各省份都在积极打造承接产业转移的平台与载体。学者们对中、西部区域承接产业转移带来的技术、制造业产业以及制造业产业链等各方面影响进行了研究，大多数研究都认为中部区域承接来自东部区域的制造业产业转移有利于优化当地制造业产业结构，促进制造业产业结构升级，

---

① 薛凤旋，杨春. 外资：发展中国家城市化的新动力：珠江三角洲个案研究［J］. 地理学报，1997，52（3）：193-206.

② 数据来源：工业和信息部《2021年度国家级绿色制造名单》。

有利于推动制造业绿色转型的发展。有研究认为中部区域主要承接来自长三角、珠三角、京津地区的工业转移，这些东部沿海地区向中部区域转移的制造业产业以劳动密集型产业为主，医药制造业、仪器仪表制造业与通信设备计算机及其他电子设备制造业等技术含量较高的高技术制造业产业比重较小，虽然能够对中部区域制造业产业结构升级产生影响，但同时存在加重区域资源利用负担以及环境污染的风险（贺曲夫 等，2011）①。同时，也有研究认为西部欠发达地区承接来自东部区域的产业转移一定程度上能够对当地产业结构升级起到积极作用，但同样存在环境污染问题（万永坤，2011）②。不过，中部区域接受高技术产业转移有利于高技术制造业发挥技术溢出效应，降低制造业的环境污染（豆建民 等，2014）③。为更好地解决内陆地区承接产业转移问题，国家在中西部区域设置了国家级承接产业转移示范区，2010 年 1 月全国首个国家级承接产业转移示范区——皖江城市带承接产业转移示范区正式获得批准，随后陆续有广西桂东承接产业转移示范区（2010 年 10 月）、重庆沿江承接产业转移示范区（2011 年）、湘南承接产业转移示范区（2011 年 10 月）、湖北荆州承接产业转移示范区（2012 年）、豫晋陕黄河金三角承接产业转移示范区（2012 年 5 月）、江西赣南承接产业转移示范区（2013 年）和湘南湘西承接产业转移示范区（2018 年 11 月）获得批准，而东北地区 2020 年才拥有首家国家级承接产业转移示范区——辽西北承接产业转移示范区。国家级产业转移示范区有效地调整了当地产业结构，促进了当地产业结构的合理化（陈凡 等，2020）④，并且产业转移示范区能够通过调整当地生产结构与资源结构以及技术创新的方式来提升当地能源利用效率，有效地达到节能减排的目的（熊广勤 等，2021）⑤。同时，国家级承接产业转移示范区对西部地区和一般等级城市的示范区的环境优化效应更加显著，有利于示范区制造业实现绿色转型发展

---

① 贺曲夫，刘友金. 基于产业梯度的中部六省承接东南沿海产业转移之重点研究 [J]. 湘潭大学学报（哲学社会科学版），2011，35（5）：71-75.

② 万永坤. 西部欠发达地区产业转移承接效应的实证分析 [J]. 兰州大学学报（社会科学版），2011，39（3）：104-108.

③ 豆建民，沈艳兵. 产业转移对中国中部地区的环境影响研究 [J]. 中国人口·资源与环境，2014，24（11）：96-102.

④ 陈凡，周民良. 国家级承接产业转移示范区是否推动了产业结构转型升级？[J]. 云南社会科学，2020（1）：104-110.

⑤ 熊广勤，石大千. 承接产业转移示范区提高了能源效率吗？[J]. 中国人口·资源与环境，2021，31（7）：27-36.

（陈凡 等，2019）①。

6.2.2 绿色技术创新型发展模式

传统制造业产业是指生产技术水平较低的制造业产业，一般是指劳动密集型制造业与部分资本密集型制造业，如纺织业、食品饮料业、钢铁制造业、电子制造业等。这一类型的制造业主要利用最初地区的人力资源、自然资源等发展起来，不过这类型企业由于技术水平较低，生产导致的环境问题也较非传统行业严重，为此，地区经济要实现可持续发展，就必须要解决传统制造业产业绿色转型的问题。另外，全球气候变化使得各国开始聚焦可持续发展，在此背景下中国传统制造业产业也需要进行绿色转型发展。有研究认为新兴产业的发展能够促进传统行业技术升级，从而推动传统产业增长（Han et al.，2010）②。在现代经济发展过程中，地区要优化产业结构，就需要将战略性新兴产业与传统产业有效融合，在优化传统产业的同时，对新兴产业进行战略布局和发展（Xu et al.，2018）③。可见，新兴产业能带来的技术创新可以推动传统制造业产业技术升级，从而优化地区制造业产业结构。据此，新兴产业的绿色技术创新有利于传统制造业产业绿色技术创新，从而推动传统制造业产业的绿色转型发展。

改革开放之初，中国地区制造业产业多以劳动密集型制造业与钢铁制造业、汽车制造业等资本密集型制造业为主，这些制造业产业为区域经济发展起到了至关重要的推动作用。随着传统制造业产业的发展，区域承担的资源消耗与环境污染问题也愈发严重。一方面，东部沿海区域接受来自国际的产业转移，但产业转移带来的技术溢出效应存在传递时间，本地区原有的传统制造业企业需要依靠其他途径自行进行绿色转型。另一方面，传统内陆区域没有东部沿海区域的区位优势，能快速地承接国际产业转移；承接东部区域产业转移还存在时间差，为此国内大部分区域需要依靠本地区传统制造业产业绿色技术创新来带动本地区制造业产业结构升级，传统制造业产业也能通过绿色技术创新缩短与新兴制造业产业之间的差距，甚至成为新兴的绿色制造企业，从而促进

---

① 陈凡，周民良. 国家级承接产业转移示范区是否加剧了地区环境污染 [J]. 山西财经大学学报，2019，41（10）：42-54.

② HAN Y J，PARK Y. Patent network analysis of inter-industrial knowledge flows：the case of Korea between traditional and emerging industries [J]. World patent information，2010，28（3）：235-247.

③ XU，JIAN，GU，et al. Research on the Interactive Development of Strategic Emerging Industries and Traditional Industries in Shandong [C] // 2018.

地区制造业的绿色转型。

绿色技术创新是一种旨在实现生态保护、减少资源浪费、促进企业经济快速发展与环境保护的技术创新。对于企业来讲，绿色技术创新有三层含义：一是生产末端产生的污染物的处理技术创新，二是产品加工过程中节能减排的绿色技术创新，三是产品与环境的创新（Li，2021）[①]。根据绿色技术创新的含义，可以发现传统制造业产业利用的绿色技术创新可以包括其产品的绿色创新、生产技术的绿色创新、生产排放物的处理技术以及企业环境创新意识。

在此，本书以纺织业为例分析传统制造业产业如何通过绿色技术创新实现绿色转型。

传统纺织业是劳动密集型产业，能够吸纳大量就业人员，为中国工业化与经济发展做出不小的贡献。传统纺织业生产虽然对原料的需求占比较高，但其技术要求较低，容易普及。从中国纺织行业的绿色转型来看，国家制定并出台了纺织工业各类绿色标准，从行业标准开始推动纺织行业的绿色技术创新，助推纺织业绿色转型。2019年，《纺织行业绿色工厂评价导则》（FZ/T 07004－2019）正式发布，对纺织业绿色工厂的建设提供了方向和具体标准，并提出纺织行业绿色工厂需要"引入生命周期理念（life cycle assessment，LCA），优先选用绿色原料、工艺、技术和设备"等要求。2020年以来，中国纺织工业联合会开始在行业中大力推进产品 LCA 工作，并成立了中国纺织服装行业全生命周期评价工作组（CNTAC-LCA 工作组）。2021年，CNTAC-LCA 工作组为伊芙丽做"零碳天丝 TM 莱赛尔混抗菌涤纶西装碳足迹评价"[②]。这不仅有利于帮助纺织业企业查看自身产品是否符合绿色标准，还可以通过产品数据与国际上其他产品进行横向比较，利于企业进一步优化产品设计与升级产品生产技术，帮助企业进行绿色转型。在产品技术创新方面，纺织业产品需要进行大量印染工作，印染程序会产生废水、固体废弃物等一系列工业污染物，为此，目前国内纺织企业已经在采用无水染色技术，这一技术是以有机溶剂来代替水作为介质进行染色，整个过程并不会产生废水问题，且有机溶剂可循环利用，也无须添加其他化学试剂，能够从源头解决纺织企业污染排放问题，实现绿色生产。广东溢达纺织有限公司承担的"极性/非极性二元非水介质染色技术

---

① LI D. Green technology innovation path based on blockchain algorithm [J]. Sustainable computing: informatics and systems, 2021, 31（1）：100587.

② 中国纺织工业联合会社会责任办公室. 供应链碳减排实践（三）：国内碳管理认证机构及平台[EB/OL].（2022-02-14）[2022-07-18]. http://new.csc9000.org.cn/NewsCenter/Industry/2022-05-26/577.html.

（'无水染色'技术）研究和产业化示范"成功通过国家科技部的验收①。江苏连云港鹰游新立成纺织科技有限公司研发的闪染免水洗工艺，"以蒸代洗"，实现了织物连续、快速染色和固色免水洗加工，同样能够达到企业生产节能减排的效果②。此外，还有原液着色纤维、经编轴向织物等新型材料以及低能耗针织装备生产技术能够有效地提升纺织业企业绿色技术创新水平，促进企业清洁生产，帮助企业实现绿色转型③。

6.2.3 政府引导型发展模式

国家经济发展需要市场起到资源配置的主要作用，但政府引导对于市场经济正常运行与企业正常运营有着重要作用。政府引导企业绿色转型，主要是指在规划引领、政策扶持、市场监管等方面加强对企业绿色转型的引导，并为企业营造良好的绿色发展环境。政府能够通过引导制造业企业进行绿色技术创新及绿色产品的设计、研发，对制造业企业的绿色项目进行补贴、减税，提供绿色金融支持等，或者通过惩罚对环境造成损害的制造业企业等方式来鼓励制造业企业积极进行绿色转型。

在政府如何引导企业转型的研究中，许多学者认为新兴工业化国家要追上发达国家的高技术产业，需要市场和政府的共同作用，同时还对比了市场与政府在国家经济发展过程中的作用。针对国家技术追赶（catching-up）的研究中，多数研究认为相比欧美新兴技术企业的兴起，政府或者政策制定机构在东亚国家新兴技术企业的兴起中所起的作用更加显著（Uriu，1996；Beeson，2001）④⑤。如约翰逊（1982）基于政治视角强调产业政策在日本经济增长中的积极作用。Ernst（1998）以韩国电子行业发展为例，深入分析了韩国发展新技术企业的经验。他认为韩国电子行业在发展初期无法通过吸引外资获得企业发展所需的资源，尤其是技术，为此，韩国需要通过制定系统和协调良好的

---

① 中国新闻网."无水染色"技术出圈 每年可节约 194 个西湖的水量[EB/OL].（2022-05-31）[2022-07-18]. https://www.sohu.com/a/552862173_123753.

② 李贞. 领先一"布""织"就低碳未来 [N]. 人民日报海外版，2022-07-12（005）.

③ 蒋高明，周灦灦，郑宝平，等. 绿色低碳针织技术研究进展 [J]. 纺织学报，2022，43（1）：67-73.

④ NOBLE G W. Collective action in East Asia：how ruling parties shape industrial policy [J]. Pacific Affairs，2001（1）：53-71.

⑤ URIU R M. Troubled industries：Confronting economic change in Japan [M]. Ithaia：Cornell University Press，1996.

政府政策来促进韩国公司的发展①。中国高技术制造业尚处于发展阶段，还没有形成良好的自我创新体系，为此中国的高技术制造业发展与企业技术的进步更是离不开政府引导，以及政府维护的良好市场竞争环境（雷小苗 等，2019）②。可见，中国制造业企业绿色转型发展不仅受市场供需机制的影响，还需要有政府正确的引导，促使制造业企业追赶新技术，更新生产设备、产品设计等环节的"绿化"。

从政策引导角度看，国家层面从顶层设计制造业企业绿色转型发展所需的各项支持、约束措施，各地区政府及相关机构从地区角度或产业角度对本地区制造业企业进行更加细致的规范引导，从而促使制造业企业更快地实现绿色转型，如长三角地区制造业绿色转型的发展。

长三角地区作为中国三个经济圈之一，无论是战略位置还是经济实力在国内都是首屈一指的。长三角地区制造业产业发展较快，不过早年也是以传统制造业企业为主，企业绿色转型对于长三角地区经济的绿色转型发展至关重要。随着国家出台各项有利政策，长三角地区制造业企业积极响应绿色转型号召，该地区绿色技术专利数量逐年走高。尤其是 2019 年国家发展改革委出台《长三角生态绿色一体化发展示范区总体方案》要求以"生态筑底、绿色发展"为基本原则，建设"绿色创新发展新高地"。之后，上海、江苏与浙江也联合制定了《关于支持长三角生态绿色一体化发展示范区高质量发展的若干政策措施》，结合区域自身特色围绕改革赋权、财政金融支持、用地保障、新基建建设、公共服务共建共享、要素流动、管理和服务创新、组织保障八个方面，提出了 22 条具体政策措施③。这进一步促进了该地区企业的绿色技术创新，加快了该地区制造业企业的绿色转型发展④。

目前，我国已进入"十四五"发展时期，也是我国继续实施绿色发展战略推动经济绿色低碳转型的又一个关键时期，这也意味着在经济建设过程中，制造业企业的绿色转型发展更加受到关注。为助力制造业企业绿色转型，引导企业积极进行绿色技术创新，中央与地方各级政府以及有关部门集中出台了一

---

① ERNST D. Catching-Up, crisis and industrial upgrading. evolutionary aspects of technological learning in korea's electronics industry [J]. Asia pacific journal of management, 1998, 15 (2)：247-283.

② 雷小苗，李洋. 高科技产业的技术追赶与跨越发展：文献综述和研究展望 [J]. 工业技术经济，2019, 38 (2)：145-152.

③ 图解！支持长三角一体化示范区高质量发展，最新政策火热出炉！[EB/OL]. (2020-07-03)[2022-07-18]. https://m.gmw.cn/baijia/2020-07/03/1301335240.html.

④ 张晔. 长三角刮起绿色技术创新"旋风"[N]. 科技日报，2021-12-28 (006).

系列政策。2022年6月，生态环境部联合工业和信息化部、国家发展改革委等部门出台的《减污降碳协同增效实施方案》还提出要"强化减污降碳经济政策"，包括支持绿色项目发展的财政政策、绿色金融、支持企业绿色转型的绿色电价政策等。同时，国有资产监督管理委员会发布《中央企业节约能源与生态环境保护监督管理办法》，提出"积极建设资源节约型和环境友好型企业，推动企业产业结构调整和转型升级，促进企业可持续发展"，并明确表示"中央企业应发挥绿色低碳消费引领作用"。

地方政府也纷纷推出"十四五"时期促进制造业绿色转型的各项政策，如2022年7月，江西省政府正式发布《江西省碳达峰实施方案》，提出"要加快工业低碳转型和高质量发展，推进重点行业节能降碳"，尤其是要关注钢铁行业、有色金属行业等重点制造业行业的绿色转型。重庆市政府也发布了《以实现碳达峰碳中和目标为引领深入推进制造业高质量绿色发展行动计划（2022—2025年）》，明确提出"推动现有产业全面绿色转型"，并且考虑到中小企业绿色转型，提出要"开发适合中小企业特点的绿色制造系统解决方案"。2022年8月，海南省发布《海南省碳达峰实施方案》，明确提出"推进传统工业绿色低碳转型""壮大绿色低碳型高新技术产业规模"等，以推进"十四五"时期海南制造业绿色转型。

综合可见，我国区域制造业绿色转型发展在一定程度上需要依靠政府引导，尤其是部分传统制造业产业本身较为缺乏转型动力，需要政策对其进行激励，甚至是倒逼其进行绿色转型。

6.3 区域制造业绿色转型发展途径

我国制造业产业由于分布地区不同、类型不同，加之制造业内部门类又存在差异，使得区域制造业发展具有不同特点，由此各区域制造业绿色转型发展模式也因侧重点不同存在差异。不过，区域制造业绿色转型发展尚处于初级阶段，各区域制造业产业还没有彻底完成绿色转型。为此，未来区域制造业绿色转型发展还需要找到更为有效的发展途径。

6.3.1 打破区域壁垒，积极建设全国统一的大市场

改革开放后，中国各地区都先后进入经济快速发展时期，不过由于中央与地方之间存在"委托—代理"关系，中央政府为促进各地区经济发展将"财

政权"和"税收权"下放给了地方政府。由于这样分层次的行政性分权财政体制使得各地区之间形成了区域贸易壁垒，不利于国家统一实施财政政策，更有损于统一市场的形成，阻碍了区域间的资源流动（楼继伟，1991）①。同时，这样的行政分权使得各地区都想将自身的资源、市场进行截留，进一步阻碍了企业正常发展，加剧了区域差异（银温泉 等，2001）②。另外，由于计划经济时期中国侧重发展重工业，除了建立全国性工业体系外还鼓励各地区形成自己的工业体系，使得各地区工业形成了自我封闭的发展模式，这一直持续影响到改革开放后的工业体系建设，阻碍了制造业整体技术、人才等一系列资源的自由流通，妨碍了内陆地区制造业的技术升级与转型发展（陈剩勇 等，2004）③。因此，为了国家经济的有序发展，财政政策的有效统一实施，使各区域制造业产业获得有效资源，改革财税制度、打破区域壁垒建立全国统一大市场就势在必行。

建立全国统一大市场意味着要将之前区域存在的各项壁垒打破，使各区域资源能够自由流通，进一步发挥市场在资源配置中的重要作用，在一定程度上建设全国统一开放市场的过程就是逐步打破、消除地方市场分割的过程（徐现祥 等，2005）④。1994 年，中国进行了一次新中国成立后规模最大、范围最广泛、内容最深刻、成果最显著的财税改革，此次改革通过增值税制度，彻底废除了国家和企业之间的承包制，扭转了国家财政收入占 GDP 之比与中央财政收入占 GDP 之比持续下降的局面⑤。这为之后实施区域合作，发展区域经济一体化打下了坚实基础，也为建设全国统一大市场提供了良好背景条件。

区域一体化是指产品市场、生产要素（劳动力、资本、技术、信息等）市场到经济政策统一逐步演化（孟庆民，2001）⑥。有学者通过实证发现地区分割会导致区域产业结构趋同，技术进步效率低下（郑毓盛 等，2003）⑦。为此，弥合区域割裂、实现区域一体化才是促进产业结构转型，推进地区技术进步的有效方法。进而有研究认为内陆区域更倾向区域一体化，内陆区域的区域

① 楼继伟. 解决中央与地方矛盾的关键是实行经济性分权 [J]. 经济社会体制比较，1991（1）：16-20.

② 银温泉，才婉茹. 我国地方市场分割的成因和治理 [J]. 经济研究，2001（6）：3-12，95.

③ 陈剩勇，马斌. 区域间政府合作：区域经济一体化的路径选择 [J]. 政治学研究，2004（1）：24-34.

④ 徐现祥，李郇. 市场一体化与区域协调发展 [J]. 经济研究，2005（12）：57-67.

⑤ 史鉴. 1994 年财税改革的历程和经验：国家税务总局原副局长许善达访谈录 [J]. 百年潮，2013（7）：20-28.

⑥ 孟庆民. 区域经济一体化的概念与机制 [J]. 开发研究，2001（2）：47-49.

⑦ 郑毓盛，李崇高. 中国地方分割的效率损失 [J]. 中国社会科学，2003（1）：64-72，205.

一体化能够显著提升该地区的经济增长（孙博文 等，2016）[1]。在此前提下，2022 年 3 月，中共中央、国务院正式发布《关于加快建设全国统一大市场的意见》，为打破区域壁垒、促进区域生产要素自由流动、降低市场交易成本以及促进科技创新和产业升级等提供了国家层面的政策支持。建设全国统一大市场可以为制造业绿色转型提供必要的资源要素，还能降低内陆区域制造业绿色转型所需的成本，有利于破解现阶段制造业产业绿色转型发展的诸多难题。全国统一大市场能够为制造业绿色转型设立统一的评价标准，提高市场对制造业绿色转型的认可度，有利于进行统一的市场监管；消除了绿色技术流动的区域屏障，能够促使制造业企业主动寻求绿色技术进步，提高自身绿色含量；同时，有利于制造业企业跨区域合作，形成大范围的绿色供应链体系，推动产业链上下游制造业企业的绿色转型发展。

6.3.2 激发转型动能，以技术创新为核心推动绿色转型

有研究表明，绿色技术创新不仅有利于减少企业生产经营活动产生的污染，还是企业战略的核心组成之一（Anastas et al.，1998；Voegtlin et al.，2017）[2][3]。不过，也有研究认为绿色技术创新与公司内部的其他创新不同，因为它们共同的技术、法律和道德根源会产生更高风险的投资（Cainelli et al.，2015）[4]。为此，在制造业企业进行绿色技术创新时，需要注意技术创新的投入与研发方向，如果过于追求绿色技术的独创性有可能会使得企业投入过高，反而不利于企业绿色转型。另外，中国制造业结构转型发展一直是以技术驱动的，尤其是在新型工业化开始后，技术驱动制造业企业转型发展就越发明显了。正如史丹和李鹏（2019）研究认为中国制造业企业以更新生产设备吸引先进技术及改进生产技术促使企业转型发展[5]。本书第四章梳理的制造业产业

① 孙博文，李雪松，伍新木，等. 长江经济带市场一体化与经济增长互动研究 [J]. 预测，2016，35（1）：1-7.

② ANASTAS P T，WARNER J C. Green chemistry：theory and practice [J]. Abstracts of papers of the american chemical society，1998，244（48）：19758-19771.

③ VOEGTLIN C，SCHERER A G. Responsible innovation and the innovation of responsibility：governing sustainable development in a globalized world [J]. Social science electronic publishing，2017，143（2）：227-243.

④ CAINELLI G，MARCHI V D，GRANDINETTI R. Does the development of environmental innovation require different resources? Evidence from Spanish manufacturing firms [J]. Journal of cleaner production，2015，94（1）：211-220.

⑤ 史丹，李鹏. 中国工业 70 年发展质量演进及其现状评价 [J]. 中国工业经济，2019（9）：5-23.

结构变化的过程也印证了这一说法。在新发展格局的未来，中国制造业企业需要进一步进行绿色转型发展，制造业企业持续以绿色技术发展作为企业绿色转型发展的动力也是承接过去的发展途径。

在"双碳"目标、可持续发展战略以及绿色发展的要求下，中国未来会实施更加细致、更加严格的环境政策对制造业企业的发展进行引导和约束。在环境规制的影响下，中国制造业企业的绿色转型发展就需要更强的动力。有研究认为政策的严格性对开发和采用"绿色"技术的激励是积极正向且单调的，即更严格的政策有利于促进研发和减排技术的传播（Unold，2001；Requate et al.，2003)[1][2]。正因如此，在各区域环境规制程度不同的情况下，制造业企业在环境规制的影响下，采取绿色技术创新的办法进行绿色转型发展是可行的方式，只要企业把握好政策严格度与技术创新投入之间的比率关系（Perino et al.，2012)[3]。万攀兵等（2021）通过实证发现环境技术标准可以实现污染排放强度降低和生产率提升的"双赢"，从而有助于推动制造业企业绿色转型[4]。另外，从制造业企业经营成本来看，技术变革使污染减排设备变得越来越复杂和昂贵，制造业企业要进行技术升级必须考虑更新设备、生产技术等一系列动作带来的成本。不过，企业提前进行绿色技术升级能够避免遭受环境规制的强制要求被迫承受高昂成本，能够有计划地进行技术更新，合理安排企业经营，从而减轻企业绿色转型的成本（Langpap，2015)[5]。因此，可以认为制造业企业绿色转型升级需要以绿色技术创新为主要动力，同时制造业企业绿色转型发展需要考虑到政府政策与其他市场主体的行为。而那些生产效率较低、竞争力不强的传统制造业企业更应该积极关注新技术研发，把握政府政策的宏观调控方向，率先采纳新技术、实现转型升级，争得市场先机，提高生产效率，赢得

---

① UNOLD R W. On the incentives created by policy instruments to adopt advanced abatement technology if firms are asymmetric [J]. Journal of institutional & theoretical economics，2001，157（4）：536–554.

② REQUATE T，UNOLD W. Environmental policy incentives to adopt advanced abatement technology：will the true ranking please stand up? [J]. European economic review，2003，47（1）：125–146.

③ PERINO G，REQUATE T. Does more stringent environmental regulation induce or reduce technology adoption? When the rate of technology adoption is inverted U–shaped [J]. Journal of environmental economics and management，2012，64（3）：456–467.

④ 万攀兵，杨冕，陈林. 环境技术标准何以影响中国制造业绿色转型：基于技术改造的视角 [J]. 中国工业经济，2021（9）：118–136.

⑤ LANGPAP C. Voluntary agreements and private enforcement of environmental regulation [J]. Journal of Regulatory Economics，2015，47（1）：99–116.

竞争优势（孙兰，2022）①。这也说明，区域制造业企业只有把握了绿色技术创新，以技术创新为主要动力，才能更好地进行绿色转型发展。

6.3.3 突破国际贸易绿色屏障，提高制造业绿色竞争力

对外贸易是拉动国家经济的三驾马车之一，2021年我国出口贸易总额对GDP贡献程度约为19%。以我国与欧盟出口贸易来看，出口欧盟总额占出口总额的15.4%，仅次于美国②。然而，2021年7月14日，欧盟委员会通过了一项新的碳边界调整机制的提案——碳边界调整机制（carbon border adjustment mechanism，CBAM），该机制将对目标选择产品的进口设定碳价格，意味着从2023年起，欧盟将对进口的钢铁、水泥、化肥、铝和发电这类高污染产品征收"碳关税"③。同时，欧盟正在测试基于生命周期评价（life cycle assessment，LCA）的产品环境足迹（PEF）体系，该体系是对商品或服务在其整个生命周期内的环境绩效的多标准衡量。生产PEF信息的首要目的是寻求减少商品和服务对环境的影响，同时考虑到企业生产供应链从原材料的提取、生产和使用到最终的废物管理整个过程对环境的影响④。该体系拟在2024年正式实施，届时会对各国出口指欧盟的产品产生较大影响。另外，全面与进步跨太平洋伙伴关系协定（CPTPP）、美加墨协定（USMCA）等国际合作组织机构也将高标准环境保护和"碳减排"要求纳入全球经贸规则重构的重点，这意味着以碳排放为主题的国际经贸规则的博弈和谈判将愈加激烈。⑤ 由此可见，在下一阶段国际竞争中绿色转型已然成为中国制造业企业的必修课之一，只有加快自身制造业企业的绿色转型，先人一步产出绿色产品才能不受国际绿色壁垒的限制，提升制造业企业国际竞争力，获得更高的国际市场占有率。

我国制造业企业长期处于全球价值链中低端，出口产品竞争力虽然在逐渐提升，但总的来讲还有很大进步空间。国际绿色标准、碳关税等新贸易壁垒对

① 孙兰. 企业绿色技术转型：需求、竞争与政策：基于多阶段博弈模型［J］. 科技管理研究，2022，42（12）：179-187.

② 数据来源：国家统计局《中华人民共和国2021年国民经济和社会发展统计公报》。

③ Taxation and Customs Union. Carbon Border Adjustment Mechanism［EB/OL］. ［2022-07-18］. https://taxation-customs.ec.europa.eu/green-taxation-0/carbon-border-adjustment-mechanism_en.

④ Zazala Quist. Product Environmental Footprint（PEF）-A Complete Overview［EB/OL］.（2020-12-01）［2022-07-18］. https://ecochain.com/knowledge/product-environmental-footprint/.

⑤ 海关总署. 高融昆委员：构建进出口"绿色屏障"，加快推动我国实现"双碳"目标（图）［EB/OL］.（2022-03-09）［2022-07-18］. http://www.customs.gov.cn//customs/ztzl86/302414/302415/4209230/4209233/4218141/index.html.

我国制造业企业提出新的要求，同时国内的环境规制也对制造业企业的生产和经营提出了更高的环境要求。在环境规制的影响下，我国部分制造业企业采用清洁能源生产从而起到了企业绿色转型发展的效果，并且环保型产品有效地提高了自身国际竞争力（肖德 等，2018）①。另外，创新作为提高生活水平的真正杠杆，是发展中国家制造业企业提高国际竞争力的关键（Taymaz，2001）②。制造业企业绿色技术创新作为制造业企业一种独特的生产要素，通过优化产业结构帮助制造业企业提升其国际竞争力（刘英基，2019）③。为此，我国制造业企业想要突破国际贸易绿色屏障，就需要通过各种方式加快自身生产技术的绿色进步，利用更高质量的绿色产品打开国际贸易市场。同时，这对国内企业的绿色转型发展来讲是一条充满挑战与未来收益的途径。面对国际上其他国家绿色产品的竞争，只有将创新作为企业绿色转型的驱动力才能持续获得更多市场份额，才能不惧国际贸易的绿色屏障。

6.4 本章小结

在新发展格局下，制造业绿色转型是否成功关乎国民经济绿色低碳转型能否取得成果。为此，本章对我国区域制造业绿色转型发展模式与途径进行了归纳总结，以期对今后继续研究做铺垫。

本章第一节主要对区域制造业发展的特点进行了归纳总结。我国区域经济发展差异明显，由此制造业也呈现出不同的发展特点。一是区域制造业产业规模多极化发展明显，东部区域制造业产业规模独占鳌头，中西部区域差别不大，制造业产业规模居中等位置，东北区域制造业规模最小，区域制造业产业多级化发展状态明显。二是区域制造业绿色转型初见成效，高技术制造业聚集在东部区域，该区域制造业绿色转型效果也最为明显；中部区域高技术制造业企业增加速度较快，该区域制造业绿色转型水平也在快速提升；西部区域制造业绿色转型有一定进步，东北部区域制造业绿色转型难度较大，有待进一步提

---

① 肖德，侯佳宁. 环境规制技术诱导作用与清洁生产模式对制造业出口竞争力的影响研究[J]. 工业技术经济，2018，37（10）：150-160.

② TAYMAZ E. Does Innovativeness Matter for International Competitiveness in Developing Countries? The Case of Turkish Manufacturing Industries. 2001

③ 刘英基. 制造业国际竞争力提升的绿色技术进步驱动效应：基于中国制造业行业面板数据的实证分析[J]. 河南师范大学学报（哲学社会科学版），2019，46（5）：46-52.

升。三是各区域在持续推进制造业高质量发展，各区域为更好地推进制造业高质量发展纷纷推出了基于国家发展规划结合自身情况制定的相关政策。四是利用对外开放政策推进制造业产业结构绿色升级。各区域利用对外开放的机会，积极引进外国资本技术促进本地区制造业产业结构绿色升级，进而推动了国家整体制造业产业结构的绿色升级。

本章第二节梳理了目前区域制造业绿色转型发展主要的模式。综合看来，区域制造业绿色转型发展有三种主要模式。一是承接产业转移。东部区域既是产业转移的接受者也是产业转移的发起者。如珠三角地区就是从大量承接来自港、台的产业发展起来的，近年来该地区积极发展高技术制造业产业，推动地区制造业绿色转型发展，并将本地区部分产业向内陆地区转移，带动了内陆部分地区制造业产业发展，促进内陆地区制造业产业升级。二是通过企业自身进行绿色技术创新来实现制造业绿色转型发展。如传统制造业纺织行业，就是不断采用新型绿色技术推动纺织企业绿色转型。三是政府引导制造业绿色转型发展。中央及各级地方政府、有关机构对制造业企业绿色转型发展都给予了不同程度的政策引导与支持，这使得制造业企业能够获得绿色转型方向上的指引与转型所需的资源支持。

本章第三节对未来区域制造业转型发展途径进行了探索。本书认为区域制造业绿色发展有三条主要途径。一是打破区域壁垒，积极建设全国统一大市场。打破区域壁垒能够促使生产要素在各区域间自由流动，帮助各区域制造业企业获得转型所需的生产资料；建设全国统一大市场不仅能为制造业绿色转型提供必要的资源要素，还能降低内陆区域制造业绿色转型所需的成本。二是激发企业绿色转型动力，树立以技术创新核心的绿色转型发展。技术创新是企业持续经营，获得更多市场竞争力关键。制造业企业只有树立起绿色技术创新的观念，积极主动地进行技术创新，才能更好更快地实现企业的绿色转型发展。三是鼓励企业突破国际贸易绿色屏障，提升制造业企业自身竞争力。面对日益复杂的国际贸易环境，我国制造业企业想要继续保持出口优势，就必须要突破"国际绿色标准"形成的绿色贸易屏障，提升自身产品的市场竞争力，为此，区域制造业绿色转型发展势在必行。

7 研究结论与对策建议

尽管全球各国对于环境问题均显著提高了重视程度并基本达成了共识，致力于自然资源保护和经济绿色转型的研究也前所未有地大幅增长，但一个不可否认的事实是，环境问题涉及面极广，影响因素非常复杂，目前，很难用一种标准的方法或者周密的体系通用于各地，并且不同的经济发展水平和所处的阶段，以及资源禀赋和技术创新能力的不同，都适用不同的应对方法和措施。鉴于此，本书旨在梳理制造业绿色转型发展的国内外进程和相关政策规章，分析我国进行制造业绿色转型的背景和意义，以我国各省份的具体数据为样本，构建计量经济学模型实证检验我国区域制造业产业绿色技术进步的影响因素，我国区域制造业产业结构绿色升级以及制造业绿色产品长效促进机制等具体情况，将宏观与微观、定性和定量相结合，从政策、技术、资金、人力等方面分别考察经济和环境影响问题，为我国制造业绿色转型提供一些实践参考。其中，通过对我国区域制造业绿色技术进步的影响因素分析，我们发现中国制造业绿色技术进步效率变动是波动起伏的，各省份制造业绿色技术进步效率存在差异，并且绿色技术进步还受到国际经济环境的影响，具体而言，区域资源禀赋和国际资本流入能够推动区域制造业绿色技术进步。随后，从我国制造业产业结构的角度探讨了绿色转型升级，在分析了制造业产业结构测度的不同方法以及我国制造业产业结构各阶段的变化后，构建了制造业产业结构绿色升级的指标，研究了技术创新对制造业产业结构绿色升级的空间影响。

7.1 研究结论

制造业作为能耗较高的行业之一，不仅是低碳减排的重点领域，也是清洁能源和高新技术应用和创造的主要场景。对于我国这样的发展中国家而言，绿色低碳减排的国际环境不仅是挑战，更是加快建设制造业高质量发展，构建绿色产品、绿色企业、绿色工厂、绿色园区和绿色供应链为一体的绿色制造体系，实现制造强国的战略目标的机遇，抓住这一场新型的产业革命和能源革命，是我国改善自然环境、提高资源效率、打造绿色制造业品牌、实现产业链攀升的机会，有利于我国制造业国际竞争力的提升。此外，虽然目前我国仍然是发展中国家，但作为全球第二大经济体，我国具有维护环境可持续的责任，与发达国家一起为绿色发展做出贡献，充分展现了大国风范，为全球的绿色事业提供了中国智慧和能量，塑造了有担当有影响力的国际形象，也有助于我国未来得到更大的国际话语权。

7.1.1 制造业产业绿色转型效果明显

从国内绿色产品的发展来看，绿色产品认证试点取得了较为突出的成果，浙江湖州已初步建立绿色产品认证与标识体系，在全国范围内通过绿色产品认证证书达到 5 487 张。2021 年国内新能源汽车销量达 352.1 万辆，同比增长158%，全年渗透率达 13.4%。其中上海地区销售量位居国内城市第一位，达32 423 辆，一、二线城市销量占总体销量的 66%。绿色建筑项目在经济较为发达的沿海城市逐渐展开，利用节能、环保等各项技术在保障建筑实用性、安全性的同时，达到国家绿色低碳的环保标准。自 2018 年起，各地区对绿色制造的重视程度加深，提升了对绿色工厂建设的重视，尤其是中西部地区，绿色工厂数量迅速增长，但目前为止，我国的绿色工厂仍然主要集中分布在东部，2017—2019 年占总量的 60% 左右。没有完整的供应链就没有流通的绿色产品和高效的绿色工厂，因此，绿色供应链也在同步发展。从绿色供应链管理示范企业发展趋势来看，自 2017 年国家工业和信息化部提出制造业企业绿色供应链管理之后，绿色供应链管理示范企业从 15 家增长至 2021 年的 107 家，目前，全国共有 296 家绿色供应链管理示范企业，这些企业主要集中在东部及中部，而西部与东北部绿色供应链管理示范企业数量较少。绿色园区是集绿色资源、绿色工厂、绿色产业链等于一体的工业园区，目前，国内获得工业和信息化部认证的绿色园区有 224 家，东部地区绿色园区最多，共有 82 家；西部次之，共有 78 家；中部地区共有 57 家；而东北地区最少，仅 6 家。

我国的绿色制造体系包括"传统制造业绿色化改造示范推广""资源循环利用绿色发展示范应用""绿色制造技术创新及产业化示范应用""绿色制造体系构建试点"四个方面的内容，评价绿色制造体系的发展需要以绿色制造体系的主要载体的发展状况为参照。"绿色发展"是一个复杂系统，绿色发展评价体系需要具备的要素主要有三部分。一是经济发展的绿色化程度。包含国民经济各部门在一定时期内的规模变化，经济绿色发展不仅需要经济规模增加，还要求经济高质量发展，同时关注经济发展过程中存在的能源消耗、污染物排放等环境问题。二是区域资源禀赋与环境承载力。各区域由于自然资源禀赋的差异使得其后天的发展存在总量规模、优势产业以及人力资源等各方面的显著不同，而正因如此，区域资源禀赋较好的地区往往拥有较强的环境承载力，对工业生产、居民生活产生的环境外部性消化得更好，这类区域绿色发展的基础就会优于其他区域。三是社会对绿色发展理念的认可度。例如，居民自觉地减少日常生活中的"非绿色"行为，政府对社会提供相应的基础设施、公共产品的绿色化，如公交车、公园等，并且利用互联网宣传绿色发展理念，为全社会认可绿色发展、积极参与绿色发展提供帮助和指引。

7.1.2 区域资源禀赋与国际资本流入推动制造业绿色转型

制造业的绿色转型的关键在于提高制造业的绿色技术进步水平，因此，讨论我国区域制造业绿色技术进步的影响因素能够为我国各区域制造业绿色转型提供有利参考。虽然对于制造业绿色技术进步的影响因素，学者们有不同的看法，总体看来，区域绿色制造的发展受到内外两个方面的作用：一是自有条件和努力，这与当地的自然资源禀赋直接相关；二是外来技术和资本的投入。因此，本书从区域资源禀赋和国际资本流入的视角进行分析。

根据2005—2019年的制造业绿色技术进步效率相关指标的测算，我国各地区制造业绿色技术进步效率差异显著，东部区域省份制造业平均绿色进步效率为1.113，略高于其他区域，最低为西部区域，制造业平均绿色进步效率为1.070。不可否认，各省份制造业绿色技术进步效率存在差异，而制造业绿色技术进步效率与技术进步息息相关，可以初步判断我国区域绿色技术进步的情况。接下来进一步从区域资源禀赋和资本流入的情况考察对绿色技术进步的影响结果。首先，自然资源禀赋对制造业绿色技术进步的影响存在不确定性。一方面，"资源诅咒"会使得资源型企业排挤技术创新，对所在区域的绿色技术进步产生负面影响；另一方面，资源型企业又可以借助技术创新提升自身竞争力和生产率，走可持续发展道路，从而提升该区域制造业的绿色技术进步效率。其次，多数学者支持FDI有可能推动地区绿色全要素生产率的提升，从而推动地区绿色技术进步的观点，进而认为FDI能够有效地推动制造业的绿色技术进步；也有学者认为发展中国家FDI更容易对东道国产生负面的环境影响，存在明显的"污染天堂"效应。可见，自然资源禀赋和资本投入对制造业绿色技术进步的影响是存在的，但在各区域两个要素对制造业绿色技术进步的影响的具体效果以及有何差异还需要验证。

自然资源禀赋是一个综合性指标，一方面可以单指水、土地、煤炭等自然界本来存在的可以用于生产、生活的物资，本书称之为地区自然资源丰沛度；另一方面也可以指地区经济发展依靠的资源，而这些资源能够直接影响到地区的生产能力、产业结构，本书称之为地区资源依赖度。考虑到制造业发展所需的自然资源主要为矿产、土地等，煤炭、石油等矿产资源储量是稳定在一定区间的，土地资源总量也是近乎稳定的，而将埋在地下的资源挖掘、运输、再加工之后形成的为工业、居民生活所使用的能源是会根据技术进步、经济发展方式等产生变化的，因此，为更好地理解自然资源禀赋对制造业绿色技术进步的影响，本章节将区域自然资源丰沛度用地区一次能源生产量（万吨标准煤）表示。而考虑到制造业发展对生产材料的需求以及地区资源禀赋的差异，结合相关研究，本章节用采矿业就业人数占总就业的比例来表示区域资源型产业依赖度。实证检验发现，区域自然资源丰沛度对制造业绿色技术进步有显著的促进作用，这一作用在加入制造业技术进步等其他影响因素后有所提升；区域资源型产业依赖度对制造业绿色技术进步也有显著的促进作用，这一作用在加入制造业技术进步等其他影响因素后提升较大。换言之，在综合因素的影响下，地区资源禀赋对制造业绿色技术进步有显著的促进作用。此外，"资源诅咒"的情况确实存在，区域资源型产业依赖度高的地区对技术进步的"挤出"作用比资源丰沛度高的地区更大，不过这样的"挤出"效应并未妨碍区域资源禀赋对制造业绿色技术进步的正向影响，说明高技术制造业的研发能力虽然会受到当地资源禀赋的制约，不过整体看来地区资源禀赋高对当地制造业绿的转型有良好的正向影响。

根据本书的资源禀赋定义，我国区域资源禀赋存在先下降后上升的情况，与此同时，区域制造业绿色技术进步效率也存在地区差异，因此，还通过建模验证了非线性的影响。结果显示区域资源禀赋对制造业绿色技术进步的影响的确存在门槛效应，且均为单门槛，说明区域资源禀赋能够推动区域制造业绿色技术进步，且该正向影响存在门槛效应，资源型产业依赖度越大越不利于制造业绿色技术进步，资源型产业虽然在一定程度上靠引进先进技术等方式获得绿色技术，推动了制造业的绿色技术进步，过高的资源型产业占比会阻碍制造业绿色技术进一步提升。我国幅员辽阔，不同区域的经济发展和资源禀赋差异显著，因此，除了整体的影响分析，还需要划分区域对自然资源禀赋影响区域制造业绿色技术进步的具体效果进行实证检验。结果表明，东部区域自然资源禀赋对该区域制造业绿色技术进步有显著的促进作用，东北部区域自然资源禀赋对该区域制造业绿色技术进步有正向影响，但不显著。东北部区域的技术进步能够推动制造业绿色技术进步，这反映了东北部区域"资源诅咒"效应不明显，甚至自然资源的富裕还能够与技术进步共同推动制造业绿色技术进步。中部、西部区域自然资源富裕，对资源型产业依赖度较高，不过区域对制造业绿色技术存在不显著的负面影响，这可能是由于这两个区域产业结构还未能实现升级，导致地区发展对自然资源过于依赖，出现了资源型产业发展阻碍制造业绿色技术进步的现象。

自中国改革开放后，形成了由点到面的对外开放格局，国际资本流入的情况屡见不鲜，国外的资金、技术、人才等方面的互动也给我国经济带来了动能。显然，我国不同的城市接收和利用外资的情况是不同的，国际资本流入对制造业绿色技术进步的影响也会存在区域差异，加之在区域经济发展的过程中，国际资本流入不是直线增长的，国际大环境变动会对区域制造业绿色技术进步产生的影响可能存在非线性的特征，由此，本书在此构建相关模型对区域国际资本流入对制造业绿色技术进步的影响进行实证研究。通过 FDI 进入被投资地区的人才资源可以长足影响到当地技术进步，这也是 FDI 技术溢出效应的一方面；流入的人才与当地原有的高素质人才一起，为当地制造业绿色技术进步做出贡献，并且人才的影响是长期的，只要当地可以留住人才，就可以为当地未来绿色制造提供不竭的技术支持。结果显示，国际资本流入对以绿色全要素生产率衡量的制造业绿色技术进步的影响显著为正，说明 FDI 对中国制造业绿色技术进步有显著的推进作用，通过其技术溢出、人力资本等方面的投入能够对制造业绿色技术进步产生更大的正向影响，从而推动制造业绿色转型。此外，不同区域国际资本流入（FDI）存在较明显的差异，东部国际资本流入（lnFDI）对该区域制造业绿色技术进步的影响不显著为负，这与其他区域差异较大，可见在观察期内，这可能是东部区域 FDI 在该时期出现"污染天堂"效应，从而影响了当地制造业的绿色转型。东北部区域和中部区域的 FDI 对当地区域制造业绿色技术进步的影响不显著为正，说明在这些区域 FDI 存在较为良好的环境保护效应与技术溢出效应，能够作用于自身的制造业绿色转型。西部区域 FDI 能够显著推进当地制造业绿色技术进步，在此处 FDI 显示出显著的"污染光环"效应。这可能与西部区域开发战略有关，各地区调整了自身制造业发展方向，尤其是西南区域的重庆、四川、贵州、云南近年来随着经济的快速发展，在绿色制造方面有了较为显著的进展。

7.1.3 区域制造业产业结构绿色水平提升

中国制造业产业结构随着中国国民经济发展的需求变化而变化，改革开放带来了经济腾飞，也使得制造业产业得到快速发展，而我国制造业产业结构的绿色水平对于未来经济的"绿色发展"具有举足轻重的影响。因此，本书梳理了中国制造业产业结构变化过程，并且从技术创新的视角分析了制造业产业绿色升级的推动过程。简单而言，制造业结构就能表示为制造业中各性质相同的行业与其他行业之间在经济活动中的比例变化，学者们采用不同方法对制造业产业结构进行测度，并从中延伸出对制造业产业结构升级的研究。

制造业产业结构绿色升级的内涵丰富，结合可持续发展战略、新时代绿色发展理念以及绿色制造等相关内容，本书从总体规模目标、制造业内部结构调整目标、社会效益目标、技术升级目标与可持续发展目标这五个方面构建了制造业产业绿色升级指标，通过熵值法进行计算测度，发现东部区域平均综合得分最高，说明东部区域制造业产业结构绿色升级水平比起其他区域情况更优；不过东部区域制造业产业结构绿色升级水平有逐渐下降的趋势，中部区域在逐渐崛起，东北部区域有下降可能，西部区域则几乎是稳定发展。具体到省份差异来看，广东、江苏、山东及浙江地区的制造业产业结构绿色升级处于领先水平，内蒙古、山西、黑龙江、新疆等地区制造业产业绿色升级水平滞留于末尾，总体上东部沿海地区的制造业产业绿色升级水平高于其他内陆地区，以资源型产业为主的地区制造业产业绿色升级水平较低，中部区域地区制造业产业绿色升级水平综合来看未来增长潜力较大。

"科学技术是第一生产力"已经成为全球共识，我国制造业产业结构也从最初重点发展重工业产业，慢慢到利用先进科学技术提升制造业产业技术含量，进行了制造业产业结构调整，实现了制造业产业结构技术升级，因此探寻技术创新对制造业产业绿色升级的影响有着现实意义。概括来说，制造业产业结构技术升级的主要特点在于低技术制造业产业规模有节制地缩小，中技术制造业产业规模稳定发展，高技术制造业产业规模能够得到持续扩展，本书认为，一方面，技术创新尤其是其绿色技术创新能够使得制造业产业逐渐过渡到绿色制造产业，从而提升制造业产业结构的绿色水平；另一方面，充足的技术资源能够长期作用于制造业产业绿色发展，有效地提升制造业产业结构绿色升级水平。容易想到，地区技术创新能够影响周边其他区域的技术创新，因而本书也考虑了技术创新存在区域溢出效应。通过对30个省份2004—2019年的数据进行实证研究发现，制造业产业结构绿色升级水平与技术创新指标在空间上有显著的相关性，各地区制造业产业结构绿色升级水平与技术创新指标整体上具备空间相关性，更具体地说，专利技术创新能够在空间联系角度对制造业产业绿色升级产生极为显著的推动促进作用，各地区专利技术创新能够对周围地区的制造业产业绿色升级产生影响，本地区专利技术创新对周围地区制造业产业结构绿色升级的影响在空间地理矩阵（W_1）条件下显著，说明从空间地理距离角度，专利技术创新对制造业产业结构绿色升级的空间效应可能更显著，本地区专利技术创新对本地区的制造业产业结构绿色升级有显著的推动作用，专利技术创新对地理距离更近的周边区域制造业产业结构绿色升级有更为显著的空间溢出效应。换言之，空间视角下，技术创新能够显著推动制造业产业结构绿色升级，且存在显著的空间溢出效应。国际资本流入、对外贸易发展及政府财政支持对制造业产业结构绿色升级存在正向空间效应，且国际资本流入与对外贸易发展的空间效应在多数情况下是十分显著的。区域资源丰裕度与空气污染程度对制造业产业结构绿色升级的影响主要呈负面，交通通畅程度对制造业产业结构绿色升级的空间影响存在差异，还需要结合实际情况进一步探究。

中国各区域内部地区技术创新的制造业产业结构绿色升级空间效应差异显著，在大部分地区技术创新都能够显著推动本地区制造业产业结构绿色升级，而空间溢出效应则存在明显不同。专利技术创新（TP）在西部区域能显著促进全域制造业产业结构绿色升级，东部区域、中部区域专利技术创新只能对本地区制造业产业结构绿色升级产生正向空间效应，而东北部区域则是不能推进制造业产业结构绿色升级。研究人员数量（TH）在中、西部区域能够对制造业产业结构绿色升级产生显著的正向空间效应，东部区域研究人员数量只对本地区制造业产业结构绿色升级产生正向空间效应，东北部区域研究人员数量对本地区制造业产业结构绿色升级没有显著的空间效应。研发投入（TI）在中部区域只对本地区制造业产业结构绿色升级产生正向空间效应，东北部区域研发投入能对全域及周围地区的制造业产业结构绿色升级产生正向空间效应，而在东部、中部区域对制造业产业结构绿色升级没有显著的空间效应。

7.2 对策建议

制造业一直以来都是煤炭、石油和电力等消费的重点行业，因此也是废水污染和废气污染等主要的排放来源，想要实现制造业的绿色转型发展，必须要改变原有的高能耗、高污染、低效率、低质量的产业结构，彻底脱离先污染后治理的老路。虽然目前没有办法完全采用清洁能源替代煤炭、石油等化石能源，但制造业在生产制造过程中仍然可以通过多重环节和方式减少碳排放，减少能耗。首先是科学技术的创新和引入，制造业的行业特性决定了其能源的高需求和高消费，要实现净零碳排放甚至负碳排放，除了通过自然碳汇抵消，还必须借助于碳捕集等新型技术。其次，中国幅员辽阔，有些省份由于资源禀赋较好，天然适合发展资源依赖型工业，而有些区域交通更便利，依托贸易往来的制造业发展迅猛，还有些地区高技术产业发展更好，显然我国各地区制造业产业优势不同，应该因地制宜探索绿色转型升级的路径。再次，由于我国各个省份的资源损耗和经济水平不同，那些资源枯竭而经济发展放缓的城市，应该作为绿色转型的重点区域，而该区域的制造业企业应该主动谋求绿色转型，发展特色绿色产品，实现跨越式绿色制造业发展。最后，改变传统制造模式对制造业企业的短期成本形成了巨大的压力，特别是对于那些利润和发展尚可的制造业企业，并没有强有力的动机立即进行绿色转型，因此国家的政策措施一方面有利于发掘制造业绿色转型的突破口和先行区，为地区经济、生态良性发展，以及国家高质量发展提供助力；另一方面，对于积极致力于绿色转型的制造业企业和环境污染的制造业企业，通过政策法规进行标准化奖惩，能够引导市场更好地进行绿色化转型，实现绿色制造的理念、绿色制造体系、绿色技术创新等的形成。

7.2.1 科技赋能制造业绿色转型

在追求经济可持续、健康、绿色发展的今天，中国提出了碳达峰、碳中和"30·60"目标，这也预示着今后制造业也需要朝着"绿色""低碳"乃至"零碳"的方向发展。从现实情况看，仅寄希望于通过减少使用传统能源的方式降低温室气体排放的目标并不能达成预期目标，如果不改变传统制造工艺，可能只会导致产量和经济效益的降低，却不能彻底解决环境问题。为了既实现碳达峰、碳中和的排放要求，又满足经济发展和人民美好生活的愿望，鼓励技术创新，明确技术赋能制造业绿色转型的方向，是我国必须进行的规划布局，从科技层面切入是推动制造业绿色转型的核心基石。通过实证分析，本书发现中国制造业绿色技术进步效率变动是波动起伏的，并且技术进步是制造业绿色全要素生产率提升的主要推动力，因此，科技创新是实现制造业绿色转型发展的保障，应该积极推动重大科技创新，加强制造业领域绿色高效技术创新的建设和支持力度。

制造业绿色转型是中国经济绿色转型的重要基础，在明确了技术进步对制造业绿色全要素生产率具有显著促进作用后，本书进一步结合学者们已有的研究，考察了技术进步与当地资源禀赋的关系，对制造业绿色技术进步的主要影响因素进行了探究。经过实证，本书发现区域资源禀赋能够推动区域制造业绿色技术进步。具体而言，区域拥有的自然资源越多、对资源型产业依赖度越低，越有利于制造业绿色技术进步，推动制造业绿色低碳转型，并且该正向推动影响存在门槛效应。结果说明我国制造业要实现长足发展，一方面可以直接从其他地区进行资源调剂甚至从国外购买所需资源外，但也需要继续控制资源型产业的无序扩张，利用先进技术的发展推动当地制造业结构的进一步优化，将区域资源禀赋转化为制造业绿色技术进步的有利条件，为制造业绿色转型奠定基础；另一方面，各区域资源禀赋差异较大，自然资源充裕的地区应进一步优化区域资源开采、利用结构，减少对资源型产业的依赖，优化区域制造业结构，促进地区制造业绿色转型；自然资源较缺乏的区域应进一步提高资源利用效率，弥补资源不足的缺陷，利用先进技术从能源供应源头开始脱碳，为地区制造业绿色技术进步提供技术与能源方面的支持。

从短期看，经济发展与绿色发展两者要同步平衡共生必须借助科学技术的创新；从中期看，制造业绿色转型发展必须借助和依赖科学技术的创新和应用；从长期看，技术水平的提升能力和高度会直接影响制造业绿色转型的程度以及我国制造业甚至整体的国际竞争力与影响力。除了地区自身的资源禀赋会对技术进步产生显著影响之外，本书实证检验发现国际资本流入（FDI）也能够为中国制造业绿色技术进步提供正向推动力，观察期内 FDI 对中国环境的影响整体上支持"污染光环"假说，呈现非线性影响结果，主要通过技术溢出、人力资本等方面对制造业绿色技术进步产生更大的正向影响，从而推动制造业绿色转型。虽然整体上国际资本流入对制造业绿色技术进步的提升有着显著的推动作用，但对于不同地区制造业绿色进步的影响却存在显著差异，东部区域FDI 流入对当地制造业绿色转型会产生负面影响，东北部、中部及西部区域的FDI 流入会在一定程度上推动当地绿色技术进步，尤其是西部 FDI 流入能持续显著地促进当地制造业绿色技术进步。因此，不能盲目进行外资引流，各地区应加强对 FDI 流入的规范、引导，因地制宜地加强对流入技术的利用，更好地为地区制造业绿色技术进步服务。

随着高技术制造业产业的发展，制造业产业结构的技术升级水平也在逐渐提升，尤其是在进入新时代发展阶段后，制造业产业结构也从最开始的重工业化转向以科技为主要动力的制造业产业高级化道路，而中国区域制造业产业结构绿色升级有助于中国经济的绿色转型，是绿色制造战略的目标之一。本书通过构建制造业产业结构绿色升级指标体系，并利用熵值法对各地区 2004—2019 年制造业产业结构绿色升级水平进行了测算，发现我国区域制造业产业结构绿色升级水平存在显著的区域差异及地区差异，并且检验了技术创新对制造业产业结构绿色升级的影响路径。具体而言，技术创新对制造业产业结构绿色升级存在显著的空间影响，技术创新能够显著推动制造业产业结构绿色升级，且存在显著的空间溢出效应。其中，专利技术创新能显著促进西部区域全域制造业产业结构绿色升级，东部区域、中部区域专利技术创新只能对本地区制造业产业结构绿色升级产生正向空间效应，而东北部区域则是不能推进制造业产业结构绿色升级。研究人员数量能够对中、西部区域的制造业产业结构绿色升级产生显著的正向空间效应，研发投入在中部区域只对本地区制造业产业结构绿色升级产生正向空间效应，东北部区域研发投入能对全域及周围地区的制造业产业结构绿色升级产生正向空间效应，因此，在中、西部区域对制造业产业结构绿色升级的空间影响存在差异，需要结合实际情况进行技术创新规划布局。

7.2.2　延伸优势促进区域制造业绿色转型

本书在对制造业绿色转型发展的理论和实证分析中，还按照国家统计局划分的四大经济区域（东部、东北部、中部、西部）对中国各区域制造业平均绿色技术进步效率、绿色技术进步影响因素、制造业产业结构绿色水平等进行了具体验证，结果也显示出我国的区域异质性，地区间无论是绿色转型发展的影响程度还是空间效应都呈现出不同的效果，因此，要求我们在进行制造业绿色转型发展的过程中，也必须因地制宜，根据地区特点延伸其优势，以促进区域制造业顺利地达成绿色转型的目标。从总体上看，东部区域由于其内部各省份制造业绿色进步水平效率都较高，因此该区域为全国制造业绿色技术进步效率最好的区域，中部区域山西虽然制造业绿色进步效率有较好的提升，但另外几个中部省份制造业绿色进步效率并不高，使得整体制造业绿色进步效率不如东部区域，西部地区制造业在技术创新方面有较大的进步，从而使得该区域制造业绿色技术进步效率有好的提升。东北部区域在技术进步方面不比其他地区弱，不过从东北三省综合来看，其制造业绿色技术进步效率却是四大区域中最低的。

从现实情况看，我国区域自然资源分布差距显著，区域自然资源富裕度与区域经济发展程度出现错配，东部经济较其他地区经济发展更快，但东部自然资源丰裕度远不如中西部地区。本文实证研究发现，东部虽然自然资源丰裕度与资源型产业依赖度都低，但该区域自然资源禀赋对制造业绿色技术进步的影响有显著的推动作用且存在门槛效应。东北部区域的资源型产业依赖度对制造业绿色技术进步的影响也存在门槛效应，不过东部区域同东北部区域一样，当地对资源型产业依赖度越高，对当地制造业绿色技术进步的正向影响就会越弱。中部、西部区域自然资源丰富，对资源型产业依赖度较高，不过区域对制造业绿色技术存在不显著的负面影响，这可能是由于这两个区域产业结构还未能实现升级，导致地区发展对自然资源过于依赖，出现了资源型产业发展阻碍制造业绿色技术进步的现象。此外，各区域国际资本流入总量及其占整体的比例存在较大差异，这样的差异同样出现在其对各区域制造业绿色技术进步的作用上，东北部、中部及西部区域的资本流入会在一定程度上推动当地绿色技术进步，尤其是西部资本流入能持续显著地促进当地制造业绿色技术进步，而东部地区的国际资本流入没有体现出这样的促进作用。具体到技术创新的指标中，专利技术创新能显著促进西部区域全域制造业产业结构绿色升级，东部区域、中部区域专利技术创新只能对本地区制造业产业结构绿色升级产生正向空间效应，而东北部区域则是不能推进制造业产业结构绿色升级。研究人员数量能够对中、西部区域的制造业产业结构绿色升级产生显著的正向空间效应，研发投入在中部区域只对本地区制造业产业结构绿色升级产生正向空间效应，东北部区域研发投入能对全域及周围地区的制造业产业结构绿色升级产生正向空间效应。

显然，对于区域制造业的绿色转型发展，不能采取一刀切的方式进行安排，必须根据该地区的资源禀赋、国际化水平和经济水平等情况进行规划，依托原有的优势资源，建立利用效率高、结构调整快、减排效果突出的绿色转型方式。对于以铜、铁、煤等产业为主的资源型地区而言，应该围绕改造传统产业和培育新兴产业两条路径同步进行，在传统产业领域，要按照产能、效率、环保等要求巩固提升，致力于将传统以自然资源为主导的制造业向高端、新型、服务化方向融合，综合利用自然资源开发，寻求传统产业到新材料产业的转变，立足存量升级和增量转型的目标，实施产业低碳化、经济循环化、能效提升和结构优化、节能减排的行动，实现制造业发展方式的转变及制造业层次的提升，最终为资源型城市绿色转型发展提供支持。例如，我国工业和信息化部选定的第一批绿色转型发展试点地区中，湖北黄石地区的水泥产业以及青铜和钢铁都占据了重要地位，但随着大规模长时间的开采，资源已经进入枯竭状态，随之而来的便是传统产业发展能力下滑、环境问题突出以及失业等社会问题的出现，该地区的绿色转型迫在眉睫。具体而言，湖北黄石加大了铜、铝等金属的深加工力度，调整了建材生产结构，为传统产业的改造升级提供了基石；加快淘汰落后产能，遏制盲目扩张生产，关闭低效率高污染企业，并建立长效机制提供保障；大力发展新兴的电子信息、生物医药、高端装备制造和环保相关的产业，构筑绿色低碳产业的发展格局；为地区大型企业提供技术和经济等绿色转型支持，建设循环经济产业示范区，延伸拓展新型建材、铜产业、能源产业、农副加工等产业循环链；控制能源消费总量，重点监管大型企业的能源消费和改造，逐渐推进中小企业节能建设；开展污染治理，推动清洁生产，对大气污染和水污染等进行专项整治活动，并控制水资源的利用总量和利用效率，促进企业节水节能；提升传统能源效率，促进清洁能源的使用，大力发展可再生能源，优化能源结构；推动科技创新，对传统产业的关键环节进行技术攻关，强化制造业节能减排的技术创新和应用。根据黄石政府公布的数据，2020年湖北黄石空气质量优良天数比率达到89.9%，较2015年上升了22.8%；细颗粒物（PM2.5）年均浓度为35微克/立方米，较2015年下降了48.5%。化学需氧量、氨氮、二氧化硫、氮氧化物排放量与2015年相比分别下降13.34%、12.95%、24.04%、28.06%。监管方面共检查了290家重点企业，检查出132家企业的303个问题，实施256起行政罚款处罚，处罚金额约982.5万元，整改25个固体废物堆存问题点位，整治"散乱污"企业295家，获批国家大宗固体废物综合利用基地。最终，湖北黄石绿色转型工作取得积极成效，在全国形成了按需生产的"动态生产"、废弃物处置的"变废为宝"、资源多环节利用的"压榨"和一体化产业链循环四种典型的绿色转型发展模式。此外，我国著名的煤矿大省山西省，依托富饶的煤矿资源，获得了多年的经济红利，但也导致了巨大的环境问题，在全球控制温室气体排放、构筑绿色经济体系的背景下，山西省的经济发展也受到了限制，因此，其应该在富饶的煤矿基础上，延伸循环发展的路径。对于煤炭、火电两大山西地区传统优势产业，要按照优化效率、绿色环保的要求进行提升巩固，实现矿山地质环境恢复治理，加速推广煤炭清洁高效利用，并持续向高端化现代化转型，促进燃煤电厂绿色发展，从废弃物回收利用、粉煤灰综合利用、脱硫脱硝设备等方面提高传统产业的高效和绿色化水平，以园区作为循环经济的基础，合理布局园区设施和环境，为园区资源循环利用、能源阶梯利用、产业集聚发展提供助力，最终淘汰落后产能企业，优化制造业产业用能结构，优化资源利用效率，展开制造业绿色转型行动。根据山西朔州的官方数据，截至2018年年底，全市先后完成了75个重大节能技术改造项目，100多家陶瓷企业全部改燃煤为燃气；新建的所有燃煤电厂（含煤矸石发电）全部采用空冷技术，对传统的机组全部进行了超低排放改造，累计淘汰火电机组101.8万千瓦，淘汰落后水泥生产线11条、产能230万吨，淘汰电石产能6.8万吨，淘汰焦化产能20万吨。持续加快煤炭绿色开采步伐，2021年将煤炭总产能增至1.96亿吨/年，先进产能超过92%，三次产业结构得到优化，高端陶瓷、新能源、碳基新材料、生物医药、草牧业和农产品深加工等非煤产业加快发展，战略性新兴产业增加值年均增幅高出煤炭行业4.7个百分点，环境指标持续向好，绿色化水平逐渐提升，制造业绿色转型稳步进行。

7.2.3 转变思维主动谋求制造业绿色转型

通过对我国整体和区域制造业绿色转型发展的相关实证分析，结合我国首批区域制造业绿色转型发展试点的实践结果，本书认为未来持续推进我国总体和区域制造业绿色转型发展应该坚持因地制宜、分类精准规划。特别地，对于那些传统经济发展所依托的资源趋于枯竭的地区，进行绿色转型发展最大的阻碍在于高端技术人才和资本的缺乏，一方面，国家政策应该从宏观上帮助重难点地区绿色转型，例如加大教育和培训相关的支持，提高劳动者的就业能力和职业技能水平等；另一方面，当地必须主动谋求转型发展策略，放弃原有的等待、依靠、要求等依赖心理，舍去原有资源惯性利用思维，找准方向，积极主动从资源、人力、资金、文化底蕴、自然环境等全方位考察区域优劣势，重新定位政策规划，构建切实有效的符合新时代要求的发展格局。

一般而言，经济发展依托的资源趋于枯竭的地区，受制于生命周期、环境自净能力和资源储备造成的矛盾积累，往往存在环境污染严峻、转型改革困难大、负担大而问题多，需要支持援助的程度相对更大的情况。具体看来，大部分资源枯竭问题的地区依赖于矿产资源，也是我国大力发展工业，走向制造大国的重要功臣，但随着自然资源的逐渐开采耗尽，单纯依靠资源的城市和生产企业都进入衰落状态，并伴随着暴露出高失业率、低竞争力、城市新贫困等一系列问题。对于资源枯竭型地区的制造业绿色转型，不可避免地会出现大量低文化水平和低技能的劳动力被淘汰，而又无法通过现有条件解决再就业的问题，导致城市中家庭收入水平降低，低收入人群比例增加，对社会保障的要求和压力增大。同时，由于曾经对资源的大规模开采，人们的生活区与生产制造的工业区混杂，环境问题改革困难重重。

从短期看，由于以资源为导向的产业发展势头和经济效益更具优势，因此，多年来挤占了非资源产业的发展，表现为第二产业的比例显著更高，甚至出现一家独大的情况，对优越的自然资源严重依赖，普遍存在产业发展层次低，主要以初加工为生产目标的特点。而自然资源的分布和开发遗留了一系列的空间问题，城市功能区结构混乱，空间拓展受限，也对新兴产业的建立和发展形成了一定的阻碍。因此，还需要对城市的内部功能和空间布局进行优化调整，从地理位置上为绿色园区、绿色产业链、绿色供应链等提供助力。除此之外，对于经济发展所依托的资源趋于枯竭的地区，往往已经出现了经济下滑、环境污染等问题，高级人才留不住引不来，而绿色转型发展需要大量的资金、人才的集聚作为保障，导致地区技术进步和新兴产业支持能力不足。总体而言，我国资源枯竭型的地区，针对其资源的特性、资源禀赋条件、地理区位等具体情况，应该从意识方面、生态环境方面、传统产业升级方面和新兴产业培育方面等采取措施主动寻求制造业绿色转型发展。

意识方面，为了帮助重点难点区域进行绿色转型发展，我国中央政府对于资源枯竭型城市已经出台了相关的支持政策，但这并不意味着这类型的地区可以将绿色转型发展的希望寄托于国家帮扶或者秉持资源利用的惯性思维，而必须首先从意识上主动谋求转型，强化危机意识、竞争意识、创新意识，积极从资金、人才、地理位置、历史人文等层面分析自身优劣，分步骤、有计划、多方位地进行考察定位，构建主动进行绿色转型的思维模式。生态环境方面，资源枯竭型城市过去因资源而兴盛，但同时也带来了环境的沉重负担，严格落实污染物排放总量和排放标准，强化环境监察机制，进行环境恢复、生态环保的改革并不是对已有条件和历史的全盘否定，以矿产资源型城市为例，废弃矿山不仅可以实施植树造林的恢复工程，还可以变废为宝形成工业历史和遗迹景观，发展旅游文化产业。传统产业升级方面，切实按照差异化发展思路，对具有特色的强势产业，通过税收激励、信贷支持、要素倾斜、产学研合作等手段，从产业链构建、生产力布局、循环化改造等多角度入手，打造资源利用率高、技术水平高的绿色化企业和园区，搭建绿色信息平台，培育支持传统制造业产业的绿色化服务体系。对于自身无法实现产业转型而借助外部力量又不可行或者成本过高的特殊困难地区，可以采取空间转移的方式，将劳动力和相关企业整体或者部分搬迁，缩小传统城市发展规模，寻求新的发展道路。新兴产业培育方面，从发达国家的现代化进程和经验看，推进制造业绿色转型发展是要建立低耗能高效率的高端化、智能化和绿色化的制造体系，以技术创新作为驱动力，实行集约化生产，提高效益和效率，深化互联网、大数据、人工智能等与制造业的结合，打造具有影响力的高端品牌，突破清洁生产和绿色制造的核心技术，建立循环制造体系，实现服务型制造业和制造业价值链攀升。具体从我国制造业绿色转型发展的实施路径看，应该以需求为导向，以现有优势企业为依托，培育节能环保的新兴产业，从技术、业态和模式多层面引领绿色转型。

7.2.4 政策体系推动制造业绿色转型

我国地域辽阔，生态类型多样，森林、湿地、草原、荒漠、海洋等生态系统均有分布，但生态资源并不乐观，中度以上生态脆弱区域占全国陆地国土空间的55%，其中极度脆弱区域占9.7%，重度脆弱区域占19.8%，中度脆弱区域占25.5%，而生态一旦遭遇破坏，恢复起来的难度和成本都非常大。环境问题不仅体现在水土流失、沙漠化、森林破坏、空气污染等对自然的破坏，还导致经济发展和人们的生活水平受到极大影响。因此，为了适应全球低碳环保的新要求，创造新的经济增长点，我国应持续为绿色制造的理念、绿色制造体系、绿色技术创新等提供大力支持，通过宏观战略和规划为制造业绿色转型指明大方向，同时释放出未来的产业发展信号和经济走向，也是地方政府具体实施行动计划和举措的重要参考。

目前我国已经出台了许多有关制造业产业发展的国家和地区政策，未来还可以从更广泛更深入的方面推进政策体系的构建，为制造业绿色转型发展提供助力。具体而言，对于生态脆弱的地区，要用政策推动低能耗、低污染的环境优化型产业，强化降低地区排放总量；对于环境问题已经较为严重的地区，还要辅之以针对性恢复措施，根据环境承载能力拟定产业排放和能效门槛等，改善环境的质量。在引领制造业绿色转型时，还可以通过大力保护知识产权、维护核心技术进步收益的途径，拉动绿色研发设计和工艺，促进制造业绿色发展关键技术的研发创新，此外，对于低能耗、低污染、低排放的新材料和新型包装也可以通过政策进行开发、应用和推广，以保护机制推动绿色技术创新和产业转型。制造业绿色转型发展大部分情况下会涉及与大数据、互联网等信息技术融合，例如制造业企业自动采集和检测能耗的能源智能化管理系统，让制造业企业单打独斗各自与互联网企业联络合作，效率相对更低，由于信息不对称、地位不对等情况的存在，还容易导致合作无法顺利进行，而通过政府作为中间人，以政策规范为基础，能够大大促进信息技术与制造业的融合发展。此外，制造企业本身以及监管机构还有制造能效等大数据分析和挖掘系统的需求，开发绿色大数据服务平台，有利于当地乃至全国的绿色大数据平台的建立。因此，政府机关特别是地区政府形成一套行之有效的绿色合作促进政策和举措，能够加速地区制造业绿色转型精细化发展，发掘诊断当地企业绿色转型潜力，实时监控绿色指数评价指标。众所周知，"一带一路"倡议取得了积极成效，中国与沿线国家双边和多边合作机制搭建了经济合作伙伴关系，共同打造政治互信、经济融合、文化包容的利益共同体、命运共同体和责任共同体。

我国的制造业绿色转型发展也应该充分考虑国家发展战略中的机遇，积极响应国家政策号召，将绿色科技和绿色制造产业引进来，进行快速发展和学习，将我国高端具有优势地位的制造业产品送出去，紧跟全球绿色科技的前沿，加强与国际社会之间的绿色研发、技术创新和节能低碳等相关领域的合作交流，政府可以进一步鼓励国内外科研机构和制造企业联动，搭建涉及范围更广、参与机构更多的交流平台，为绿色制造、节能减排、清洁技术、气候控制等构建互惠互通的场景，建立政府、科研机构、组织协会和企业之间联动发展的长效机制。

参考文献

[1] ALGUACIL M, CUADROS A, ORTS V. Inward FDI and growth: the role of macroeconomic and institutional environment [J]. Journal of policy modeling, 2011, 33 (3): 481-496.

[2] ANG G, RöTTGERS D, BURLI P. The empirics of enabling investment and innovation in renewable energy [J]. 2017.

[3] ARIF U, ARIF A, KHAN F N. Environmental impacts of FDI: evidence from heterogeneous panel methods [J]. Environmental science and pollution research, 2022, 29 (16): 23639-23649.

[4] BANSAL P. Evolving sustainably: a longitudinal study of corporate sustainable development [J]. Strategic management journal, 2005, 26 (3): 197-218.

[5] BARNETT M L. Stakeholder influence capacity and the variability of financial returns to corporate social responsibility [J]. Academy of management review, 2007, 32 (3): 794-816.

[6] BI K X, WANG Y H, YANG C J. Study on the influence of FDI on China's green innovation in manufacturing system [C] //Applied mechanics and materials. trans tech publications Ltd, 2014, 448: 4571-4576.

[7] BLACKMAN A, LI Z, LIU A A. Efficacy of command-and-control and market-based environmental regulation in developing countries [J]. Annual review of resource economics, 2018, 10: 381-404.

[8] BORSATTO J M L S, BAZANI C L. Green innovation and environmental regulations: a systematic review of international academic works [J]. Environmental science and pollution research, 2021, 28 (45): 63751-63768.

[9] DORNFELD D A. Moving towards green and sustainable manufacturing [J]. International journal of precision engineering and manufacturing-green technology, 2014, 1 (1): 63-66.

[10] FANG C, CHENG J, ZHU Y, et al. Green total factor productivity of extractive industries in China: an explanation from technology heterogeneity [J]. Resources policy, 2021 (70): 101933.

[11] GARETTI M, TAISCH M. Sustainable manufacturing: trends and research challenges [J]. Production planning & control, 2012, 23 (2-3): 83-104.

[12] GENG Y, DOBERSTEIN B. Greening government procurement in developing countries: building capacity in China [J]. Journal of environmental management, 2008, 88 (4): 932-938.

[13] GILG A, BARR S, FORD N. Green consumption or sustainable lifestyles? Identifying the sustainable consumer [J]. Futures, 2005, 37 (6): 481-504.

[14] GREUNZ L. Industrial structure and innovation-evidence from European regions [J]. Journal of evolutionary economics, 2004, 14 (5): 563-592.

[15] GRISKEVICIUS V, TYBUR J M, VAN DEN BERGH B. Going green to be seen: status, reputation, and conspicuous conservation [J]. Journal of personality and social psychology, 2010, 98 (3): 392.

[16] GUTOWSKI T, MURPHY C, ALLEN D, et al. Environmentally benign manufacturing: observations from Japan, Europe and the United States [J]. Journal of cleaner production, 2005, 13 (1): 1-17.

[17] HE J. Pollution haven hypothesis and environmental impacts of foreign direct investment: the case of industrial emission of sulfur dioxide (SO2) in Chinese provinces [J]. Ecological economics, 2006, 60 (1): 228-245.

[18] HERTWICH E G, PETERS G P. Carbon footprint of nations: a global, trade-linked analysis. [J]. Environmental science & technology, 2009, 43 (16): 6414-20.

[19] HU G, WANG X, WANG Y. Can the green credit policy stimulate green innovation in heavily polluting enterprises? Evidence from a quasi-natural experiment in China [J]. Energy economics, 2021 (98): 105134.

[20] HU J, WANG Z, LIAN Y, et al. Environmental regulation, foreign direct investment and green technological progress—evidence from Chinese manufacturing industries [J]. International journal of environmental research and public health, 2018, 15 (2): 221.

[21] JAFFE A B, NEWELL R G, STAVINS R N. A tale of two market failures: technology and environmental policy [J]. Ecological economics, 2005, 54 (2

−3）：164−174.

［22］ KATHURIA V. Informal regulation of pollution in a developing country：evidence from India ［J］. Ecological economics, 2007, 63 （2−3）：403−417.

［23］ KORTELAINEN M. Dynamic environmental performance analysis：a malmquist index approach ［J］. Ecological economics, 2008, 64 （4）：701−715.

［24］ KUMAR S. Environmentally sensitive productivity growth：a global analysis using malmquist−luenberger index ［J］. Ecological economics, 2006, 56 （2）：280−293.

［25］ LANGPAP C. Voluntary agreements and private enforcement of environmental regulation ［J］. Journal of regulatory economics, 2015, 47 （1）：99−116.

［26］ LEE K, LIM C. Technological regimes, catching−up and leapfrogging：findings from the Korean industries ［J］. Research policy, 2001, 30 （3）：459−483.

［27］ LEMA R, LEMA A. Technology transfer? The rise of China and India in green technology sectors ［J］. Innovation and development, 2012, 2 （1）：23−44.

［28］ LEONIDOU C N, KATSIKEAS C S, MORGAN N A. "Greening" the marketing mix：do firms do it and does it pay off? ［J］. Journal of the Academy of marketing Science, 2013, 41 （2）：151−170.

［29］ LI Y, WU Y, CHEN Y, et al. The influence of foreign direct investment and trade opening on green total factor productivity in the equipment manufacturing industry ［J］. Applied economics, 2021, 53 （57）：6641−6654.

［30］ MALERBA F. Innovation and the dynamics and evolution of industries：progress and challenges ［J］. International journal of industrial organization, 2007, 25 （4）：675−699.

［31］ MIROSHNYCHENKO I, BARONTINI R, TESTA F. Green practices and financial performance：a global outlook ［J］. Journal of cleaner production, 2017 （147）：340−351.

［32］ MOL A P J. Environment and modernity in transitional China：frontiers of ecological modernization ［J］. Development and change, 2006, 37 （1）：29−56.

［33］ PERINO G, REQUATE T. Does more stringent environmental regulation induce or reduce technology adoption? When the rate of technology adoption is inverted U−shaped ［J］. Journal of environmental economics and management, 2012, 64 （3）：456−467.

[34] PUJARI D, WRIGHT G, PEATTIE K. Green and competitive: influences on environmental new product development performance [J]. Journal of business research, 2003, 56 (8): 657-671.

[35] RENNINGS K, RAMMER C. The impact of regulation-driven environmental innovation on innovation success and firm performance [J]. Industry and innovation, 2011, 18 (3): 255-283.

[36] ROUF K A. Green microfinance promoting green enterprise development [J]. Humanomics, 2012, 28 (2): 148-161.

[37] RUBASHKINA Y, GALEOTTI M, VERDOLINI E. Environmental regulation and competitiveness: empirical evidence on the Porter Hypothesis from European manufacturing sectors [J]. Energy Policy, 2015 (83): 288-300.

[38] SACHS J D, WARNER A M. The curse of natural resources [J]. European economic review, 2001, 45 (4-6): 827-838.

[39] SINGHANIA M, SAINI N. Demystifying pollution haven hypothesis: Role of FDI [J]. Journal of business research, 2021 (123): 516-528.

[40] TONE K. A slacks-based measure of efficiency in data envelopment analysis [J]. European journal of operational research, 2001, 130 (3): 498-509.

[41] TSAI M T, CHUANG L M, CHAO S T, et al. The effects assessment of firm environmental strategy and customer environmental conscious on green product development [J]. Environmental monitoring and assessment, 2012, 184 (7): 4435-4447.

[42] UNOLD R W. On the incentives created by policy instruments to adopt advanced abatement technology if firms are asymmetric [J]. Journal of institutional & theoretical economics, 2001, 157 (4): 536-554.

[43] VAN VUGT M. Averting the tragedy of the commons: using social psychological science to protect the environment [J]. Current directions in psychological science, 2009, 18 (3): 169-173.

[44] VOEGTLIN C, SCHERER A G. Responsible Innovation and the Innovation of responsibility: governing sustainable development in a globalized world [J]. Social science electronic publishing, 2017, 143 (2): 227-243.

[45] WAGNER U J, TIMMINS C D. Agglomeration effects in foreign direct investment and the pollution haven hypothesis [J]. Environmental and resource economics, 2009, 43 (2): 231-256.

[46] WANG G, LIU S. Is technological innovation the effective way to achieve the "double dividend" of environmental protection and industrial upgrading? [J]. Environmental science and pollution research, 2020, 27 (15): 18541-18556.

[47] WANG H. Pollution regulation and abatement efforts: evidence from China [J]. Ecological economics, 2002, 41 (1): 85-94.

[48] WANG Y, SHEN N. Environmental regulation and environmental productivity: the case of China [J]. Renewable and sustainable energy reviews, 2016, 62: 758-766.

[49] WANG Y, ZHI Q. The role of green finance in environmental protection: two aspects of market mechanism and policies [J]. Energy procedia, 2016 (104): 311-316.

[50] WONG C W Y, LAI K, SHANG K C, et al. Green operations and the moderating role of environmental management capability of suppliers on manufacturing firm performance [J]. International journal of production economics, 2012, 140 (1): 283-294.

[51] XIE R, YUAN Y, HUANG J. Different types of environmental regulations and heterogeneous influence on "green" productivity: evidence from China [J]. Ecological economics, 2017 (132): 104-112.

[52] ZHAO X, YIN H, ZHAO Y. Impact of environmental regulations on the efficiency and CO2 emissions of power plants in China [J]. Applied energy, 2015 (149): 238-247.

[53] ZHAO X, ZHAO Y, ZENG S, et al. Corporate behavior and competitiveness: impact of environmental regulation on Chinese firms [J]. Journal of cleaner production, 2015, 86: 311-322.

[54] ZHU H, DUAN L, GUO Y, et al. The effects of FDI, economic growth and energy consumption on carbon emissions in ASEAN-5: evidence from panel quantile regression [J]. Economic modelling, 2016 (58): 237-248.

[55] ZHU S, HE C, LIU Y. Going green or going away: environmental regulation, economic geography and firms' strategies in China's pollution-intensive industries [J]. Geoforum, 2014 (55): 53-65.

[56] ZHU X, CHIONG R, LIU K, et al. Dilemma of introducing a green product: impacts of cost learning and environmental regulation [J]. Applied mathematical modelling, 2021 (92): 829-847.

[57] 白志远. 政府采购政策研究 [M]. 武汉：武汉大学出版社, 2016.

[58] 包群, 吕越, 陈媛媛. 外商投资与我国环境污染：基于工业行业面板数据的经验研究 [J]. 南开学报（哲学社会科学版）, 2010 (3)：93-103.

[59] 北京师范大学. 2017—2018 中国绿色发展指数报告：区域比较 [M]. 北京：经济日报出版社. 2019

[60] 曾堃, 刘松龄, 俞敏. 广州零散工业用地调整策略研究：基于创新型产业发展视角 [J]. 城市规划, 2017, 41 (10)：60-67.

[61] 陈凡, 周民良. 国家级承接产业转移示范区是否加剧了地区环境污染？[J]. 山西财经大学学报, 2019, 41 (10)：42-54.

[62] 陈凡, 周民良. 国家级承接产业转移示范区是否推动了产业结构转型升级？[J]. 云南社会科学, 2020 (1)：104-110.

[63] 陈劲, 刘景江, 杨发明. 绿色技术创新审计实证研究 [J]. 科学学研究, 2002 (1)：107-112.

[64] 陈剩勇, 马斌. 区域间政府合作：区域经济一体化的路径选择 [J]. 政治学研究, 2004 (1)：24-34.

[65] 陈志恒, 纪希春. 低碳经济全球博弈视角下的中国战略和竞争策略 [J]. 甘肃社会科学, 2019 (4)：209-215.

[66] 崔宇明, 常云昆. 环境经济外部性的内部化路径比较分析 [J]. 开发研究, 2007 (3)：40-43.

[67] 杜建国, 徐玉环. 环境亏欠感对绿色产品消费的影响研究 [J]. 西安交通大学学报（社会科学版）, 2022, 42 (4)：86-96.

[68] 高翔, 何欢浪. 清洁生产、绿色转型与企业产品质量升级 [J]. 统计研究, 2021, 38 (7)：64-75.

[69] 郭朝先. 产业融合创新与制造业高质量发展 [J]. 北京工业大学学报（社会科学版）, 2019, 19 (4)：49-60.

[70] 海琴, 高启杰. 资源密集地区区域创新能力挤出效应研究 [J]. 科技进步与对策, 2020, 37 (19)：41-50.

[71] 何兴强, 欧燕, 史卫, 等. FDI技术溢出与中国吸收能力门槛研究 [J]. 世界经济, 2014, 37 (10)：52-76.

[72] 黄德春, 刘志彪. 环境规制与企业自主创新：基于波特假设的企业竞争优势构建 [J]. 中国工业经济, 2006 (3)：100-106.

[73] 季良玉. 技术创新对中国制造业产业结构升级的影响：基于融资约束的调节作用 [J]. 技术经济, 2018, 37 (11)：30-36.

［74］贾瑞跃，赵定涛. 工业污染控制绩效评价模型：基于环境规制视角的实证研究［J］. 系统工程，2012，30（6）：1-9.

［75］江小国，何建波，方蕾. 制造业高质量发展水平测度、区域差异与提升路径［J］. 上海经济研究，2019（7）：70-78.

［76］姜泽华，白艳. 产业结构升级的内涵与影响因素分析［J］. 当代经济研究，2006（10）：53-56.

［77］解学梅，韩宇航. 本土制造业企业如何在绿色创新中实现"华丽转型"?：基于注意力基础观的多案例研究［J］. 管理世界，2022，38（3）：76-106.

［78］景维民，张璐. 环境管制、对外开放与中国工业的绿色技术进步［J］. 经济研究，2014，49（9）：34-47.

［79］李斌，李倩，祁源. FDI 技术溢出对高技术产业技术进步的门槛效应研究：基于吸收能力与金融发展视角的门限模型检验［J］. 国际商务（对外经济贸易大学学报），2016（3）：74-84.

［80］李杰. 产业结构演进的一般规律及国际经验比较［J］. 经济问题，2009（6）：31-34.

［81］李凯杰. 技术进步、经济增长与碳排放［M］. 北京：中国经济出版社，2017.

［82］李廉水，杜占元. 中国制造业发展研究报告［M］. 北京：科学出版社，2008.

［83］李廉水. 中国制造业发展研究报告［M］. 北京：北京大学出版社，2016.

［84］李强. 环境规制与产业结构调整：基于 Baumol 模型的理论分析与实证研究［J］. 经济评论，2013（5）：100-107，146.

［85］李新功. 中国制造业技术创新和产业升级演变［M］. 北京：中国经济出版社，2018.

［86］梁敏，曹洪军，陈泽文. 环境规制、环境责任与企业绿色技术创新［J］. 企业经济，2021，40（11）：15-23.

［87］刘丹，姚平. 资源型城市产业转型中的创新协同驱动路径分析［J］. 管理现代化，2011（6）：10-12.

［88］刘英基. 制造业国际竞争力提升的绿色技术进步驱动效应：基于中国制造业行业面板数据的实证分析［J］. 河南师范大学学报（哲学社会科学版），2019，46（5）：46-52.

［89］刘友金，周健. 变局中开新局：新一轮国际产业转移与中国制造业的未来［J］. 湖南科技大学学报（社会科学版），2021，24（2）：63-70.

［90］吕铁，刘丹. 制造业高质量发展：差距、问题与举措［J］. 学习与探索，2019（1）：111-117.

［91］毛琦梁，王菲. 区域非均衡发展与产业转移的内生机制研究［J］. 生态经济，2017，33（11）：73-81.

［92］孟庆民. 区域经济一体化的概念与机制［J］. 开发研究，2001（2）：47-49.

［93］孟望生，张扬. 自然资源禀赋、技术进步方式与绿色经济增长：基于中国省级面板数据的经验研究［J］. 资源科学，2020，42（12）：2314-2327.

［94］孟耀，绿色投资问题研究［M］. 大连：东北财经大学出版社，2008.

［95］聂雷，王圆圆，张静，等. 资源型城市绿色转型绩效评价：来自中国114个地级市的检验［J］. 技术经济，2022，41（4）：141-152.

［96］秦鹏. 政府绿色采购：逻辑起点、微观效应与法律制度［J］. 社会科学，2007（7）：69-76.

［97］邵帅，齐中英. 西部地区的能源开发与经济增长：基于"资源诅咒"假说的实证分析［J］. 经济研究，2008（4）：147-160.

［98］沈能，刘凤朝. 高强度的环境规制真能促进技术创新吗?：基于"波特假说"的再检验［J］. 中国软科学，2012（4）：49-59.

［99］生态环境部应对气候变化司. 全面推进碳减排 积极探索低碳化发展［J］. 环境保护，2018，46（15）：12-14.

［100］盛斌，吕越. 外国直接投资对中国环境的影响：来自工业行业面板数据的实证研究［J］. 中国社会科学，2012（5）：54-75，205-206.

［101］史丹，李鹏. 中国工业70年发展质量演进及其现状评价［J］. 中国工业经济，2019（9）：5-23.

［102］斯丽娟，曹昊煜. 绿色信贷政策能够改善企业环境社会责任吗：基于外部约束和内部关注的视角［J］. 中国工业经济，2022（4）：137-155.

［103］苏冬蔚，连莉莉. 绿色信贷是否影响重污染企业的投融资行为?［J］. 金融研究，2018（12）：123-137.

［104］孙博文，李雪松，伍新木，等. 长江经济带市场一体化与经济增长互动研究［J］. 预测，2016，35（1）：1-7.

[105] 孙兰. 企业绿色技术转型: 需求、竞争与政策: 基于多阶段博弈模型 [J]. 科技管理研究, 2022, 42 (12): 179-187.

[106] 谭娟, 陈晓春. 基于产业结构视角的政府环境规制对低碳经济影响分析 [J]. 经济学家, 2011 (10): 91-97.

[107] 唐未兵, 傅元海, 王展祥. 技术创新、技术引进与经济增长方式转变 [J]. 经济研究, 2014, 49 (7): 31-43.

[108] 田江海, 绿色经济与绿色投资 [M]. 北京. 中国市场出版社, 2010.

[109] 童健, 刘伟, 薛景. 环境规制、要素投入结构与工业行业转型升级 [J]. 经济研究, 2016, 51 (7): 43-57.

[110] 万攀兵, 杨冕, 陈林. 环境技术标准何以影响中国制造业绿色转型: 基于技术改造的视角 [J]. 中国工业经济, 2021 (9): 118-136.

[111] 万永坤. 西部欠发达地区产业转移承接效应的实证分析 [J]. 兰州大学学报 (社会科学版), 2011, 39 (3): 104-108.

[112] 汪朝阳. 外资开放如何影响绿色全要素生产率 [J]. 经济与管理评论, 2021, 37 (1): 138-149.

[113] 王锋正. 生态经济视角下西部资源型企业自主创新能力的培育机理研究 [D]. 呼和浩特: 内蒙古大学, 2007.

[114] 王金杰, 王庆芳, 刘建国, 等. 协同视角下京津冀制造业转移及区域间合作 [J]. 经济地理, 2018, 38 (7): 90-99.

[115] 王馨, 王营. 绿色信贷政策增进绿色创新研究 [J]. 管理世界, 2021, 37 (6): 173-188, 11.

[116] 王永祯. 继续实行 "六优先" 方针, 保证轻纺工业持续增长 [J]. 经济管理, 1983 (7): 3.

[117] 肖德, 侯佳宁. 环境规制技术诱导作用与清洁生产模式对制造业出口竞争力的影响研究 [J]. 工业技术经济, 2018, 37 (10): 150-160.

[118] 肖江平. 资源环境约束与中国钢铁企业竞争力研究, 中国地质大学出版社, 2012.

[119] 谢建国. 外商直接投资对中国的技术溢出: 一个基于中国省区面板数据的研究 [J]. 经济学 (季刊), 2006 (3): 1109-1128.

[120] 谢云飞, 黄和平, 徐斌. 环境规制对产业结构升级的影响研究: 以我国 2005—2017 年省际面板数据为例 [J]. 城市与环境研究, 2021 (3): 56-76.

[121] 辛国斌. 以制造业高质量发展引领建设制造强国 [J]. 中国科技产业, 2018 (8): 12-13.

[122] 邢新朋, 梁大鹏, 宫再静. 资源禀赋对低碳发展的影响机制研究 [J]. 系统工程学报, 2014, 29 (5): 628-639.

[123] 徐现祥, 李郇. 市场一体化与区域协调发展 [J]. 经济研究, 2005 (12): 57-67.

[124] 薛曜祖. 环境规制的产业结构效应: 理论与实证分析 [J]. 统计与信息论坛, 2016, 31 (8): 39-46.

[125] 杨朝飞. 转变政府管理职能 创新环境经济政策 [J]. 环境保护, 2008 (13): 4-10.

[126] 杨德锋, 杨建华, 楼润平, 等. 利益相关者、管理认知对企业环境保护战略选择的影响: 基于我国上市公司的实证研究 [J]. 管理评论, 2012, 24 (3): 140-149.

[127] 殷宝庆. 环境规制与我国制造业绿色全要素生产率: 基于国际垂直专业化视角的实证 [J]. 中国人口·资源与环境, 2012, 22 (12): 60-66.

[128] 余晖. 中国的政府管制制度 [J]. 改革, 1998 (3): 92-102.

[129] 袁宝龙. 环境规制与制造业生态效率研究 [M]. 西安: 西安交通大学出版社. 2018: 17.

[130] 原毅军, 谢荣辉. 环境规制的产业结构调整效应研究: 基于中国省际面板数据的实证检验 [J]. 中国工业经济, 2014 (8): 57-69.

[131] 张崇辉, 苏为华, 曾守桢. 基于CHME理论的环境规制水平测度研究 [J]. 中国人口·资源与环境, 2013, 23 (1): 19-24.

[132] 张红凤. 制约、双赢到不确定性: 环境规制与企业竞争力相关性研究的演进与借鉴 [J]. 财经研究, 2008 (7): 16-26.

[133] 张珍旭, 李小苹. 浅析环境污染强制责任保险制度优化路径: 以《环境污染强制责任保险管理办法 (草案) 》为视域 [J]. 长春理工大学学报 (社会科学版), 2019, 32 (4): 37-43, 48.

[134] 赵玉民, 朱方明, 贺立龙. 环境规制的界定、分类与演进研究 [J]. 中国人口·资源与环境, 2009, 19 (6): 85-90.

[135] 郑红霞, 王毅, 黄宝荣. 绿色发展评价指标体系研究综述 [J]. 工业技术经济, 2013, 33 (2): 142-152.

[136] 郑威, 陆远权. 创新驱动对产业结构升级的溢出效应及其衰减边界 [J]. 科学学与科学技术管理, 2019, 40 (9): 75-87.

[137] 周国熠，万里虹. 我国环境污染责任保险试点及相关问题探析 [J]. 保险研究，2009（5）：95-98.

[138] 诸大建. 绿色经济新理念及中国开展绿色经济研究的思考 [J]. 中国人口·资源与环境，2012，22（5）：40-47.

附录

附录1 各地区构建绿色制造体系主要政策文件

附表 1-1

省 （自治区、 直辖市）	名称	时间	主要内容
北京	《北京绿色制造实施方案》	2016 年 5 月	聚焦五大领域（绿色材料、绿色产品、绿色工厂、绿色供应链、绿色园区），提升绿色发展水平；并提出"十三五"时期绿色制造主要指标
天津	《天津市工业绿色制造体系建设实施方案》	2017 年 3 月	发挥标准体系在绿色制造体系建设中的引领作用，加快制定绿色工厂、绿色产品、绿色园区、绿色供应链、绿色企业以及绿色评价与服务等标准
河北	《河北省绿色制造体系建设实施方案》	2017 年 3 月	到 2020 年，建成 10 家绿色示范园区和 100 家绿色示范工厂，开发一批绿色产品，创建一批绿色供应链管理企业，初步建立高效、清洁、低碳、循环的绿色制造体系
	《2019 年工业转型升级绿色制造工程实施方案》	2019 年 10 月	以绿色工厂、绿色园区、绿色产品和绿色供应链试点示范为抓手，持续打造绿色制造先进典型，引领重点行业绿色转型，加快建立高效、清洁、低碳、循环的绿色制造体系

省 (自治区、 直辖市)	名称	时间	主要内容
山西	《山西省绿色制造体系建设实施方案》	2017年	深化国家级朔州区域工业绿色发展试点、在10个产业集聚区开展"资源节约型、环境友好型"产业共存生态绿色示范园区创建活动、选定50户企业开展"绿色工厂"创建活动、培育100个（或类）绿色产品、推进一批绿色改造重点项目、培育30余户绿色制造专业服务队伍
内蒙古	《内蒙古自治区绿色制造体系建设实施方案》（2017—2020年)	2017年12月	以促进全产业链和产品全生命周期绿色发展为目标，以绿色工厂、绿色设计产品、绿色园区、绿色供应链建设为重点，加强政府引导，加大政策支持，强化示范引领，促进形成市场化机制，逐步构建高效、清洁、低碳、循环的绿色制造体系，推进我区工业绿色发展
辽宁	《辽宁省污染防治与生态建设和保护攻坚行动计划（2017—2020年)》	2017年5月	推进绿色制造和绿色产品供给，鼓励企业发展绿色技术、绿色设计、绿色产品，强化产品全生命周期绿色管理，提升产品绿色环保低碳水平。到2020年，创建一批绿色工厂、绿色园区，培育一批绿色产品，绿色制造体系初步建立
辽宁	《辽宁省"十四五"生态经济发展规划》	2022年1月	推进绿色化转型：推动产品绿色低碳设计、加大绿色低碳产品供给、打造绿色制造先进典型
吉林	《关于推动制造业绿色发展的指导意见》	2017年10月	加快发展"吉林特色"的绿色制造产业
吉林	《吉林省绿色制造体系建设实施方案》	2019年7月	以促进全产业链和产品全生命周期绿色发展为目的，以企业为建设主体，以第三方评价机制和标准体系为基础，以绿色工厂、绿色产品、绿色园区、绿色供应链为绿色制造体系的主要内容

省 （自治区、 直辖市）	名称	时间	主要内容
黑龙江	《黑龙江省绿色制造体系建设实施方案》	2017年5月	向工信部推荐一批绿色产品、绿色工厂、绿色园区和绿色供应链，争取列入国家绿色制造体系建设示范名单
	《黑龙江省"十四五"生态环境保护规划》	2021年12月	推动工业绿色转型升级，加快建立绿色供应链，培育一批具有产业生态主导力的领军企业，带动全产业链优化升级，建成绿色工厂100家，绿色工业园区2个
	《黑龙江省"十四五"工业节能与绿色发展规划》	2021年12月	绿色制造体系全面建立。全面构建绿色制造体系，加快绿色低碳循环发展模式，促进工业绿色化转型。到2025年，创建省级及以上绿色工厂100家、绿色工业园区2个、绿色设计示范企业2户
上海	《上海市绿色制造体系建设实施方案（2018—2020年）》	2018年7月	推进绿色制造体系建设，全市建设100个绿色工厂、20个绿色园区，开发100项绿色产品，打造10条绿色供应链，创建一批国家级绿色制造示范单位，部分企业、园区绿色化水平达到国际领先，培育一批具有特色的专业化绿色制造服务机构，绿色制造产业发展壮大，高效、清洁、低碳、循环的绿色制造体系初步建立
	《上海市绿色制造体系建设实施方案（2021—2025年）》	2021年6月	"十四五"末，创建200家以上绿色制造示范单位，打造一批国家级示范，推进10家绿色设计和零碳工厂试点，推动长三角绿色生态一体化示范区、自贸区临港新片区新建企业绿色工厂全覆盖，全市重点用能企业绿色创建占比达25%以上，绿色产品供给量大幅提升，绿色制造水平显著提升
江苏	《江苏省绿色制造体系建设实施方案》	2016年	主要建设内容：绿色产品、绿色园区、绿色工厂、绿色供应链
	《江苏省"十四五"制造业高质量发展规划》	2021年8月	落实碳达峰碳中和目标要求，大力实施绿色制造工程，推动重点行业节能、降碳、清洁生产水平大幅提升，基本形成全省制造业绿色安全发展方式

省 （自治区、 直辖市）	名称	时间	主要内容
浙江	《浙江省绿色制造体系建设实施方案（2018—2020）》	2018 年 5 月	实施主要内容：创建绿色工厂、开发绿色产品、建设绿色园区、打造绿色供应链、培育绿色制造服务体系
安徽	《中国制造 2025安徽篇》	2015 年 11 月	推动绿色制造：支持企业开发绿色产品，推行生态设计，建设绿色工厂和绿色园区，打造绿色供应链，壮大绿色产业，强化绿色监管，开展绿色评价
安徽	《关于扎实推进绿色发展着力打造生态文明建设安徽样板实施方案》	2016 年 8 月	发展绿色产业：全面推行绿色制造，开展工业产品生态设计试点示范、工业机电产品再制造试点示范，加强绿色产品研发应用
安徽	《安徽省经济和信息化厅关于实施高水平技术改造升级推动制造业高质量发展的通知》	2019 年 2 月	构建绿色产品、绿色工厂、绿色工业园区、绿色供应链"四位一体"的绿色制造体系
福建	《福建省绿色制造体系创建实施方案》	2018 年 10 月	力争建成 50 家绿色工厂、10 家绿色园区，开发 200 个绿色设计产品，创建若干绿色供应链，建立评审专家库，培育一批"福建省工业节能与绿色发展评价中心"
江西	《江西省绿色制造体系建设实施方案》	2016 年	主要建设内容：绿色产品、绿色园区、绿色工厂、绿色供应链
山东	《山东省绿色制造体系建设实施方案（2016—2020 年）》	2016 年	主要建设内容：绿色产品、绿色园区、绿色工厂、绿色供应链
山东	《＜中国制造2025＞山东省行动纲要》	2016 年 3 月	抓好重点领域应用示范，加快制造业绿色化改造，持续开展重点企业节能低碳行动。积极开发生产绿色产品。培育循环经济园区和清洁生产企业，发挥示范引领作用

省 （自治区、 直辖市）	名称	时间	主要内容
河南	《河南省绿色制造体系建设实施方案（2018—2020年）》	2018年1月	创建绿色工厂、开发绿色产品、建设绿色园区、打造绿色供应链、加强绿色标准评价与服务能力、探索制定地方节能与绿色制造标准
	《河南省"十四五"制造业高质量发展规划》	2021年12月	持续开展绿色设计产品、绿色工厂、绿色园区和绿色供应链创建，引导企业建设绿色设计平台、应用绿色工艺与材料、开发绿色产品
湖北	《湖北省工业绿色制造体系建设实施方案》	2016年11月	开发绿色产品、创建绿色工厂、打造绿色供应链、建设绿色工业园区
湖南	《湖南省绿色制造体系建设实施方案》	2017年1月	主要建设内容：绿色产品、绿色园区、绿色工厂、绿色供应链
广东	《广东省绿色制造体系建设实施方案》	2017年2月	开发绿色产品、发展绿色园区、建设绿色工厂、打造绿色供应链、培育绿色制造服务体系
广西	《广西工业高质量发展行动计划（2018—2020年）》	2018年7月	构建绿色制造体系。开发绿色产品、发展绿色园区、建设绿色工厂、打造绿色供应链、建立完善各类评价机制
海南	《海南省人民政府关于贯彻落实＜中国制造2025＞的实施意见》	2016年8月	全面推进绿色制造，增强可持续发展能力。到2020年，重点企业和产业园区率先分别达到"国家绿色示范工厂"、"绿色示范园区"标准。到2025年，全省基本建立绿色制造体系
重庆	《重庆市推动制造业高质量发展专项行动方案（2019—2022年）》	2019年4月	发展绿色制造。坚持走生态优先、绿色发展道路，推广绿色节能节水节材和污染防治工艺技术设备，大力发展循环经济，加快建设绿色工厂和绿色园区，全面降低工业发展的能耗物耗水耗和污染排放水平
四川	《四川省绿色制造体系建设实施方案》	2017年1月	主要建设内容：绿色产品、绿色园区、绿色工厂、绿色供应链

省 （自治区、 直辖市）	名称	时间	主要内容
贵州	《贵州省绿色制造三年行动计划（2018—2020年）》	2018 年 6 月	统筹推进绿色产品、绿色工厂、绿色园区和绿色供应链全面发展，加快节能降耗、清洁生产、资源综合利用和循环经济等重点工程建设，全力打造高效、清洁、低碳、循环的贵州绿色制造体系，为建设国家生态文明试验区（贵州）提供基础保障
云南	《云南省绿色制造体系建设实施方案》	2019 年 9 月	引导开发绿色设计产品，创建绿色工厂，推进建设绿色园区，打造绿色供应链，加强绿色设计示范企业试点工作
云南	《云南省"十四五"制造业高质量发展规划》	2022 年 4 月	加快构建绿色制造体系，推动创建绿色园区、绿色工厂、绿色供应链企业和绿色产品，推动绿色制造与绿色能源深度融合，打造绿色制造标杆
陕西	《＜中国制造2025＞陕西实施意见》	2016 年 6 月	制定绿色产品、绿色工厂、绿色园区标准体系，开展绿色评价
甘肃	《关于开展绿色制造体系建设试点工作的通知》	2017 年 3 月	全面统筹推进绿色制造体系建设，到2020 年，全省工业绿色发展体系得到全面优化，资源能源利用效率显著提升，在钢铁、有色、化工、建材、轻工、装备制造业、陇药等 7 个重点行业，建设 10 个绿色园区，20 个绿色工厂，开发 100 种绿色产品，创建基于各行业或区域特色的 10 条绿色供应链
青海	《青海省"十三五"全民节能行动计划实施方案》	2017 年	开展绿色制造体系建设，以园区和企业为主体，创建绿色工厂、绿色园区、绿色产品、绿色供应链试点示范，挖掘一批绿色制造系统集成项目，培育一批专业的绿色制造服务机构，初步形成绿色制造市场化机制，推进从产品设计、生产、物流等环节降低能源消耗，促进全产业链和产品全生命周期绿色发展
青海	《青海省"十四五"工业和信息化发展规划》	2021 年 11 月	推动工业绿色发展。组织实施能效"领跑者"行动，促进企业产品结构向低碳化、高端化、环保化、高值化升级，创建一批绿色园区和绿色工厂，打造一批绿色设计产品

省 (自治区、 直辖市)	名称	时间	主要内容
宁夏	《宁夏回族自治区绿色制造体系建设实施方案（2017—2020年）》	2017年	到2020年，绿色制造水平明显提升，绿色制造体系初步建立。创建绿色供应链，形成一批具有核心竞争力的骨干企业，培育一批具有特色的专业化绿色制造服务机构，初步建成较为完善的绿色制造体系，市场化推进机制基本形成。创建3家绿色工业园区、10家绿色示范工厂，推广50种绿色产品
	《宁夏回族自治区工业绿色发展行动方案（2019—2022年）》	2019年9月	开展绿色制造典型示范行动，开发绿色产品、创建绿色工厂、建设绿色工业园区
新疆	《新疆维吾尔自治区绿色制造体系建设实施方案（2016—2020年）》	2016年12月	到2020年，创建5家绿色园区、50家绿色示范工厂，开发500种绿色产品，打造5条绿色供应链，建立集信息交流传递、示范案例宣传等为一体的线上绿色制造公共服务平台，培育一批具有特色的专业化绿色制造服务机构，形成绿色制造市场化推进机制

附录2　局部区域空间相关性回归结果

（一）空间相邻矩阵条件下局部自相关结果

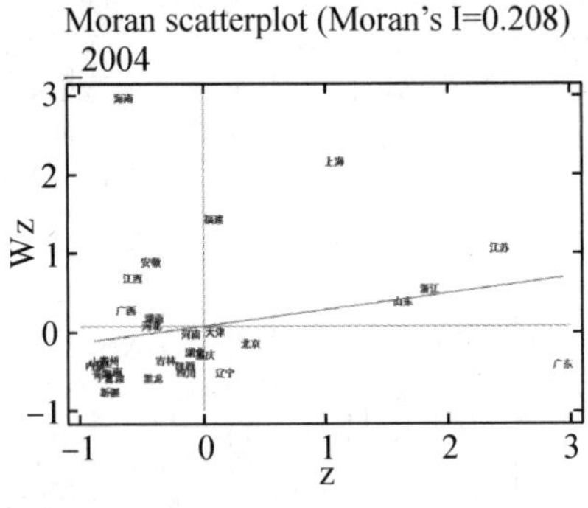

附图2-1　2004年制造业产业结构绿色升级

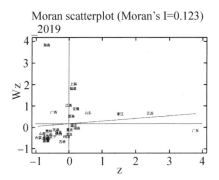

附图 2-2　2019 年制造业产业结构绿色升级

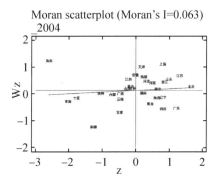

附图 2-3　2004 年研究人员数量（TH）

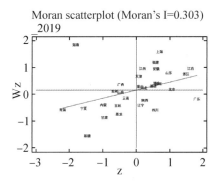

附图 2-4　2019 年研究人员数量（TH）

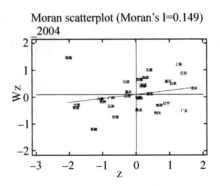

Moran scatterplot (Moran's I=0.149)

附图 2-5　2004 年研究投入（TI）

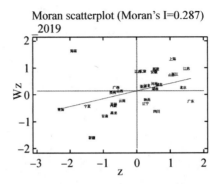

Moran scatterplot (Moran's I=0.287)

附图 2-6　2019 年研究投入（TI）

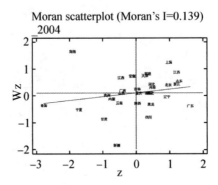

Moran scatterplot (Moran's I=0.139)

附图 2-7　2004 年专利技术创新（TP）

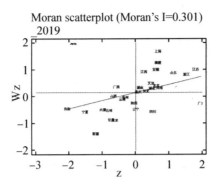

附图 2-8　2019 年专利技术创新（TP）

（二）空间经济矩阵条件下局部自相关结果

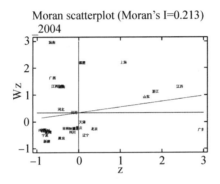

附图 2-9　2004 年制造业产业结构绿色升级

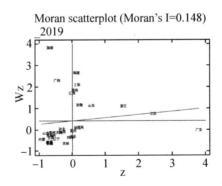

附图 2-10　2019 年制造业产业结构绿色升级

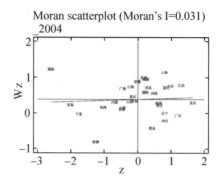

附图 2-11　2004 年研究人员数量（TH）

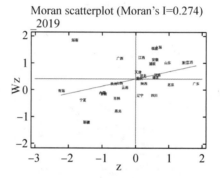

附图 2-12　2019 年研究人员数量（TH）

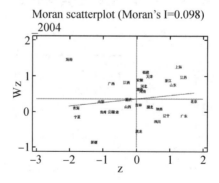

附图 2-13　2004 年研发投入（TI）

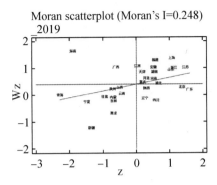

附图 2-14　2019 年研发投入（TI）

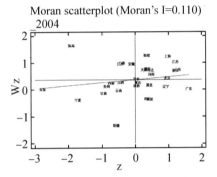

附图 2-15　2004 年专利技术创新（TP）

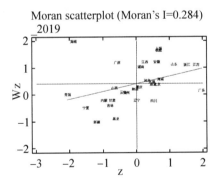

附图 2-16　2019 年专利技术创新（TP）

附录3 区域空间模型回归系数

附表 3-1 东部区域空间模型回归系数①

变量	(1)	(2)	(3)
TP	0.050*** (3.95)		
TI		0.003 (0.39)	
TH			0.156*** (4.37)
lnfdi	0.010 (1.10)	0.001 (0.11)	0.003 (0.36)
EX	−0.031 (−1.35)	−0.025 (−1.08)	−0.032 (−1.43)
NRA	−0.001 (−0.10)	0.000 (0.03)	−0.004 (−0.40)
lnpm2.5	−0.044 (−1.01)	−0.026 (−0.57)	−0.020 (−0.47)
gov	0.151 (0.93)	0.170 (0.99)	0.091 (0.55)
tran	−0.031 (−1.10)	−0.066** (−2.31)	−0.085*** (−3.16)
Wx:			
TP	−0.057*** (−4.15)		
TI		−0.009 (−1.12)	
TH			−0.168*** (−3.61)
lnfdi	0.004 (0.28)	0.020 (1.37)	0.026* (1.88)

---

① 东部区域回归时，按照其特性选择空间效应为固定效应。

变量	(1)	(2)	(3)
EX	0.010 (0.42)	0.015 (0.64)	0.009 (0.37)
NRA	0.020 (0.83)	0.015 (0.60)	0.009 (0.37)
lnpm2.5	0.099* (1.92)	0.095* (1.70)	0.072 (1.37)
gov	−0.562* (−1.94)	−0.629** (−2.39)	−0.693*** (−2.75)
tran	0.011 (0.31)	0.026 (0.80)	0.050 (1.49)
Spatial：			
rho	0.272*** (3.84)	0.204*** (2.77)	0.247*** (3.49)
Variance：			
sigma2_e	0.001*** (8.84)	0.001*** (8.88)	0.001*** (8.86)
N	160	160	160
R^2	0.340	0.211	0.151

注：括号内为 t 检验值，*、**、*** 分别表示在10%、5%、1%的条件下显著。

附表3-2　中部区域空间模型回归系数

变量	(1)	(2)	(3)
TP	0.044*** (9.90)		
TH		0.201*** (16.79)	
TI			0.018*** (2.99)
lnfdi	0.006** (2.06)	−0.006** (−2.43)	0.009** (1.98)
EX	0.141* (1.72)	0.101 (1.63)	0.265** (2.26)

变量	(1)	(2)	(3)
NRA	−0.024 *** (−3.70)	−0.003 (−0.47)	−0.032 *** (−3.04)
lnpm25	−0.010 (−0.48)	−0.026 (−1.47)	−0.005 (−0.14)
gov	−0.130 (−1.28)	0.279 *** (3.43)	0.247 (1.54)
tran	0.023 ** (2.20)	0.021 ** (2.42)	0.049 *** (2.91)
Wx:			
TP	−0.021 (−1.26)		
TH		0.155 *** (2.72)	
TI			−0.025 ** (−2.12)
lnfdi	−0.018 *** (−3.64)	−0.003 (−0.75)	−0.020 ** (−2.35)
EX	0.021 (0.15)	0.383 *** (3.36)	0.344 (1.55)
NRA	−0.006 (−0.57)	0.004 (0.42)	0.004 (0.24)
lnpm25	0.040 (0.99)	0.048 (1.44)	−0.011 (−0.16)
gov	0.325 (1.20)	0.187 (0.84)	−0.814 * (−1.92)
tran	0.017 (1.17)	−0.020 * (−1.74)	0.034 (1.50)
Spatial:			
rho	−0.260 * (−1.80)	−0.447 *** (−2.75)	−0.973 *** (−4.93)
Variance:			
sigma2_ e	0.000 *** (6.58)	0.000 *** (6.79)	0.000 *** (6.65)

变量	(1)	(2)	(3)
N	96	96	96
R^2	0.788	0.248	0.398

注：括号内为 t 检验值，*、**、*** 分别表示在10%、5%、1%的条件下显著。

附表3-3　西部区域空间模型回归系数

变量	(1)	(2)	(3)
TP	0.003 (0.95)		
TH		0.032*** (3.22)	
TI			−0.002 (−1.18)
lnfdi	−0.001 (−0.86)	−0.001 (−1.21)	−0.001 (−0.82)
EX	0.182*** (3.78)	0.224*** (4.91)	0.192*** (4.00)
NRA	−0.016*** (−3.69)	−0.013*** (−3.25)	−0.015*** (−3.53)
lnpm25	−0.051*** (−4.47)	−0.033*** (−2.86)	−0.050*** (−4.37)
gov	−0.039* (−1.68)	−0.002 (−0.10)	−0.031 (−1.38)
tran	−0.017*** (−2.64)	−0.014** (−2.38)	−0.015** (−2.33)
Wx：			
TP	0.017** (2.06)		
TH		0.085*** (3.75)	
TI			0.004 (1.04)
lnfdi	0.004 (1.31)	0.002 (0.68)	0.003 (0.91)

变量	(1)	(2)	(3)
EX	−0.151 (−1.39)	0.018 (0.17)	−0.124 (−1.16)
NRA	−0.007 (−0.66)	0.013 (1.12)	−0.002 (−0.23)
lnpm25	−0.024 (−1.00)	0.009 (0.43)	−0.014 (−0.62)
gov	0.053 (0.91)	0.159*** (2.78)	0.091 (1.57)
tran	−0.054** (−2.55)	−0.043** (−2.21)	−0.042** (−2.04)
Spatial:			
rho	−0.241** (−2.41)	−0.165* (−1.76)	−0.187* (−1.92)
Variance:			
sigma2_ e	0.000*** (9.14)	0.000*** (9.23)	0.000*** (9.22)
N	176	176	176
R^2	0.020	0.024	0.061

注:括号内为 t 检验值,*、**、*** 分别表示在10%、5%、1%的条件下显著。

附表3-4　东北区域空间模型回归系数

变量	(1)	(2)	(3)
TP	−0.014* (−1.67)		
TH		−0.032 (−0.69)	
TI			0.005 (1.34)
lnfdi	0.018*** (7.34)	0.016*** (4.90)	0.012*** (3.08)
EX	−0.227** (−1.96)	−0.234 (−1.42)	−0.420*** (−2.59)

变量	（1）	（2）	（3）
NRA	0. 227 *** (5. 59)	0. 192 ** (2. 40)	0. 273 *** (4. 44)
lnpm2. 5	0. 025 (1. 29)	0. 008 (0. 34)	0. 017 (0. 83)
gov	0. 619 *** (6. 60)	0. 617 *** (4. 14)	0. 761 *** (5. 89)
tran	0. 041 (0. 93)	0. 045 (0. 73)	0. 024 (0. 44)
Wx：			
TP	−0. 076 *** (−3. 63)		
TH		0. 191 (1. 39)	
TI			0. 039 * (1. 69)
lnfdi	0. 024 *** (6. 17)	0. 021 *** (3. 79)	0. 013 ** (2. 14)
EX	−0. 651 *** (−4. 58)	−1. 102 *** (−4. 44)	−1. 048 *** (−5. 36)
NRA	0. 232 *** (5. 37)	0. 217 *** (2. 66)	0. 323 *** (5. 10)
lnpm2. 5	−0. 023 (−0. 47)	−0. 080 (−0. 96)	0. 002 (0. 04)
gov	0. 513 *** (3. 22)	0. 477 ** (2. 04)	0. 646 *** (2. 04)
tran	0. 317 *** (3. 20)	0. 362 *** (2. 60)	0. 302 ** (2. 47)
Spatial：			
rho	−0. 273 *** (−3. 37)	−0. 253 ** (−2. 36)	−0. 333 *** (−3. 85)
Variance：			
sigma2_ e	0. 000 *** (8. 76)	0. 000 *** (5. 31)	0. 000 *** (7. 18)

变量	（1）	（2）	（3）
N	48	48	48
R^2	0.084	0.293	0.307

注：括号内为 t 检验值，$*$、$**$、$***$ 分别表示在10%、5%、1%的条件下显著。

附录4　中国主要环境法规

附表4-1

法律名称	发布、修订/修正时间
中华人民共和国海洋环境保护法	1982年发布，1999年第一次修订，2013年第一次修正，2016年第二次修正，2017年第三次修正
中华人民共和国森林法	1984年发布，1998年第一次修正，2009年第二次修正，2019年修订
中华人民共和国水污染防治法	1984年发布，1996年第一次修正，2008年修订，2017年第一次修订
中华人民共和国草原法	1985年发布，2002年修订，2009年第一次修正，2013年第二次修正，2021年第三次修正
中华人民共和国土地管理法	1986年发布，1988年第一次修正，1998年修订，2004年第二次修正，2019年第三次修正
中华人民共和国矿产资源法	1986年发布，1996年第一次修正，2009年第二次修正
中华人民共和国渔业法	1986年发布，2000年第一次修正，2004年第二次修正，2009年第三次修正，2013年第四次修正
中华人民共和国大气污染防治法	1987年发布，1995年第一次修正，2000年第一次修订，2015年第二次修订，2018年第二次修正
中华人民共和国水法	1988年发布，2002年修订，2009年修正，2016年修正
中华人民共和国环境保护法	1989年发布，2014年修订
中华人民共和国水土保持法	1991年发布，2010年修订
中华人民共和国固体废物污染环境防治法	1995年发布，2004年第一次修订，2013年第一次修正，2015年第二次修正，2016年第三次修正，2020年第二次修订

法律名称	发布、修订/修正时间
中华人民共和国煤炭法	1996 年发布，2009 年第一次修正，2011 年第二次修正，2013 年第三次修正，2016 年第四次修正
中华人民共和国节约能源法	1997 年发布，2007 年修订，2016 年第一次修正，2018 年第二次修正
中华人民共和国防沙治沙法	2001 年发布，2018 年修正
中华人民共和国海域使用管理法	2001 年发布
中华人民共和国环境影响评价法	2002 年发布，2016 年第一次修正，2018 年第二次修正
中华人民共和国清洁生产促进法	2002 年发布，2012 年修正
中华人民共和国放射性污染防治法	2003 年发布
中华人民共和国可再生能源法	2005 年发布，2009 年修正
中华人民共和国环境保护税法	2016 年发布，2018 年修正
中华人民共和国资源税法	2019 年发布
中华人民共和国噪声污染防治法	2021 年 12 月发布
中华人民共和国湿地保护法	2021 年 12 月发布